指文® 战争事典特辑022

军部当国

近代日本军国主义冒险史（从明治到大正）

赵恺 著

中国长安出版社

图书在版编目（CIP）数据

军部当国 / 赵恺著. -- 北京：中国长安出版社，2015.6

ISBN 978-7-5107-0931-9

Ⅰ.①军… Ⅱ.①赵… Ⅲ.①军事史－日本－1860～1920 Ⅳ.①E313.9

中国版本图书馆CIP数据核字(2015)第133408号

军部当国
赵恺 著

出版：中国长安出版社
社址：北京市东城区北池子大街14号（100006）
网址：http://www.ccapress.com
邮箱：capress@163.com
发行：中国长安出版社
电话：（010）85099947　85099948
印刷：重庆共创印务有限公司
开本：787mm×1092mm 16开
印张：15
字数：300千字
版本：2019年1月第2版　2019年1月第1次印刷

书号：ISBN 978-7-5107-0931-9
定价：79.80元

版权所有，翻版必究
发现印装质量问题，请与承印厂联系退换

目录 CONTENTS

- 001 　**楔子：甲午之后**

- 004 　**第一卷：明治凶兽**
- 005 　乙未事变——沙俄威压下的日本外交困局
- 016 　出兵华北——日本加入八国联军的真正动机
- 030 　穷兵黩武——日俄战争前日本的全力备战
- 045 　旅顺肉弹——大视野下的日俄战争（上）
- 084 　对马奉天——大视野下的日俄战争（下）

- 102 　**第二卷：大正乱局**
- 103 　明治老去——日俄战争后的日本国内政治生态
- 118 　浪人野望——辛亥革命与黑龙会的"满蒙独立"思想
- 132 　王旗变幻——大正政变幕后的日本朝野力力
- 143 　浑水摸鱼——第一次世界大战中的日本陆、海军表现
- 158 　西伯利亚风暴——日本对苏俄革命的干涉

- 172 　**第三卷：欲壑难填**
- 173 　德谟克拉西——原敬内阁和日本民粹运动的发轫
- 190 　关东地震——大正时代黯然谢幕及日本裁军低潮
- 205 　引虎吞狼——中国军阀混战背后的日本推手
- 219 　截断巨流——日本干涉奉系内战的幕后博弈
- 227 　济南事变——北伐战争中的日本两次出兵山东

楔子
甲午之后

◎ 作为日本"明治时代"代表的天皇睦仁。

自1868年,年仅16岁的少年天皇睦仁在长州、萨摩等"西南强藩"割据势力支持下,一举推翻统治日本265年的德川幕府以来,这个曾经与世隔绝的扶桑岛国,随即进入了对内实行"殖产兴业、文明开化"的现代化改革,对外秉承"失之欧美,补于邻国"的理念推行军事扩张的快车道。这一段时期被日本史学家以睦仁统治时的年号统称为"明治时代"。

1894年爆发的中日甲午战争,可谓是明治时代的一幕高潮。多年以来日本政府在外交领域的折冲樽俎,全民厉兵秣马的全力备战,最终换来了一场对他们来说堪称辉煌的胜利。正是基于战场上的绝对优势,在1895年3月开始的中日马关谈判中伊藤博文才敢开出了要求满清"割让盛京省南部地方，台湾群岛及澎湖列岛"及"赔偿日本军费 3 万万两"的无理要求。

和谈间隙伊藤博文特意在和李鸿章的闲谈中说道："我国之兵已向台湾行进。"李鸿章还天真地表示："除我国之外，英国不欲他国盘踞台湾。"但伊藤博文此时却底气十足，微笑着说道："岂止台湾而已！不论贵国版图内之何地，我倘欲割取之，何国能出面拒绝？"不过伊藤博文的话还是说得太满了，英日之间虽然早有秘密同盟，但是西方列强却未必会对日本独霸东亚置若罔闻。

在 4 月 17 日的《清日讲和条约》正式文稿中，日本虽然将要求中国割让的辽东南部地区作了适当的收缩，将赔款减少了三分之一，不过这并非是李鸿章苦苦哀求的成果，而是日本为了缓解俄、德等西方列强的不满而已。就在满清就是否应该承

◎ 今天的马关条约签署地——春帆楼纪念馆。

认《马关条约》纠结不已之际，4月23日，俄、德、法三国驻日公使联袂向日本递交备忘录，劝告其放弃确实领有辽东半岛一事，否则恐有招致冲突之虞。刚以武力恐吓过满清的日本，没有想到报应来得如此之快，只能连忙召开御前会议讨论是否可以拉拢英国，凭借日本的海、陆军力量与三国一拼。但英国政府给出的正式答复却是"已决定局外中立"。

没有英国的支持，日本根本无力对抗磨刀霍霍的沙俄。在沙俄向远东增兵，其太平洋舰队出现在神户、烟台附近海域，德国、法国同样派出战舰游弋于黄海的情况之下，伊藤博文只能无奈地向天皇睦仁报告"抵抗这些国家启开战端，现时是不可能的"。毕竟日本联合舰队即便算上俘获的北洋水师战舰亦不过8万吨，而沙俄海军仅在远东便有12万吨的战斗舰艇，日本无力独自战胜沙俄，更不用说三国联盟了。

5月5日，日本选择屈服和退让，日本外相向俄、德、法三国发出回复"根据三国政府之友谊的忠告，约定放弃辽东半岛之永久占领"。但是"三国干涉还辽"并非是中国丧失国内主权的休止符，而是列强瓜分环渤海湾地区的冲锋号。1897年11月4日，德国海军借口传教士在巨野县为当地居民所杀的所谓"巨野教案"，派出3艘战舰运送700名海军陆战队强行登陆胶州湾。

面对德军的入侵，满清政府只能与德国签署《胶澳租借条约》，将胶州湾的使用权"租给"德国99年。德国占领胶州湾后，沙俄又命其太平洋舰队于1897年12月14日开进了旅顺，并强迫清政府于1898年3月27日与之订立了《旅大租地条约》，租期虽然只有25年，但条约明确规定期满得续商租借之。

从整个东亚的政治环境来看，甲午战争可谓是一场中日两国两败俱伤的战争，日本在这场战争中虽然侥幸获胜，窃取了中国的大量经济利益和领土主权。但是在满清政府遭遇重创的同时，日本也不得不独自面对西方列强的压力。如果不是日本及时在辽东问题上抽手，沙俄的西伯利亚铁路当时仍未贯通，那么日本很可能将在甲午战争中沦为不知黄雀在后的螳螂，宛如其半个世纪之后自我膨胀到极点时那样。

第一卷
明治凶兽

乙未事变
沙俄威压下的日本外交困局

闵妃之死

如果要问19世纪末叶，谁是东亚最有权势的女人，那么答案毋庸置疑是中国"垂帘听政"的慈禧太后——叶赫那拉·杏贞。而在与中国山水相连的朝鲜半岛，同样有一位热衷干预政治的"女强人"，她就是被今天的韩国影视剧包装为"贤良淑德"、"开化先锋"的明成皇后闵兹映。

早在中日甲午战争爆发之前，闵兹映便与自己的公公——朝鲜国王李熙生父——大院君李昰应恶斗连场，不仅令本就党争不断的朝鲜王国鸡犬不宁，更频频牵动中日两国敏感的神经。甲午战争固然吸引了全世界的目光，但是最为关心战事进程的自然莫过于有着切身利益的朝鲜王国高层。

被日本推举为"国政总裁"的大院君李昰应，虽然如愿以偿地赶走了以儿媳妇闵兹映为首的外戚势力。但其所代表的保守派既无改革的纲领更无施政的班底，其上台之后除了任命自己的嫡孙李埈镕为内务协办兼亲军统卫使之外，再无实际举措。而深得日本支持的开化派代表金宏集在三个月内颁布了208项内政改革法令，双方形成了鲜明的对比。

眼见大权旁落的李昰应对金宏集内阁的不满自然可想而知，但是对其背后的日本驻军却毫无办法。他只能寄希望于东学党领袖——全琫准在朝鲜南部再次起义，驱逐驻扎在朝鲜的日军。所谓"东学党"，指的是1860年由没落地主崔济愚吸收了西方基督教神学理念又夹杂着东方传统的儒、

◎ 朝鲜半岛的"女强人"闵兹映。

War Story · 005

◎ 朝鲜画家金麟奎笔下的全琫准。

佛、道三派教义后所组建的政治团体。东学党与其说是一个理论学派，不如说是一个宗教组织，从某种意义上来说其日后的名字"天道教"更为贴切。以"道虽天道，学则东学"创建东学党的崔济愚虽然提出了"人乃天"观念，有"万民平等"的进步意义，但是其要求教徒只要研习其所传授的"天道"、"侍天主"便可成仙，构建"地上天国"的思想却与中国太平天国运动中的洪秀全如出一辙。有趣的是崔济愚也是自称听到了天主之音："受我此符，济人治病，受我咒文，教人为我。"

作为东学党全罗道古阜郡接主（地区负责人），全琫准怀有巨大的政治野心。他很早便以游历为名在汉城活动，甚至曾进入过云岘宫，与当时被逼下野的李昰应建立联系。甲午战争前的1894年2月15日，全琫准曾借口自己的父亲申冤被殴至死，以当地东学党信徒为骨干，组织数千人夜袭古阜郡城。至4、5月间，全琫准起义军已经发展到了上万人的规模。在"辅国安民"、"除暴安良"的军旗引导之下，起义军攻占全罗道首府全州。由于全琫准小名绿豆，因此起义军上下一致恭称其为"绿豆将军"。

之后在中日两国相继出兵助剿，清军聂世成所部进逼全州城的情况下，全琫准还是很识时务地选择了与朝鲜政府和谈。6月12日，在朝鲜政府接受全琫准提出的包括"承认东学党合法性、惩治腐败官吏、平分土地"等12项要求的情况下，东学党起义军撤出全州。第一次东学党起义归于平息。

1894年11月下旬，全琫准在李昰应的

支持下再度揭竿而起。这次起义虽然有抵御外侮的积极意义，但其"平均地权、取缔门阀"的政治理念却深深地刺激了长期盘踞朝鲜社会中层的所谓"两班贵族"[1]。甚至东学党的教主崔时亨也出面指责全琫准是"国家之罪人，师门之逆贼，吾辈当聚而歼之"。在全琫准得不到民众广泛支持的情况下，日军仅投入两个大队的兵力，便于1894年12月28日击溃了东学党主力，绿豆将军全琫准被部下出卖，最终于1895年4月23日被枭首示众。

对于李昰应的暗中活动，日本政府可谓心知肚明。1984年10月11日，日本驻朝公使井上馨向大院君摊牌，李昰应无奈地再度下野。但是面对这样的百足之虫，井上馨还是颇不放心。1895年3月24日，由日本控制的朝鲜警务厅借口法务协办金鹤羽在家被暗杀，李昰应之孙李埈镕有重大嫌疑为由，一气逮捕了包括李埈镕在内的多名大院君党羽。李昰应靠带着老伴到处跪坐哭诉，才勉强保住了爱孙的性命。但是在多数亲信被处斩的情况下，左右朝鲜政局三十年之久的大院君系人马最终退出了朝鲜政治舞台。

惩治了摆不正自己位置的李昰应之后，日本政府自以为可以放手按自己的理念改造朝鲜，却不料"三国干涉还辽"的消息传来。这一变故使得依托日本支持而推行

◎ 反映日俄争夺朝鲜的西方政治漫画。

改革的开化派举步维艰，也无力对抗一度雌伏的闵兹映及其一手组建的所谓"贞洞派"政治势力的反扑。

多年的摸爬滚打，早已令闵兹映成为政坛老手。眼见以沙俄为首的西方列强对日本独霸东北亚所表现出的强烈不满，闵兹映另辟战场，在沙俄驻朝公使馆附近成立所谓的"贞洞俱乐部"。在以宴请之名串联各国驻朝公使的同时，闵兹映又网罗了朴定阳、李范晋等一批过去的失意政客，形成了这一股颇为可观的全新势力——"贞洞派"。

客观来说"贞洞派"和昔日的闵氏外戚有着本质的差别，朴定阳、李范晋等人不仅在朝野都颇具知名度，有着"民族英雄"的口碑，更兼有担任朝鲜驻外使节的外交经验。因此无论是在朝鲜国内还是西方列强的眼中，"贞洞派"均较亲日的开化派更具人望。对于这样一股政治力量，日本

---

[1] 两班贵族：朝鲜王国通过各种名目授予亲贵田地，以收买其忠诚，是为"科田制"。而除了授予亲贵、重臣的"勋田"和"科田"之外，朝鲜王国还将大量的土地切割成小块授予地方豪强，由于这些受领者有义务为国征战，因此又被称为"军田"。而这些拥有世袭私田的既得利益集团在朝鲜王朝时期因其"文东武西"而合称"两班贵族"。

一度力主以怀柔和收买为主，准备从给予朝鲜的300万日元贷款中分出一部分作为收买闵兹映的政治献金。但是面对日本的主动示好，闵兹映根本不为所动。在她看来沙俄有能力逼迫日本放弃辽东，那么借助西方的力量，勒令日本从朝鲜半岛撤军也并非难事。

应该说闵兹映关于朝鲜成为"远东瑞士"的永久中立国设想，在国际上还是颇有市场的。但是这位在国内斗争中向来游刃有余的闵妃却在国际政治上表现出了其幼稚的一面。一向以"双头鹰"自诩的沙俄帝国的确对东北亚野心勃勃，但是其着眼点始终是中国东北的万里沃土和渤海湾的不冻港，地狭多山的朝鲜半岛至多只是一个牵制日本的缓冲地带。因此朝俄之间尽管在甲午战争前有过两次"密约"事件，但每年不足30万美元的双边贸易总额却始终令沙俄对朝鲜王国保持在"口惠而实不至"的阶段。

如果说闵兹映高估了沙俄对她的承诺是一个危险错误的话，那么她低估日本政府的无耻和粗暴却是足以致命的。1895年9月，在朝鲜政府拒绝由日本出资修建从釜山至汉城的铁路提案后，恼羞成怒的东京方面撤换了职业外交官井上馨，代之以退役陆军中将三浦梧楼，发出了对朝政策由怀柔走向强硬的明确信号。

三浦梧楼是当年高杉晋作麾下奇兵队的成员，参与过第二次长州征讨、戊辰战争和西南战争，堪称"老兵油子"。尽管在1888年由于山县有朋的排挤而被迫退役，但赋闲之后却并不甘于寂寞，随即和玄洋社（黑龙会的前身）等右翼黑社会组织打得火热。据说被任命为驻朝公使之后，三浦梧楼曾求教于玄洋社大佬头山满，头山满当即指出要巩固和扩张日本在朝利益，当务之急便是除掉闵兹映。如果日本政府不愿意出面的话，头山满也乐于动员在朝的大陆浪人，助三浦梧楼促成此事。

三浦梧楼抵达汉城之后便以自己皈依佛门，需要每日读经诵诗为由闭门不出。而就在三浦以日本公使馆为据点，开始大肆招徕在朝浪人之际，闵兹映天真地以为自己的对手真是一个放下屠刀的"参禅僧"，她竟自作主张地准备解散朴泳孝借助日本之力组建的朝鲜新式陆军——训练队，代之以美国人戴伊为教官，闵兹映最为宠信

◎ **老兵油子三浦梧楼。**

乙未事变——沙俄威压下的日本外交困局

◎ 闵兹映遇刺地点——玉壶楼。

的将领洪启薰指挥的侍卫队。

训练队与当年壬午兵变的别技军相比，无论是在兵力上还是武装上均有了质的飞跃，眼见此次沦为弃儿的竟然是自己，当然无法按捺心中的不平。10月7日，朝鲜军部大臣安駉寿奉闵妃之命，前往日本公使馆通报了解散训练队的消息。三浦梧楼表面镇定自若，但内心却喜不自禁。显然一个千载难逢的机会已经摆在了他的眼前，只要鼓动训练军叛乱，日本驻军便可以堂而皇之地入宫护卫，届时由自己招募的大陆浪人便可以趁着混乱轻松地结果了闵兹映的性命。这个计划三浦梧楼将其代号为"狐狩"。

既然要以朝鲜军队的名义展开叛乱，那么三浦梧楼自然还需要一位朝鲜政要来扮演叛乱领导者的角色。而自被日本人抛弃后，长期得不到儿子、儿媳半粒米钱供给，不得不变卖家产以维持生计的大院君李昰应，随即与三浦梧楼一拍即合。当然，李昰应和自己的儿媳尽管争权夺利多年，但未必便想置对方于死地。在被日本人请出新居所——孔德里之大院君别庄时，这位自以为将重归权力巅峰的老人还特意嘱咐日本浪人："今日之事，只在护卫而已，勿于宫中行暴举。"

1985年10月8日凌晨，800名原朝鲜新军训练队成员与日军汉城守备队步兵第十八大队会合后，开始向景福宫光华门发动进攻，史称"乙未事变"。驻守王宫的洪启薰虽然奋力抵抗，但最终在寡不敌众的情况下，只能用生命诠释了他对闵兹映的忠诚。壬午兵变中洪启薰曾面对着截杀闵妃的叛军高喊："此吾妹为尚宫者也，勿误认！"最终保全了闵兹映的性命。但这一次再也没有人能够保护这个权倾一时的女人了。

在日军的护卫之下，李昰应亲自去找自己的儿子李熙密谈，面对现实的无奈和或许早已没有了亲情的父亲，李熙只能签署了《王后废位诏敕》，宣布将闵兹映废为庶人。但是恐怕连李熙本人也不知道自己曾经爱过的女人此时已经倒毙于日本浪人的刀下。

闵妃被害的经过，坊间所流传的版本众多，近代更有人将韩国人写的架空小说的内容当成是史料，认为闵兹映死前曾遭遇日本浪人的奸污。同样是根据无法考证的当事人——浪人小早川秀雄所谓"（死者）看上去只有二十五六岁"的回忆，也有人坚持闵兹映并未遇害，而是隐姓埋名逃入了民间。但无论如何，随着日本汉城守备队将乱刃砍死的女尸拖入景福宫东侧鹿园的松林中烧毁，遗骨投入香远亭的池塘，闵兹映这位把持朝鲜王国21年的后妃，其政治生命终于彻底终结了。

俄馆播迁

三浦梧楼之所以决定将闵兹映毁尸灭迹，无非是为了努力营造出一种"无血政变"的假象，令支持闵兹映的"贞洞派"和以沙俄为首的西方列强在闵妃失踪的迷雾中不知所措。但是事实证明，三浦梧楼并不是一个擅长编造谎言的外交官和政客。他率军大张旗鼓攻入景福宫的行径最终被"贞洞派"官僚李范晋宣传得家喻户晓。

三浦梧楼发动政变的前夜，景福宫内正在举办夜宴，身为农商工部大臣的李范晋不知出于什么原因最终留宿宫中。从他"浪荡无赖"的口碑中猜测，他大概是喝多了。被光华门方向的枪炮声惊醒之后，李范晋随即翻墙而出，打着奉国王李熙密令求援的旗号，逃往俄国驻朝公使馆避难去了。对于李范晋关于日本浪人杀死闵兹映的指控，日本政府起初并不在意，自以为已经完全操控朝鲜政局的三浦梧楼忙着扶植亲日开化派领袖金宏集上台组阁。

大院君李昰应虽然为日本人背下了发动政变的黑锅，但是内阁中却没有他的位置，日本人只是赏了一个宫内府大臣的头衔给他的嫡长子李载冕。而朴定阳、李范晋等"贞洞派"自然全部都靠边站了。有趣的是曾经和满清政府打得火热的"事大党"金允植却始终稳居中枢，堪称朝鲜政坛的"不倒翁"。

对于"贞洞派"的不满，三浦梧楼可以不管不问，但是在强行闯入景福宫，当面质问的俄国公使韦贝尔和美国公使安连面前，日本政府却不得不选择了退让。作为乙未事变的当事人，美国军事顾问戴伊和俄国建筑技师士巴津以现身说法的形式向世界讲述了日军和浪人的暴行。一时之间西方各国舆论哗然。在俄、美军舰和海军陆战队先后以保护侨民为由进逼汉城的情况下，日本政府只能派出绰号"鼠公使"的小村寿太郎前往朝鲜善后，将包括三浦梧楼在内的日本公使馆职员及浪人48人悉数逮捕，并大张旗鼓地为闵兹映"复位"，追谥其为"纯敬王后"。

正忙于争夺东北亚霸权的沙俄阻挠日本在朝鲜的扩张自然在情理之中，而美国也紧随其后向日本施压，倒不是急公好义，事实上乙未事变前后，日美之间为争夺夏威夷群岛的宗主权而龃龉不断。作为跨太平洋航线的重要枢纽，美国政府早在1842年便通过承认夏威夷王国独立的方式排挤了英、法等国势力的染指。而在美国加紧向夏威夷群岛移民的同时，华盛顿意识到了他们真正的竞争对手是当时尚未"开国"的日本。显然作为地狭民稠的岛国，日本民众对移民夏威夷有着美国人难以想象的热情。1871年羽翼未丰的明治政府就与夏威夷王国签订了《日夏修好条约》，正式以官方的名义向夏威夷展开渗透。而美国政府除了在1873年表示不允许其他国家并吞夏威夷之外，并无有效的反制手段。

1885年，为了缓解国内的就业压力，日本政府与夏威夷王国签订了输入劳动力的"航渡条约"。大批来自广岛和山口的日本青壮年涌入夏威夷的种植园。到1890年，定居于夏威夷群岛的日本人已达1.2万人。而美国移民则不足2000人。当然与大多在岛上从事体力劳动的日本人相比，美

◎ 夏威夷末代女王利留卡拉尼。

国移民通过资本的运作已然逐步把持了夏威夷王国的经济和政治命脉。

当时的夏威夷国王卡拉卡瓦，有"快乐君主"之称。他是个热衷于庆典和游乐的君主，其一生最大的成就便是完成了环球旅行。也正是在他的任内，美国移民组织的秘密军事组织"夏威夷联盟"推动了所谓《刺刀宪法》的颁布，让夏威夷国王沦为了美国议会操控的傀儡。1891年1月20日，卡拉卡瓦在加利福尼亚旧金山去世，其妹利留卡拉尼继位为女王。

1893年1月17日，面对夏威夷民众要求修改《刺刀宪法》的民族情绪，美国人精心导演了一场双簧。自称"夏威夷铁公爵"的美籍军阀威尔考克斯指挥王室卫队和议会控制的国防武装檀香山步枪队摆出内战的架势。美国海军陆战队随即以保护侨民为由开赴夏威夷。

美国鲸吞夏威夷的行为令日本政府大受刺激，面对和自己一样无耻的行为，日本政府于1月28日命令正在从旧金山归国途中的"金刚"号巡洋舰进抵檀香山。一个月之后，由东乡平八郎指挥的"浪速"号也赶到夏威夷。此时中日之间已然剑拔弩张，日本无暇东顾最终只能选择忍气吞声。1894年7月4日，就在日本忙于向朝鲜增派海、陆力量之际，美国政府发布所谓的"摩根报告"，宣布夏威夷王室由于贪污成风，已然失去了民众的支持。美国移民桑福德·多尔[①]就任夏威夷共和国的临时总统。美国人没有想到的是，他们一手导演的这幕"史诗剧"深刻地改变了许多现场观众的人生。当年年底，曾在夏威夷王国政坛博弈中被镇压的华侨宋居仁、何宽等人资助孙文创立了近代中国第一个革命组织——兴中会。

之后，日本因甲午战争的胜利自信心暴增，于是利用美国与西班牙就古巴独立问题陷入外交纠纷之际，加大了向夏威夷的移民力度。到1896年年底，在夏威夷的日本移民已经达到了2.6万，占总人口的40%。而根据美国方面的情报，日本政府

---

① 桑福德·多尔，曾长期出任夏威夷王国最高法院法官，其堂弟詹姆斯·多尔便是在他的帮助之下，成了夏威夷著名的菠萝大王，并创立了当时美国最大的果汁生产企业——都乐公司。

正在向夏威夷的侨民秘密输送武器。在这样的情况下，朝鲜问题自然成了华盛顿敲打日本的一个重要砝码。

不过，西方列强再怎么敲打，三浦梧楼身为维新功臣，回国受审不过是走走形式，不久便无罪释放。大陆浪人背后是玄洋社等右翼激进组织，法官也不敢轻易拿自己的生命开玩笑，自然也不敢重判。最终，乙未事变只能由参与政变的训练队朝籍军官李周会等人负责。这一结果显然无法平息朝鲜民众的愤怒。1985年11月28日，在俄国的支持之下，李范晋联络侍卫队残部试图利用日本为闵兹映举行国葬之际，发动武装政变。

李范晋的行动起初由于守卫王宫的训练队的溃散而进展顺利，但是随着日本正规军的介入，李范晋的部下随即在宫门遭遇重创。这次被称为"春生门事件"的未遂政变不过是随后席卷朝鲜半岛的乙未义兵的一次预演。12月30日，金宏基内阁为

了彰显文明开化，颁布了所谓的"断发令"。从今天来看，这无非是一种形式主义的官僚作风。但是在长期坚持"身体发肤受之父母"的朝鲜半岛，"头可断，发型不能乱"并非只是一句调侃。

"断发令"在朝鲜半岛遭遇的反弹，不亚于满清入主中原时颁布的"剃头令"。一时间同样秉承着"宁为断头鬼，不作剃发人！"的朝鲜儒生纷纷在各地组织义军。当然"不要动我的头发"不能作为革命口号，于是"驱逐倭寇，为国母报仇"成了主流呼声。而在金宏集内阁和日本驻军疲于奔命之际，逃亡俄国的李范晋秘密潜回国内，通过昔日"贞洞派"的同僚李完用密谋东山再起。

自乙未事变之后，朝鲜国王李熙始终生活在恐惧之中。当李范晋通过收买李熙身边的女人向他传递日本正谋求废黜其王位，另立新君的消息后，这位早已习惯了傀儡生活的国君终于坐不住了。1896年2月

◎ 孤独的朝鲜国王李熙。

11日凌晨，李熙带着王太子李坧等人坐着自己最新宠幸的尚宫严氏的轿子仓皇逃入汉城的俄国公使馆，是为"俄馆播迁"。

大韩帝国

国王李熙的出逃令本就摇摇欲坠的金宏集内阁瞬间失去了重心。随着废除"断发令"和罢免、逮捕金宏集等人的诏敕源源不断地从俄国公使馆发出，愤怒的朝鲜民众纷纷自发地加入惩戒国贼的行列中去。被李完用秘密处决的金宏集等人暴尸街头，金允植被流放济州岛，李载冕则跟随父亲李昰应隐居杨州（今京畿道高阳郡）。自此，日本自甲午战争后独霸朝鲜半岛的野心彻底破灭。随着李范晋、李完用等人入主中枢，朝鲜王国进入亲俄派主导政坛的新时代。

平心而论，俄馆播迁与其说是一次沙俄帝国精心导演的逆转大剧，不如说是朝鲜王国谋求自主独立的本能反应。在实现对中国东北的殖民野心之前，沙俄对控制朝鲜半岛仍处于鞭长莫及的状态。由于害怕日本方面的报复，朝鲜王室的主要成员不得不长期龟缩在仅有150名海军陆战队员保护的俄国公使馆内，这便是沙俄帝国此时外厉内荏的绝佳体现。

日本政府也并不愿在此时与沙俄帝国兵戎相见。据说天皇睦仁早在"三国干涉还辽"时便指示伊藤博文不要急于夺取半岛。这个传说固然有粉饰的成分，但是乙未事变和"断发令"所引发的一系列骚动却均证明了欲速则不达的道理。

在彼此均无力独占的情况下，日俄双方于1896年5月14日签署了旨在分赃的《第一次日俄协定书》。不到一个月之后，日本政府又借参加沙皇尼古拉二世加冕典礼之际，派遣山县有朋前往莫斯科与俄国外交大臣罗巴洛夫商谈朝鲜问题。日本政府的如意算盘是以北纬38度线分裂朝鲜。但前往俄国观礼的除了山县有朋还有各国嘉宾，6月3日沙俄权臣谢尔盖·维特与李鸿章签署了共同防御日本的《中俄密约》。自持已与满清政府秘密结盟的沙俄自然不甘只获得半个朝鲜。6月9日，《第二次日俄协定书》的最终签署，不过是日俄之间新一轮厉兵秣马的开始。

1897年2月20日，朝鲜国王李熙正式离开了被称为"行在所"的俄国公使馆。在一年多寄人篱下的生活中，为了报答沙俄帝国的"大恩"，朝鲜王国不得不先后出让朝鲜北部的矿山和森林开采权。而前往莫斯科参加尼古拉二世加冕典礼的闵兹映之侄闵泳焕更代表朝鲜政府与沙俄签署了五项秘密协定，将朝鲜的军事和财政主权拱手相让。在这种"引虎驱狼"的尴尬之下，以徐载弼为首的独立协会作为一股全新的政治势力在朝鲜国内悄然崛起。

徐载弼本属于开化派阵营，曾参与过金玉均、朴泳孝发动的甲申政变。1895年他

◎ **称帝后的李熙**

以美国公民的身份回国之后,也一度在金宏集内阁之中任顾问之职。不过多年的海外生活早已令徐载弼的思想发生了天翻地覆的变化。在他看来,昔日事大派和开化派依托外国势力谋求本国富强的路线均是缘木求鱼,朝鲜王国要真正崛起,必须独立自强。

秉承着良好的愿望,徐载弼先是于1896年4月7日主持创办了民间刊物《独立新闻》,继而又于7月2日整合了原开化派和"贞洞派"的骨干,成立了颇具影响力的独立协会。不过徐载弼口中的"独立"指的是朝鲜解除与满清政府的藩属关系。为了凝聚民族精神,独立协会不仅效仿法国的凯旋门修建了独立门,拆毁了过去代表属国身份的迎恩门和慕华馆,更呼吁朝鲜国王李熙称帝建元。

在独立协会的骨干眼中,满清政府刚刚遭遇了甲午之败,日、俄两强又维持着微妙的平衡,趁此机会升级为"帝国",便可与中、日、俄三国分庭抗礼。但事实上,虽然1897年10月12日李熙登基为帝,但朝鲜除了改名为"大韩"之外,一切均没有实质性的改善。

称帝建元并不是独立协会的最终目的,因此在大韩帝国建立之后,徐载弼等人仍频繁地在汉城召开万民集会,伸张民权,而此举自然引发了传统儒生和两班贵族的不满。曾因"防谷令"而引发过外交纠纷的保守派大臣赵秉式等人随即组建了皇国协会与之对抗,雇佣褓负商(朝鲜历史上对行商的称呼)冲击独立协会的会场。随着时间进入1898年,独立协会在大韩帝国

◎ 监狱里的李承晚(前排最左侧蹲坐者)。

内部的处境更为艰难。2月22日,大院君李昰应在求见李熙最后一面而不得的情况下长噫而绝。李熙虽然未去送葬,但也忍不住痛哭失声声彻于外。这其中除了折射出人性的一丝温情外,也显示了李熙对权力的痴迷和恐惧。

当年9月,独立协会成员金鸿陆派人在李熙的咖啡里放入大量鸦片,高宗觉得味道不好没喝,但太子李坧喝了后当场中毒倒地,不省人事。李坧虽经大力抢救后侥幸活过来,但此后一直体质孱弱,并终身不育。这一事件随即引发了大韩帝国对独立协会的全面取缔。徐载弼身为美国公民,大韩帝国倒也奈何不了他,但长期以其弟子自居的独立协会骨干李承晚(日后的韩国首任总统)却被捕入狱。此时的李承晚既无高官背景,更不好意思自称王室后裔,随即以"谋逆"的罪名被判处无期徒刑。自此大韩帝国内部的进步势力荡然无存。

大韩帝国虽然于1899年制定了宪法,但却并未步入君主立宪制国家的行列。做了多年傀儡的李熙不仅身兼海陆军大元帅,

更废除了责任内阁制,成了总揽军政大权的"无限君皇"。如果说李熙的膨胀仅限于国内的话,那么在西方列强的扶植之下,大韩帝国仍有可能建立起一支可堪一战的武装力量,但独立协会却力主驱逐把持朝鲜财政、军队建设的俄国顾问。半途而废的朝鲜军事改革最终留下的是不过5600人的新式军队,还要分驻全国14个地方。如此微弱的国防力量,令李熙的帝国最终不过是黄粱一梦。

出兵华北
日本加入八国联军的真正动机

戊戌变法

甲午之役虽然令日本在腐朽的满清政府身上压榨到了巨额的赔款，实现了明治维新之初便确定的领土扩张的初期目标，但是日本国内的一系列政治、经济问题却并非随着战争的结束而有所缓解，反而出现了愈演愈烈的局面。

以1889年2月11日《大日本宪法》的颁布为标志，日本虽然进入了君主立宪制国家的行列，但是在总揽统治权的天皇以下，以辅弼之名把持政权的始终是萨长同盟的所谓"功勋干练之士"。明治政府虽然在1890年又颁布了类似于《军人敕谕》的《教育敕语》以约束国民的思想，但权力分配的不均和普通民众的困苦，却令以在野政客为旗手的所谓"民权"运动在日本各地始终此起彼伏。

甲午战争后，伊藤博文虽然以致力于战后经营的名义，吸收了板垣退助、大隈重信等政客进入内阁，以缓和与高喊"打倒藩阀"的在野党之间的关系，但结果却并不理想。在不愿分享权力的山县有朋等人的诸多压力之下，1896年4月30日，伊藤博文不得不宣布内阁总辞职。日本随即进入了松隈内阁执政时期。

所谓"松隈内阁"指的是首相松方正义和外相大隈重信。这个组合的背后自然是萨摩藩和在野党的联合。而作为甲午战争的幕后推手，伊藤博文和山县有朋所代表的长州藩仅占据了法相和递相两个边缘岗位。之所以会出现这样的局面，不得不说是此时日本国内资本力量发酵和抬头的缘故。以三井、三菱、住友等为首的财阀渴望在一个相对安定的环境之中消化胜利的果实，而山县有朋的激进和伊藤博文的老辣在他们眼中都是增税的代名词。

松隈内阁虽然得到了财阀势力的支持，但是却并不为普通百姓所认同。甲午战争令日本国内的工厂业主和金融寡头赚得盆满钵满，甚至陆军的御用商人大仓喜八郎

◎ 被称为"南洋姐"的日本妓女。

也靠着向罐头里掺杂石子（以至于乃木希典战后坚决反对大仓组在台湾开设新店）而大发横财，但是广大国民却并未从中得到实惠。

甲午战争令日本的地租上涨了四成。1896年随着酒税和烟草专卖制以及其他间接税的激增，小农贫农纷纷面临破产的窘境。他们最终只能在将女儿送入工厂做包身工或卖往南洋妓寮，儿子则送入矿山和军队之余，将明治政府所授予的土地卖掉，再次沦为佃农。

与小农阶层的逐渐消亡相比，日本产业工人的境遇也好不到哪去。甲午战争中日本虽然表现出了对满清政府的工业优势，但日本本土的重工业却依旧处于蹒跚起步的阶段，战争所需的军舰和枪炮无一不依靠纺织业和矿石出口所获得的外汇换取。企业利润和军备税收的双重盘剥，令日本的纺织女工和矿业劳力几乎生活于人间炼狱之中。加上城市化的进程和桑园种植面积的扩大，日本粮食价格更出现直线攀升的局面。

各地不断出现的米骚动和罢工运动，一方面促进了日本国内社会主义思潮的萌芽，一方面也令伊藤博文、山县有朋等人开始重新审视其与财阀的关系。伊藤博文视财阀和在野党为"雇佣军"，得出了"雇佣之兵不可靠，非有自己的御林军不可"的结论，而所谓的"御林军"指的是利用皇室的资产成立新的政党。

毫无疑问，皇室是日本国内最大的地主阶层。伊藤博文和山县有朋仅是拿出皇室所拥有的日本邮船公司股票红利中超过5%的部分当作"机密费"，便轻松收买了诸多政党和议会的要员，成立了御用政党——立宪政友会。在1900年日本自由党宣布向伊藤博文"无条件献党"之际，日本早期社会主义运动活动家幸德秋水在《万朝报》上发表了《祭自由党文》，自此日本政坛进入了一家独大的时代。由财阀、军队及贵族元老所组成的立宪政友会，对内通过《治安警察法》镇压民众的反抗，对外则以维新输出和军事干涉为双臂，加入到了西方列强瓜分东亚的行列中去。

所谓"维新输出"名义上指的是辅助东亚各国参照日本明治维新的模式走入近现代国家的行列，但其实质却是试图在东亚打造一个以日本为宗主的新秩序。"三国干涉还辽"令日本意识到其一国之力治东亚则有余，敌西方则不足，因此迫切希望能够挟甲午之威，逼迫中国结成以日本为中心的同盟。

日本的这一战略首次被提出是在1898年10月19日，身为首相的大隈重信发表了"中国保全论"。在当天的演说中，大隈大谈所谓中日两国的同种同文，日本要承担起挽救和领导中国的责任，进而维护世界和平。而与大隈重信遥相呼应的是，当年8月19日经历了第三次上台组阁失败的伊藤博文从长崎出发，开始了他个人的访华之旅。

伊藤博文此次出访恰逢满清政府经过两年多的酝酿之后，于6月11日颁布《明定国是诏》宣告发动戊戌变法。伊藤博文所肩负的外交使命自然不言而喻。但是自以为可以出任满清政府变法导师的伊藤博文一到北京便发现气氛不对。他曾私下对随从表示："近来光绪帝突然提拔这么多新人，未免也急了一些。"但是伊藤博文并不知道，他的到来更成了压垮满清政府双头领导体制（光绪和慈禧）的最后一根稻草。

在"风闻东洋故相伊藤博文即日到京，将专政柄"的传闻中，变法派的诸多官员竟然还推波助澜地提出要封伊藤博文为相，达到"新政立行，而中日之邦交益固"的效果。9月18日，康有为更兴致勃勃地亲自登门，执门生礼向伊藤博文求教维新之道。此时的伊藤博文早已看出康有为等人缺乏政治经验，根本不足以成事，因此只是告诫对方："上而学士，不可妄发议论。"以及满清政府的当务之急在于整顿"暴杀外人"的义和团运动。

对于伊藤博文的告诫，康有为虽然愤怒地表示："侯爵轻蔑敝国甚矣！"但却没有拂袖而去的勇气，反而声泪俱下地要求伊藤博文能够出面说服慈禧支持变法。对于康有为所谓"即一席话，亦足救我中国四百兆人"的高帽，伊藤博文虽然没有当面拒绝，但却也深知此时满清政府变法派和守旧派早已剑拔弩张。因此他在面见光绪帝时，不仅没有谈什么变法的战略，反而是劝说光绪要尊重慈禧的意见："第皇上锐意变法矣，未知皇太后圣意若何？愚意两圣意见相同，方能有济也。"

但伊藤博文显然低估了慈禧的心狠手辣，他更不知道自己会见康有为一事，已经被异化成了变法派欲勾结日本劫持慈禧太后登上停泊于大沽口外的日本军舰的密

◎ 光绪帝接见伊藤博文的新闻画。

谋，加上袁世凯向慈禧密告的谭嗣同要求小站新军起兵勤王，一场中外联手的政变阴谋呼之欲出。9月21日，慈禧太后以"训政"的名义临朝，宣布戒严，随后软禁光绪帝，大肆搜捕变法派。仅仅维持了103天的戊戌变法至此夭折。

戊戌变法的意义及其失败的教训在此不再赘述，而伊藤博文在满清政府的此次变法中，除保护了康有为、梁启超、黄遵宪等人，没有让更多人像"戊戌六君子"那样被处死外并无太大的助益。而伊藤博文此举的初衷也并非是推动中国的富强，而是寄希望于变法派日后可以东山再起，成为日本在华利益的代言人，即便这一目的暂时无法达到，也可成为中日交涉的重要砝码。

当然以伊藤博文之老辣，自然不难看出变法派背后除了清流名士翁同龢等人的支持外，还有张之洞等南洋派的幕后推手。如果不是所谓"湘鄂冲突"引发的火烧税司洋务、关署、招商局及日本领事公寓住宅的"沙市事件"，张之洞早已入主军机处，主持变法事宜了，日本海军也不会以保护在华利益为借口派出军舰来华，造成所谓意图劫

出兵华北——日本加入八国联军的真正动机

本军事顾问和满清赴日军校留学生逐渐在中国内陆悄然掀起了一场军事革命。

北清事变

张之洞与伊藤博文的秘密协定表面上看是与虎谋皮，但在当时的历史条件之下却也是无奈之中唯一的选择。戊戌变法前，康有为曾对光绪帝发出过"瓜分豆剖渐露机芽，揭竿斩木已可忧危"的惊呼。所谓"瓜分豆剖"指的自然是西方列强自甲午战争以来不断以强租的方式蚕食满清政府的领土和主权，而"揭竿斩木"指的则是在山东、直隶等地民众基于仇外心理而自发组织掀起的义和团运动。

义和团本不是一个统一的民间组织，其名称最早出现在满清官员张汝梅的奏折之中。在"巨野教案"导致德国强租胶州湾和李秉衡被革职之后，张汝梅便接手了山东巡抚这一烫手的山芋。张汝梅所面临的局面可谓三难，一方面山东各地的教堂疯狂扩张与当地民众冲突日趋白热化；另一方面大刀会等民间组织如雨后春笋般崛起，剿不胜剿；最为关键的是山东处于渤海湾的前线，西方列强已在胶州湾和威海卫扎根，随时有向内陆扩张的可能。张汝梅深感守土有责，又有心借助山东民间的仇外情绪。

在写给清政府的报告中，张汝梅创造性地借冠县农民起义军领袖赵三多所教授的义和拳之名，将围攻梨园屯等地教堂的民间武装称为"义和团"。不要小看这一字之差，根据其继承者毓贤的理论"民可用，团应抚，匪必剿"，义和团便跨入了应

◎ 张之洞所编练的湖北新军。

持慈禧的假象。

9月29日，伊藤博文离开北京，10月5日至上海，10月13日赴武昌会见张之洞，10月19日赴南京会见刘坤一。作为满清政府内部联盟英、日对抗沙俄战略的代表人物，张之洞早在戊戌变法之前便聘请了日本参谋本部大原武庆中佐为武昌武备学堂顾问。此时和伊藤博文会商之后，张之洞为清除亲日路线的障碍，更开出日本如能驱逐康有为，不仅湖北两年内计划编练的新式陆军将聘请日本军事顾问，所需枪支弹药，相关联的造纸厂、皮革厂所需设备也将从日本进口的优厚条件。

心满意足的伊藤博文于11月中旬回到日本之后，便公然鼓吹慈禧太后镇压变法派是有裨于政局稳定的，无论是守旧派执政还是维新派执政都是中国的内政，以必要的资金和兵力支援中国的兵制改革、财政整理和机构改革才是当今的要务。眼见在日本得不到支持的康有为被迫远赴法国。不过日本政府还是留了后手，1898年12月23日梁启超主编的《清议报》在日本横滨正式发行，日本列岛随即成了康、梁保皇党的重要据点。而以湖北为起点，大批日

该招抚的民间团练行列，而不再是理应被剿灭的"拳匪"。

张汝梅和毓贤对义和团组织的粉饰并不能改变其仇外的性质。在"兴清灭洋"的大旗之下，山东境内连续发生多起义和团袭击教堂的事件。毓贤虽然也派出甲午悍将马金叙前往弹压，活捉了义和团领袖朱红灯、心诚和尚等人。但是在西方列强的外交干涉之下，满清政府最终仍不得不将毓贤革职，代之以借"戊戌六君子"的鲜血染红了顶戴的袁世凯。

袁世凯赴任山东之际不仅带去了时称"武卫右军"的新式陆军8000余人，更带去了一套军事、政治相结合的剿抚政策。他通过刊印《义和拳教门源流考》等禁拳告示进行"晓谕劝导"和"奖惩并举"的全民动员。义和团运动很快在山东境内陷入了低潮。但袁世凯也深知义和团有着深厚的群众基础，一味弹压只能激起更大规模的民变，所以在这一时期袁世凯对义和团仍以"劝散"为主。因此山东境内的义和团成员除了散在各乡之外，很多选择了渡河而去，进入了直隶境内。

1900年5月22日，进入直隶的义和团在涞水县石亭镇击毙了前来弹压的练军都统杨福同，随即掀起了直隶义和团运动的高潮。5月27日，大批义和团成员涌入涿州，一时之间中外震惊。在西什库教堂主教——法国人樊国梁为首的西方在华侨民的呼吁之下，英、法等国于5月28日正式向满清政府提出了派兵驻守使馆区的要求。

5月31日，满清政府以"每馆以二三十人为率"的限额允许各国派兵进京，于是一支由英、法、德、俄、日、美、意、奥匈八国海军陆战队组成的联军由大沽口乘火车抵达北京，是为八国联军的雏形。值得一提的是，列强之中只有日本遵循满清政府的要求，仅派出了24人，甚至少于在华几乎没有利益诉求的意大利和奥匈帝国。这倒不是日本政府对满清政府的尊重，而是在西方列强的面前羽翼未丰的日本仍不敢过于高调。

应该说义和团无论从组织架构还是人员素质上均与太平天国有着巨大的差距。满清政府虽然腐朽，但如能认真对待仍不难将其扼杀于襁褓之中。可自戊戌变法以来，以慈禧太后为首的守旧派便怀有深切的仇外心理。1900年1月24日，慈禧太后册封宗室子弟溥儁为大阿哥试图废黜光绪帝的计划遭到西方列强的抵制，更令溥儁之父——端亲王载漪等人怒火中烧。此时恰逢被革职的山东巡抚毓贤进京跑官，为了掩饰自己在山东的失职，毓贤大肆鼓吹拳民可用。在目睹了所谓"刀枪不入"的神功之后，慈禧太后随即开始谋划借助义和团力量。

面对聚集于涿州、天津一线的义和团和北京城内大肆修筑工事的八国联军，满清政府可谓行走在危险的十字路口。6月5日开始慈禧太后连续派出顺天府尹赵舒翘和大学士刚毅前往涿州，试图劝散义和团。赵舒翘本是一个廉洁奉公的干才，力主"拳匪不可恃"。但是在满族官员刚毅的威压之下，最终劝散义和团的行动非但没有效果，向有"搜刮大王"之名的刚毅还向慈禧带回了"其术可用"的报告。喜出望外

出兵华北——日本加入八国联军的真正动机

的慈禧等人连赵舒翘违心提出的"抚而用之，统以得帅，编入行伍"的动作都来不及做，便直接默许义和团开进北京。

义和团出身于穷苦民众，进入北京之初纪律还不算太坏。但是盲目排外的思想却令其对西方在华侨民和天主教徒展开了屠戮，甚至"若纸烟，若小眼镜，甚至洋伞、洋袜，用者辄置极刑"。面对义和团几近疯狂的行动，6月9日，英国驻华公使窦纳乐向驻守天津的英国海军远东舰队司令西摩尔请求出兵增援。6月10日，北京东交民巷使馆区与外界的通讯被切断。西方各国经过紧急磋商，最终决定抽调驻守天津的八国海军陆战队2066人组成联军向北京进发。其中日本海军由于在大沽只有炮艇"爱宕"号，因此仅派出了54名水兵，就兵力而言仅居倒数第三位。

尽管援兵有限，但是望眼欲穿的日本驻华公使馆还是于6月11日派出书记杉山彬出城迎接。乘坐着外交使馆专用的"红帷拖车"，杉山彬一路上没有遭到义和团的阻击，但是在永定门外却与董福祥所部甘军狭路相逢。董福祥早年跟随左宗棠转战西北，麾下也多是好勇斗狠之辈。一言不合，甘军营官便"抽刀向前，直刺其腹"。杉山彬成了庚子之乱中第一个倒下的在华外交官员。

在董福祥所谓"如斩甘军一人，定然生变"的竭力维护之下，满清政府只能将杉山彬之死推脱给了北京匪徒蜂起的恶劣治安。而日本政府在局势进一步明朗化之前也不愿先行与满清政府交恶。但事态的进一步发展却最终令满清政府作出了向全世界开战的不智之举。6月11日夜，西摩尔指挥的八国联军在天津北郊的武清遭遇义和团阻击。在凭借着优势火力击退手持大刀长矛的武装民众之后，6月13日八国联军进驻廊坊火车站，随即陷入了数以千

◎ "爱宕"号炮舰。

◎ 反映廊坊大捷的油画。

计的义和团武装的包围之下。

西摩尔的援军一时无法抵达，北京城内的义和团却于6月12日夜袭击了东华门外教堂。人人自危的西方侨民随即在德国公使克林德的指挥下开始所谓的"猎取拳民行动"。克林德此举虽是出于自卫，但是他的主动寻衅却令本已紧张的外交关系滑向了战争的边缘。6月15日为了支援被困廊坊的西摩尔所部，云集于大沽口外的八国联合舰队在俄国海军中将基利杰勃兰特的主持下召开军事会议，确定了夺取大沽口炮台，占领天津的相关决议。当天晚间沙俄海军陆战队便在老龙头火车站与义和团发生交火。6月16日，在向大沽口炮台守将、天津镇总兵罗荣光下达交出炮台的最后通牒之后，包括日本海军"爱宕"号水兵在内的英、法、俄各国海军陆战队开始在塘沽车站等地登陆。

大沽口作为满清政府的海防枢纽，在洋务运动中曾兴建南、北共五座炮台，布置有各种口径火炮上百门，八国联军此时云集于海上的军舰多为千吨级以下的炮舰，其单舰战力无一能与甲午战争后重新组建的北洋水师主力舰"海容"号比肩。可惜坐镇德制穹甲巡洋舰"海容"号的北洋水师提督叶祖珪早已在海战中耗尽了自己的勇气。当6月17日凌晨，八国联军向大沽口炮台展开炮击之时，"海容"号竟主动向联军靠拢。正在大沽船坞中维修的"海龙"号、"海青"号、"海华"号和"海犀"号4艘驱逐舰及"飞霆"号、"飞鹰"号2艘鱼雷艇更是悉数资敌。

在排除了满清海军的干扰后，八国联军全力向大沽口炮台倾泻火力。在这场残酷的海、陆交火中，八国联军参战的10艘战舰之中6艘遭遇重创，伤亡200余人。率领佐世保海军陆战队猛扑大沽炮台的日本海军少佐服部雄吉更丧生于中国守军的大刀之下。但在孤立无援的情况下，6月17日上午，京、津海上门户——大沽口最终随着镇守其24年的老将罗荣光的战死而宣告陷落。

八国联军悍然攻占大沽口事实上已经宣告了全面战争的爆发，当日聂士成所部加入到了围攻廊坊联军的行列。面对同样拥有现代化武器的满清正规军，本就不擅长陆战的西摩尔只能放弃廊坊火车站，向天津方向撤退。在被围近5天时间里，八国联军阵亡65人，负伤225人。廊坊大捷固然提振了中国军民的士气，却也令慈禧等满清权贵滋生出了义和团足当大任的错觉。6月20日八国联军于大沽口发布《联合宣言》，表示"各国之所以调兵进京者，不过为救援各国人民起见，并非另有他意"。同一天，德国公使克林德因各国公使向满清政府提出清军护送各国公使及侨民前往天津的照会未获答复，带一名翻译前往总理衙门。事态的和平解决似乎仍有一线曙光。

作为庚子之乱中的外交明星，克林德可谓名声在外。甚至在他前往总理衙门的4天之前，便已有英国报纸刊登出了其在北京遇害的消息。在途经哈德门大街比利时使馆附近时，一场混乱的枪战突然在比利时使馆卫队和正在附近巡逻的清军神机营霆字枪队之间爆发，克林德头部中枪当场死亡。克林德究竟死于何人之手显然已经不再重要，因为他的死已经足以令西方世界相信，满清政府是一个不可理喻的野蛮国度。

在包括比利时、荷兰、奥匈三国使馆工作人员在内的近900名西方在华侨民于当天涌入英国使馆的同时，自知战争已经无法避免的满清政府则发布上谕，要求各省"各督抚互相劝勉，联络一气，共挽危局"。这份上谕表面上看是动员令，但却没有明确的调兵、筹饷的方略，只是要求封疆大吏们在通盘考虑"如何保守疆土，不使外人逞志；如何接济京师，不使朝廷坐困"，显然另有弦外之音。

6月20日下午义和团开始向东交民巷及周边各国使馆发动进攻。然而这种攻势不过是"巫步披发，升屋而号"而已。除了早已人去楼空的比、荷、奥三国使馆被焚烧之外，只有意大利公使萨瓦戈以自己的使馆处于防线的突出部，兵力薄弱，难以防守为由主动弃守了，其余各国使馆不仅连续击退了义和团的攻势，更在满清政府的接济之下过着衣食无忧的生活。

关于围攻东交民巷之战，事后慈禧太后曾颇为得意地表示："我若是真正由他们尽意地闹，难道一个使馆有打不下来的道理？"显然在满清政府的眼中各国使馆是重要的人质。一些史料所谓"荣禄自持檄督之，欲尽杀诸使臣"的说法完全是误

◎ 满清政府被迫建立的克林德纪念牌坊。

◎ 日本方面关于八国联军组成的新闻画。

会了满清政府的本意,作为慈禧太后的亲信,荣禄亲上一线无非是为了调控火候,实现"以打促和"的目的。

6月21日,满清政府以光绪帝的名义发布《宣战诏书》,这篇由军机章京连文冲所撰写的雄文,虽然道出了义和团是西方列强"小则欺压平民,大则侮慢神圣"所引发的民众反弹,也指出了中国"土地广有二十余省,人民多至四百余兆,何难翦彼凶焰,张国之威"的战争潜力,但却并未明确表示宣战的对象是谁,只是用了一个含糊不清的"彼等"。你可以理解为这是向全世界的挑衅,但却也可以认为这不过是一份呼吁民众自强的动员令。

厦门事件

对于满清政府的《宣战诏书》,西方各国均以强硬的姿态作出了回应。其中德国皇帝威廉二世更向所派远征军宣称"要让中国人在一千年后还不敢窥视德国人"。但是对于遥远的东方,德国军队从本土长途跋涉两个月才能抵达战场,意大利和奥匈帝国更无心远征,只是以在京、津一线作战的海军陆战队虚张声势。

美、法两国虽然均在远东拥有殖民前哨,但美国陆军正忙于镇压菲律宾土著游击队,法国人在印度中国的力量有限。因此在八国联军之中美、法两军均只派出了3000余人的武装力量。八国之中英国无疑是在华利益最多的国家,但此时英国陆军的主力正在非洲南部和布尔人厮杀,因此在几乎动员了印度和澳大利亚所有可用之兵后,再凑上在威海组建的"华勇营"和以印度土著为主力的"香港团",英国在中国的陆军勉强达到了1万人。

八国联军中真正的大头是对中国野心勃勃的俄、日两国。6月15日,在日本内阁会议决定立即派遣由福岛安正少将指挥的一个混成联队(3800人)向天津进发之后,6月25日,日本政府又下达动员令,任命第五师团长山口素臣中将为司令官,统一指挥第五师团及第十一师团一部,共计18000余人赴华参战。

中日甲午战争以来,日本便以沙俄为假想敌,全面开展陆海军的扩充。1896年至1899年的三年中,日军由原来的近卫师团以及其他六个师团扩充至十三个师团,骑兵、炮兵各两个旅团。不仅兵力平增了一倍,其机动性、合成作战能力更有了显著提升。但是当7月4日福岛安正所部混成联队于大沽口登陆时,却发现作为日本假想敌,由旅顺出发的沙俄陆军已经提前扮演起了救世主的角色。

6月24日起,陆续抵达的俄国陆军对老龙头火车站和东机器局的进攻虽然在义和团及清军聂士成所部的抗击之下最终未能得手，但俄军的行动却极大牵制了中国军民向紫竹林租界的攻势。而之后俄军攻占天津城北汉沽军火库的行动，不仅成功救援了宛如惊弓之鸟的西摩尔联军，更缴获了大批军用物资补给八国联军各部的弹药和粮秣消耗。

不过沙俄帝国对于攻占北京并没有太大的兴趣。6月26日沙俄权臣维特通过电报向李鸿章表示，只要李鸿章支持满洲局势正常化，沙俄不仅不会向满清宣战，还将以强大的武力成为李鸿章与西方列强议和的后盾。维特口中的所谓"满洲局势正常化"指的自然是维护沙俄在中国东北的特殊利益。但此时作为满清政府内部亲俄派的代表，李鸿章已经调任两广总督，对东北的事务鞭长莫及。

此时义和团运动业已蔓延至东北，在一边准备遣使前往广东与李鸿章会商的同时，沙俄帝国开始增派所谓的"护路军"进入黑龙江领域。作为一个大国沙文主义的奉行者，维特虽然不主张在贯穿西伯利亚和中国东北的两条铁路干线完工之前与满清政府全面开战，但也坦承只要"我们在当地有十万到十五万人的军队，就可以将它（满清政府）打得粉碎"。

维特乐观的估计在很大程度上怂恿了涉世未深且好大喜功的沙皇尼古拉二世。7月6日这位昔日的"加特奇那囚犯"自任俄军总司令，勒令远东俄军重新编组为三个军。除了旅顺、海参崴两地的驻军编组为西伯利亚第一军之外，西伯利亚第二军和第三军分别于伯力和赤塔展开。含预备队在内，沙俄总计动员了近18万大军，形成对中国东北的四面夹击之势。

在满清黑龙江将军寿山拒绝集结在海兰泡的数千名俄军借道瑷珲、齐齐哈尔开往哈尔滨的同时，7月9日，宾县、吉林、呼兰、阿城等地的义和团捣毁了哈尔滨四郊的铁路、桥梁，开始围攻这个沙俄在东北最大的据点。7月15日强行驶往哈尔滨的俄国货轮"米哈依尔"号和"色楞格"号在瑷珲江面与满清边防部队发生交火。这一起造成沙俄方面5人死伤的"黑龙江事件"随即引发了沙俄对其境内中国侨民的血腥报复。海兰泡和江东六十四屯惨案合计近万华侨遇难，史称"庚子俄难"。

沙俄帝国全力筹备着鲸吞东北的大战略，自然无暇顾及京、津一线的战局。甚至本已属囊中之物的八国联军总司令一职也被尼古拉二世拱手送给了自己的表兄——德皇威廉二世。不过德国陆军元帅瓦德西仍在旅途之中，京、津一线的八国联军的指挥权实际掌握在出兵最多的英、俄、日三家"大股东"手中。

不过在日军主力第五师团抵达之前，作为日军先遣混成联队的指挥官，搞情报出身的福岛安正并没有太多的话语权。在7

◎ 天津南门英、美、日三国联军与聂士成所部的激战。

◎ 进入北京的日军。

月13日八国联军对天津的总攻中，俄、德两国负责攻占城北的制高点——水师营炮台，而日军则伙同英、法、美、奥四国军队进攻满清陆军和义和团防线的中心——天津南门。以沙俄唱主角的北路进展顺利，但是天津南门的激战却持续了两天之久。在包括美国陆军第9步兵团指挥官李斯坎在内的总计730人的伤亡中，日军便占了一半以上。

在聂士成阵亡，直隶总督裕禄兵败自杀后，满清政府的首都再度暴露在列强的兵锋之下。而与第二次鸦片战争中英、法联军进逼北京时一样，富庶的帝国南方并没有出现北上勤王的热潮。不过四十多年前，李鸿章等人是借口忙于围剿太平天国，这一次是直接表示置身事外搞起了"东南互保"。唯一一个率军北上的是有着巡阅长江水师大臣头衔的失意官僚李秉衡。不过他麾下的新募之兵会合了天津方向马玉昆等人的屡败之师，根本无力阻击八国联军的攻势。8月11日李秉衡兵败通州，自杀殉国。

8月13日，八国联军进逼北京。此时东北战场，俄军已经解除了义和团对哈尔滨的围攻，正在向吉林、奉天等地进犯。慈禧太后深感"木兰秋狩"也不安全，随即于8月15日裹挟着光绪帝，在马玉昆、董福祥所部的护卫下向西北逃亡，而在此前一天英国军队已由西直门进入内城，抵达了他们想象中人间地狱般的东交民巷使馆区。但是眼前一派怡然自得的景象，却令联军误认为是进入了宴会会场。

事实上清军和义和团对使馆区的进攻早已停止，意大利公使萨瓦戈甚至表示那些象征性的枪炮声不过是自己的起床号。反倒是八国联军攻陷北京之后，各种屠杀和劫掠才真正地令这座城市陷入了仿佛无休止的苦难之中。不过与西方列强肆无忌惮的施暴相比，日军却表现出了相对的克制，而一个随军翻译更由于在日军占领区内率先组建起了"安民公所"而获得了留守的满清贵族的青睐，他便是35岁的川岛浪速。

八国联军虽然攻占了北京，但是列强之前却并没有一个统一的战略。俄国力主向山海关、锦州一线挺进，以便策应东北战场。9月抵达的德国陆军元帅瓦德西则急于向西进犯，以便追击慈禧太后为首的满清政府。英国则希望先行肃清直隶境内的义和团。法国政府则于10月4日早早地拟定好了议和备忘录，希望能够结束与满清政府的这场战争。自知在瓜分中国的问题上来迟一步的美国则大唱"和平外交、公正贸易"的高调，主张"门户开放,利益均沾"。意大利和奥匈帝国，则继续扮演着龙套角色。至于日本，西方列强俨然已经忽视了他的存在，直到日本海军登陆厦门的消息传来，其余七国才发现这位看似任劳任怨的"盟友"也不是什么良善之辈。

出兵华北本是日本陆、海军协同完成的远征，但是由于满清海军不是不战而降，便是龟缩南方，日本海军虽然派出"爱宕"号、"丰桥"号、"须磨"号及从北洋水师手中缴获的"镇远"号、"镇中"号等战舰，但是在攻占大沽口之后，庞大的舰队便只

◎ 地形复杂的台湾太鲁阁地区。

能在中国近海无所事事地游弋。急于彰显存在感的海军大臣山本权兵卫向部署于台湾海峡的"和泉"号和"高千穗"号两舰下达训令，要其寻机在福建沿海挑起事端。

海军的行动随即引发了陆相桂太郎的警觉，不过桂太郎的反应不是设法阻止，而是授权新任台湾总督儿玉源太郎看准时机行动，不能让海军专美于前。从1895年割取台湾以来，日本的所谓"台湾总督"已经更换了四任了。由于萨摩藩和长州藩的争夺，桦山资纪屁股还未坐热，便被调回了国内出任内务大臣，取代他的是山县有朋的亲信——桂太郎。

桂太郎接任台湾总督之时，恰逢台湾岛内民众所掀起的第一轮反日高潮，曾因力举石狮而被称为"简大狮"的简忠浩活跃于台北，骁勇善战的"猛虎"柯铁雄踞云林，乳名"少猫"的林苗生聚义凤山，均令日本殖民当局不胜头痛。桂太郎除了

◎ 晚年热衷于童子军运动的后藤新平。

跟随伊藤博文到台湾参加了一次所谓"始政纪念日"活动之外，甚至都不敢在台湾长期逗留。而桂太郎放纵日军以围剿柯铁之名，于1896年6月16日至6月23日之间展开扫荡，屠戮台湾无辜民众3万余人，更令日本在国际社会声誉扫地。为了平息舆论，日本政府不仅将当事军官送交军事法庭判刑，更不得不再度更换台湾总督。

第三任台湾总督是日军中著名的"一根筋"——乃木希典。乃木希典自认擅长治军，不善理民。在写给好友的信件中，他甚至将这一肥缺比喻为："就像一位叫花子讨到一匹马，既不会骑，又会被马踢。"但是乃木希典对肃清台湾抗日武装的工作依旧十分热衷。他首创了分区控制的"三段警备法"，试图将抗日武装困死于深山老林之中，更派出2万地面部队在海军"葛城"号舰炮的掩护下进攻花莲县境内的太鲁阁原住民。

如同乃木希典其他的蛮干一样，这位台湾总督的工作虽然卖力却不为人所认同。"三段警备法"由于划分不清，而引发了台湾政法部门和驻军之间龃龉不断。清剿太鲁阁的军事行动更由于原住民藏匿深山和日军水土不服导致瘟疫爆发而以失败告终。心灰意冷的乃木希典随即以台湾每年耗费军费高达700万日元为由向时任首相的松方正义提出了"台湾卖却论"，甚至连价钱都和下家法国谈妥了——折合1亿日元的1500万法郎。

1898年乃木希典正式向国会递交"出售台湾"的提案。而除了外务省之外，反对最为激烈的便是儿玉源太郎。儿玉直指台湾之所以出现难以治理的局面，完全是因为官员无能。这番话固然将乃木希典的肺都气炸了，但是儿玉接任台湾总督之职后的确干得有模有样，而儿玉可以为乃木收拾残局的观念也随即深入人心。

儿玉源太郎之所以能够很快在台湾总督的任上取得成绩，很大程度上要归功于他的用人策略。早在1894年身为陆军次官的儿玉在宇品港为出征的士兵送行之际，他便招揽了一位失意政客——后藤新平。后藤新平的本职工作是医生，但除了医术精湛之外，后藤新平还有一套自己的治国理念。1889年身为内务省卫生局局长的后藤曾发表过《国家卫生原理》一书，表面上看是推广西方的医疗理念，但字里行间展露出的却是对时政的看法。

不过后藤新平出身水泽藩的贫寒之家，在日本政坛缺乏有力的支持，他的政治主

出兵华北——日本加入八国联军的真正动机

张非但没有被赏识，更由于介入自由党和萨长同盟的纠葛，而一度被解除职务，险些锒铛入狱。在与儿玉源太郎结识之时，后藤新平不过是一个在宇品防疫站中工作的普通医生。但是慧眼如炬的儿玉却将后藤引为心腹，而在赴任台湾之后，后藤新平更以所谓的"生物学原则的殖民地经营法则"为儿玉打出了一片天地。

后藤新平的施政理念虽然听起来玄乎，但总结起来无非是"因势利导、渐进同化"而已。与过去历任总督以军事手段一味高压不同，后藤新平一方面尊重台湾的民风、民俗，丈量和开垦土地，加强台湾全岛的基础建设，同时废除"三段警备法"，实行"保甲条例"和"警特统治"。当然，后藤这些举措无非是为了更好地为侵占台湾服务。在恩威并举之下，日本工、商业资本开始大举进入台湾，各种地租和蔗糖工业的收入很快使台湾摆脱了"财政黑洞"的地位，而台湾驻军也逐渐走出了疲于奔命的阴影。在得到了桂太郎的指令后，儿玉迅速抽调了一个步兵大队为骨干的混成支队，准备配合海军陆战队攻占厦门。

8月24日，厦门的日籍寺院东本愿寺布教所突然失火，"和泉"号上的海军陆战队随即登陆。但此举随即招来了英、美、俄、法四国的强势反弹，驻厦门的英国领事更出面指证，说东本愿寺的火根本就是日本和尚自己放的。面对千夫所指的日本政府只能在8月28日中止了台湾总督府的出兵计划。事后儿玉虽然提出辞职，但最终还是被留任台湾，倒是山县有朋内阁于9月25日不得不总辞职。

值得一提的是，在八国联军攻占北京，日本海、陆两军于厦门制造事端的同时，由孙文于台湾遥控指挥的兴中会武装也于1900年10月8日于广东惠州三洲田发动起义。革命军一度攻占新安、大朋、惠州、平海等地，发展至数万人规模，但很快便在粮饷不济的情况下归于瓦解。近代有学者指出，孙文所发动的惠州起义在一定程度上是希望能够得到厦门方面日军的支持，但由于日本方面的首鼠两端，而最终无力为继。

穷兵黩武
日俄战争前日本的全力备战

满韩交换

1901年1月28日，满清政府全权代表庆亲王奕劻及李鸿章在北京与西方列强展开谈判的同时，一支法国陆军小分队开始向河北、山西交接的太行山要隘——井陉关展开进攻。八国联军方面对此次军事行动的解释是清军"驻扎井陉相逼，必须先退，彼国方肯撤兵"。但联系到此时李鸿章正利用各国对华政策的分歧，在谈判过程中谋求将赔款降到最低，作为联军司令的瓦德西无疑希望在军事上给予满清政府更大的压力。

满清政府虽然在京津、东北一线兵败如山倒，但是终究是一个东方大国。在井陉一线集结有大同镇总兵刘光才、湖北勤王总兵友友升所部上万人，法国陆军的进攻自然讨不到什么便宜。不过李鸿章担心节外生枝，随即命令守军"退兵晋境，不准一人一骑东出"。

满清政府的退让并不能让侵略者止步。1901年4月，瓦德西下令德、法联军六千

◎ 内部龃龉不断的八国联军。

余人越过清军弃守的井陉一线向山西境内的娘子关、固关一线进犯。瓦德西的此次军事行动虽然最终取得了胜利，但却足以说明此时八国联军已呈强弩之末的态势。云集于京津一线的各国军队龃龉不断。兵力最多的日军拒绝进入山西境内；英、俄两国则由于修筑军用铁路的用地问题一度武装对峙，险些兵戎相见。至于分赃不均导致的小规模火并更是屡有发生。

各国利益诉求上的分歧除了造成军事上的相互扯皮之外，更反应在与满清政府的谈判过程中。西方各国要求满清政府严惩"战犯"，而为了在中国扶植更多的亲日派，日本却力主对端王载漪等人从轻处罚。在诸多皇亲国戚保全了首级之后，满清政府也大力惩办祸首，除了各地清军开始围剿义和团武装之外，包括庄亲王载勋、山西巡抚毓贤在内的一干主战派大臣也被勒令自尽。

在诸多被用于平息列强之怒的牺牲品中，比较值得一提的是军机大臣赵舒翘和黑龙江将军寿山。这两位不仅死得冤枉，更死得艰难。赵舒翘被赐死之后，先是吞金，然后又服用砒霜，最终家人只能用绵纸遍糊其七窍，再灌以烧酒，反复数次才最终离世。寿山的经历与赵舒翘相近，也是自行吞金未死，不过身为武将，他选择了让部下向自己开枪。但不知道是枪法还是心理因素的原因，部下连开三枪，寿山方始气绝。

除了惩凶之外，西方列强关于满清政府的赔款数目也各有算计。法、德、俄三国均力主最大限度地压榨中国，而英国和

◎ 因其养女川岛芳子而闻名国内的川岛浪速（左）。

日本则出于各自的考量，希望能给予满清政府以喘息之机。最终出兵最多的日本所获的赔款不及法国的一半，日本国内纷纷抱怨"少得令人失望"。但这种"宽容"的姿态却换来了满清政府对日本的另眼相看。八国联军攻占北京期间，竭力保护满蒙贵族府邸的日本人川岛浪速被聘为客卿二品的北京警务厅总监督，此举开启了日本和满清政府最后十年的"蜜月期"。

日本之所以急于与满清结盟，自然是为了对抗鲸吞东北的沙俄。就在八国联军仍在北京与李鸿章交涉之际，沙俄帝国已经密谋单独与满清政府签署旨在独霸中国东北的《暂且章程》。眼见焦头烂额的满清政府即将向沙俄妥协，日本驻华公使小村寿太郎连忙发出警告："若东省阴为俄有，英必占长江，德必踞山东，日本亦不得不起而争利。"

日本政府虽然表面给予满清政府"精神上的支持"，但是深知自身国力仍不足以阻击沙俄南下的伊藤博文等人却在满清政府拒绝与沙俄单独媾和之后，试图与沙俄瓜分东北亚以缓和矛盾，这便是著名的"满韩交换论"。所谓"满韩交换"，指的

是以日本承认俄国对中国东北的支配地位，换取俄国放弃对大韩帝国的支持，任由日本操控朝鲜半岛。

有趣的是伊藤博文带着自己的方案，于1901年9月以私人身份访问沙俄之际，一个名叫田中义一的少壮派军人主动找上了门来。田中义一此时仅是一个参谋本部第二课的中尉，不过身为"俄国班"的成员，田中义一曾长期在沙俄以军校留学生的身份秘密展开间谍活动，对沙俄帝国的贪婪和虚弱均有直观的认识。他力劝伊藤博文不能向沙俄妥协，解决日俄争端的唯一出路只有战争。

伊藤博文此时已年过六十，被三十七岁的田中教训了一番，内心的郁闷不言而喻。不过田中义一毕竟是长州藩的后进晚辈，山县有朋和桂太郎的爱将，况且伊藤博文也认为田中所说并非全是浪语。事实也的确如田中义一所预料的那样，沙俄不仅拒绝"满韩交换"，更以"临时训练锚地"和"捕鲸港"的名义强租了朝鲜半岛南端的马山浦。

马山浦位于朝鲜半岛的东南端，不仅是沙俄舰队从海参崴前往旅顺、大连的绝佳补给点，更是扼守对马海峡的咽喉。昔日蒙元帝国第一次远征日本也是从这里出发的。显然沙俄在迟迟不肯从中国东北全面撤军的同时，还打算独霸朝鲜。但就在

◎ 年轻气盛的田中义一。

伊藤博文失望地结束了其俄国之行时，一个天大的利好消息却从遥远的伦敦传来。英国意欲同日本结盟。

很少有人知道英日同盟的始作俑者其实是德国皇帝威廉二世。进入20世纪的欧洲，随着昔日"铁血宰相"俾斯麦的离去，由其所构架的欧洲均衡格局也轰然倒塌。面对与法国在普法战争结下的冤仇，德国迫切需要在英、俄之间寻找一位盟友，以免陷入两线作战的窘境。应该说，对于雄踞中欧，拥有世界一流陆军和军工系统的德意志帝国，英、俄都没有理由拒绝威廉二世伸出的橄榄枝。但向来自负的威廉二世不仅有鱼与熊掌兼得的奢望，更希望挑动英俄双虎相争，以便坐收渔翁之利。

1899年10月爆发的第二次布尔战争本是德、俄联手推翻英国世界霸权的绝佳机会。沙皇尼古拉二世曾亲自前往德国，试图说服威廉二世同他一起将英国人干掉。但是威廉二世深知俄国的目标无非是利用英国深陷南非之际，谋取阿富汗和波斯的利益，而这些地区对德国而言毫无意义。在得到了英国对柏林—巴格达铁路计划的支持和从西班牙手中买下了加罗林、马里亚纳群岛之后，德国果断抛弃了与其颇有渊源的布尔共和国。

第二次布尔战争虽然最终令英国将其

◎ 由赫曼创作，威廉二世题词的著名版画——黄祸。

◎ 约瑟夫·张伯伦，其子便是以绥靖政策和《慕尼黑协定》而闻名的内维尔·张伯伦。

非洲南部的殖民地连成一片，来自世界最大的兰德金矿的黄金更令伦敦迅速成为全球金融业和黄金交易的中心，但是英国也深刻意识到了自己陆军力量的不足。要弥补自己的短板最佳的方案便是与吹嘘只要英国人敢在波罗的海登陆，派出警察就可以将其轻松逮捕的德国结盟。英国著名的新帝国主义论者——殖民地大臣约瑟夫·张伯伦①首次提出了英德联盟的构想，以便在从巴尔干延伸到朝鲜的辽阔战线上对抗沙俄。而面对张伯伦的提案，威廉二世自作聪明地提出应该将日本引入这个联盟之中。

威廉二世的如意算盘是挑动英、日在远离欧洲的东北亚与沙俄火并，自己则全力打造一支不弱于英国的海军。应该说威廉二世猜中了故事的开头却错误地估计了结局。1902年1月20日，在德国始终保持着游离状态的情况下，《英日同盟协定》正式签署。随后英国开始与德国的老对手法国展开了包括非洲、北美、东南亚及太平洋岛屿等众多殖民地边境问题的一揽子谈判。显然在英国勾勒的未来世界政治地图中并没有预留德国的位置。

不过威廉二世并没有放弃自己挑动英俄战争的计划。1902年的夏天，他亲自前往爱沙尼亚的塔林。在这次著名的雷维尔港会晤中，威廉二世不仅再度搬出了自己发明的"黄祸"②论，以上帝的口吻指引自

---

① 约瑟夫·张伯伦，英国历史上颇具争议的政治人物，其最著名的主张便是所有盎格鲁—撒克逊民族的后裔都应该团结成一个国家，进而统治全球。当然比起他那个以绥靖政策和慕尼黑协定而闻名的儿子——内维尔·张伯伦来，他在中国的知名度要小得多。
② 黄祸，最早起源于欧洲各国对蒙古西征的恐怖记忆。此后多次被用于指代中国的崛起。1895年甲午战争之后，"黄祸"的主角成了日本，威廉二世曾将一幅全名为《世界上的民族，保护你们最宝贵的财产》的版画作为礼物送给尼古拉二世，提醒他日本一旦窃取辽阔的东亚大陆，便将成为新时代的蒙古帝国。

己的表弟说："你的未来在东方，你肩负着神圣的使命——从黄祸中拯救基督教世界。"甚至在分手之际，威廉二世还让自己的座舰打出"大西洋海军上将向太平洋海军上将致敬"的旗语。

对于自己昔日情敌的怂恿，尼古拉二世做何感想我们不得而知，但是在雷维尔港会晤之后，尼古拉二世的确制定了一个天马行空的20年造舰计划。尽管每年军费仅900万卢布的沙俄帝国无力负担沙皇陛下价值17亿的野心，但是从1895年到1904年的近10年时间里，沙俄海军还是新增了15艘新型铁甲舰。除了俄国各大造船厂的全力营造之外，沙俄还分别向美、法订制了2艘崭新的装甲舰——"列特维然"号和"皇太子"号。

与全盘需要"外援"支撑的满清和日本不同，沙俄购买这2艘军舰很大程度上是秉承着"它山之石可以攻玉"的理念，吸收世界先进的海军技术。以"列特维然"号为蓝本，沙俄尼古拉耶夫工厂于1903年完工了俄国海军第一艘真正意义上的前无畏舰——"波将金"号。而继承"皇太子"号法国血统的则是波罗的海工厂出品的五兄弟——"博罗季诺"号、"沙皇亚历山大三世"号、"鹰"号、"苏沃洛夫公爵"号和"光荣"号。这些新锐战舰的陆续服役，令沙俄海军迅速跃居世界第三的宝座。强

◎ 美国血统的沙俄主力舰"列特维然"号。

穷兵黩武——日俄战争前日本的全力备战

大的军备令俄国外交大臣拉姆斯多夫自负地对伊藤博文说出"战争开始时可能对我们不利，但最后必定以日本的失败而告终"的豪言。

各怀鬼胎

1902年返回日本的除了失意的伊藤博文之外，还有踌躇满志的田中义一。此时日军正经历着一场吐故纳新的大换血。1899年曾拟定甲午战争全盘战略和作战部署的日军参谋次长川上操六去世，面对在军中人望极高的候补人选——儿玉源太郎，时任参谋总长的大山岩出人意外地选择了长州藩出身的寺内正毅和来自武田信玄故乡甲斐国的田村怡与造。

大山岩此举固然有平衡陆军内部派系的考虑，另一方面玉源太郎所擅长的是战术指挥，在日俄交锋的举国大决问题上，日军需要号称"今信玄"的田村怡与造来泼泼冷水。田村怡与造和与之齐名的"今谦信"小川又次相比，无疑是一个用兵谨慎的稳健派。在他看来日本独力与沙俄对决毫无胜算。"上兵伐谋，次者伐交"的道理，熟读《孙子兵法》的田村不可能不理解。日本虽然与英国结成了同盟，但是在朝鲜和中国东北的地面战中，日本还需要满清政府的协助。

在田村怡与造不到一年的短暂任期内，他的主要工作便是推进中日陆军的合作交流。而与八国联军入侵之前，日本着眼于扶植张之洞所部的南洋新军不同，田村怡与造所看好的是继李鸿章之后出任北洋大臣的袁世凯。1902年田村甚至专程前往保

◎ 编练中的满清政府北洋新军。

定拜访袁氏，接洽所谓"中日军事合作"的事宜。

在大山岩和田村怡与造的努力之下，袁世凯不仅接收了大批日军军官为北洋新军顾问，在军队中推广"左肩枪换右肩枪"的日军操典，更与田村达成秘密协议。协议商定，在中俄或日俄之间爆发战争的情况下，组建"合组侦探队"实现情报互享。而为了武装中国陆军，日本政府也于1903年向袁世凯出售了大批武器弹药。

1903年10月12日，始终对日俄战争的前景忧心忡忡的田村怡与造最终因积劳成疾而去世。他虽然没有儿子，但三个女婿均在日军中飞黄腾达。而参谋次长的职位最终还是落到了儿玉源太郎的手中。儿玉此时已是身兼内务大臣、文部大臣、台湾总督的当朝权贵。但是他一到参谋本部便勒令绘制朝鲜半岛军事地图，彻底推翻

War Story · 035

了田村此前的本土防御战略，要求参谋本部作好1903年年底便与俄军全面交战的准备。

儿玉之所以如此积极，很大程度上是受俄国在远东强硬姿态的刺激。1902年作为对英日同盟的回敬，沙俄帝国除了强化与德国的传统友谊之外，还与法国发表了"维持远东现状及全局和平，保全中国与朝鲜之独立"的联合声明。沙俄帝国之所以不顾德国的反感，急于与法国结成同盟，源于其糟糕的财政状况。在沙俄帝国总计高达40亿卢布的外债之中，法国一家便持有了四分之三。为了筹措战争经费，沙俄自然不得不求助于当时的"世界金主"——法国人。

自持与德、法的同盟关系足以压制英、日的沙俄帝国随即于1903年4月拒绝履行与满清政府此前达成的撤军协定。1902年9月撤出山海关、锦州一线的俄国陆军继续盘踞着由旅顺、营口经奉天、长春、吉林至哈尔滨的大片土地。应该说沙俄帝国此举即便在国内也招致了财政大臣维特、外交大臣拉姆斯多夫等稳健派的反对。而陆军大臣库罗帕特金虽然主张在春季的泥泞中撤军，但也从军事的角度希望俄国陆军能够在1903年的冬天收缩到以哈尔滨为中心的所谓"北满"地区。

应该说维特和库罗帕特金均属于沙俄帝国末期颇为优秀的军政干才。他们之所以主张撤军，并非是畏惧英、美干涉或日本的战争威胁，而是着眼于长远的考虑。1903年7月沙俄贯穿中国东北的中东铁路便可全线通车。在代表国内新兴资本阶层的维特看来，沙俄帝国已经具备了从经济上蚕食中国东北的能力，继续驻军毫无意义。而代表沙俄军方势力的库罗帕特金则是从军事上考虑，希望能够缩短战线，以摆脱兵力分散和补给不畅的窘境。但是他们的合理化建议却遭到了一个有实无名的"皇叔"搅局，他便是沙俄帝国关东州总督——阿列克谢耶夫。

阿列克谢耶夫的生父据说是曾经通过一系列不平等条约窃取中国东北100多万平方公里土地的沙皇亚历山大二世。在婚外情和私生子泛滥的欧洲，阿列克谢耶夫似乎并未从自己的皇室血统中获得什么政治优待。1863年自俄国海军士官学校毕业之后，阿列克谢耶夫便继承了家族的衣钵，开始了四海为家的海军生涯。

日本媒体曾污蔑阿列克谢耶夫身为海军上将，却因为晕船而从未登舰。事实上阿列克谢耶夫在海军打拼了40年，虽然没有什么显赫的战功，但也毕竟以巡洋舰舰长的身份进行过全球巡航。阿列克谢耶夫真正坐上升迁快车道则是1898年沙俄强租旅顺口之后。考虑到旅顺

◎ *沙俄稳健派大臣维特。*

穷兵黩武——日俄战争前日本的全力备战

◎ 沙俄在东北的无冕之王阿列克谢耶夫。

不冻港对俄国海军的重要意义，沙俄帝国令身为太平洋舰队司令的阿列克谢耶夫兼任当地军政合一的殖民机构"关东州"的总督。

主政"关东州"令阿列克谢耶夫血管里亚历山大二世的基因全面爆发。他先是在旅顺大兴土木，大规模扩建要塞和城区。更利用八国联军侵华之际，强占了本不属于沙俄租界范围的金州城，将当地中国官员和驻军悉数送去库页岛充当苦力。阿列克谢耶夫"开疆拓土"的本领，令沙皇尼古拉二世对他另眼相看，任命其为与满清交涉东北事务的俄方全权谈判代表，至此晋升为海军上将的阿列克谢耶夫终于跻身了沙俄帝国的决策层。

身为封疆大吏的阿列克谢耶夫自然不甘心拱手让出自己的地盘，而1901年1月出访远东的沙皇亲信别卓布拉佐夫也与之沆瀣一气。别卓布拉佐夫刚刚从商人布里涅尔手中买下开采日本海中郁陵岛、图们江上游、鸭绿江流域森林的特许权，一心想着在中朝边界开办一个类似于印度东印度公司的殖民机构获利。当然别卓布拉佐夫"不是一个人在战斗"，窃取自然资源这种一本万利的买卖，引来了沙俄宫廷许多达官显贵的参与，甚至连皇后玛丽亚亦有入股。

在别卓布拉佐夫及其背后的利益集团游说之下，尼古拉二世以防御日本对南满支线的威胁为名，要求俄军乔装成伐木工人、护林员向毗邻朝鲜半岛的凤凰城、安东扩张。原本便散布于东北各地的俄国陆军至此更显孤立。而为了追求自身的利益，别卓布拉佐夫更频繁插手远东军事事务，甚至要求俄军着便衣进入朝鲜境内，收买中国东北的"胡子"借以除掉敢与之争利的其他欧洲国家及日本商人。这一建议连阿列克谢耶夫都觉得不靠谱，只派出几十名退役士兵敷衍了事。

曾于1901年6月动用财政部的力量强行接收别卓布拉佐夫创立的东亚实业公司中的宫廷事务处股份的维特，此时再次站出来试图阻止这个疯狂的"近卫军"。但此时这位老臣已然失宠，1903年5月15日别卓布拉佐夫被任命为御前大臣。三个月之后，把持沙俄经济十年的维特被解职。就在维特黯然下野之时，尼古拉二世下令设立远东总督府，阿列克谢耶夫成了沙俄帝国贝加尔湖以东无可争辩的最高长官。

除了需要统辖包括堪察加半岛及库页岛在内的辽阔疆域之外，处理沙俄与远东

War Story · 037

邻国的外交事务也属于阿列克谢耶夫分内的工作。不过日本政府显然无心去和这样一介武夫交涉。8月12日，日本驻俄公使栗野慎一郎亲自向俄国外交大臣拉姆斯多夫递交了日本政府解决两国争端的提案。这份提案没有超出伊藤博文"满韩交换论"的范畴。俄国政府的回应也依旧是老调重弹：满洲我不放弃，韩国我也要努力争取。

10月6日，在日本方面的坚持之下，谈判地点移师东京。面对日本外相小村寿太郎所坚持的日俄应彼此尊重既得利益的要求，阿列克谢耶夫虽然接到了拉姆斯多夫"采取一切措施阻止战争爆发"的指示，但却依旧坚持日本应全面从朝鲜半岛撤军，且日俄的势力范围分界应是北纬39度线。阿列克谢耶夫所作出的这一反提案，显然有照顾别卓布拉佐夫及沙俄贵族们在鸭绿江流域的商业利益的考量。

面对沙俄这头横亘于欧亚大陆之上的巨兽，日本参谋本部虽然已经拟定好了攻势作战的计划（大山岩于6月22日甚至向天皇睦仁奏报说："解决朝鲜问题唯有今朝。"），但明治政府依旧感觉心里没底。12月14日，在征求了坚持要将各国在中国东北商业利益纳入谈判的英国同意之后，日本作出了最后的让步：只要俄国允许日本在朝鲜半岛驻军，日本可以将鸭绿江两岸50公里的范围划为中立区。这份修正案虽然没有明确说是最后通牒，但是日本政府却已经做好了全面战争的准备。12月28日，明治政府颁布紧急敕令，公布了战时大本营修改条例，联合舰队也进入了全面动员的状态。

穷兵黩武

1904年2月4日拂晓，65岁的伊藤博文冒着初春的寒冷走过二重桥，来到了在普通日本民众心目中早已异化为神域的皇宫。在那里，已经52岁且身患糖尿病的天皇睦仁彻夜未眠，正等待着这位股肱老臣来为自己分析一场关乎国家命运的战争走向。

为了战胜不可一世的强邻，明治政府从1895年甲午战争结束之后，便以"三国干涉还辽"的屈辱为契机，号召全国民众展开卧薪尝胆式的疯狂战备。节节攀升的军费在巅峰的1898年甚至达到了政府年度预算支出的51%。在牺牲了无数国民生计的前提下，日军不仅完成了所谓的"十年整军计划"，更为了实现天皇睦仁"国家前程尚为辽远，望以赤诚来达到他日目标"的上谕而展开了一系列几近残酷的训练。以上情况最终引发了"八甲田事件"。

八甲田山是位于日本本州岛东北部青森县境内的十余座复式火山的总称。由于纬度和海拔较高，冬季的八甲田山长绵积雪，直到今天除了滑雪爱好者外也鲜有人问津。但是1902年1月23日，组建仅四年的日军第八师团派出了由大尉福岛泰藏与神成文吉分别率领的两支步兵分队冒雪进山。

这次高纬度极寒条件下的行军测验，出自于第八师团的首任师团长立见尚文之手。作为在甲午战争中从朝鲜半岛一路打到鞍山、牛庄的甲午悍将，本州岛中部三重县出身的立见尚文深感日军在冬季作战中的孱弱。接手以青森、秋田、山形三县的"关东雄兵"组成的第八师团之后，立见尚文决心将它打造成一支未来可以驰骋

◎ 以八甲田山雪中行军为背景的电影。

中国东北战场的精锐之师。

　　立见尚文老家三重县虽然也有山脉险峰，冬季亦有大雪，但毕竟比邻太平洋，属于亚寒带气候，与八甲田山极端恶劣的自然条件有着本质上的差别。1月27日，以精干小分队形式自西向东横穿八甲田山脉的福岛泰藏所部38人除1人因为腿部负伤被送回外，悉数安全抵达青森县城。而就在第八师团的高层弹冠相庆、自认演习任务即将圆满完成之际，在八甲田山脉的西侧，日军巡逻队在军营外1公里处发现了一个早已冻饿而死但却依旧拄枪站立的军士，经核实这位正是神成文吉所部的伍长——后藤房之助。

　　顺着被大雪掩埋到腹部的后藤房之助僵硬不倒的尸体，第八师团随即动员上万

穷兵黩武——日俄战争前日本的全力备战

名士兵进山搜寻。但最终仅收容了随行的军官教导队负责人山口鋠少佐在内的11名幸存者，而包括神成文吉大尉在内的另外199人则全部遇难。如此可怕的非战斗减员，令日军此后长期视高纬度极寒地区作战为畏途。直到1932年才在该地组织了第二次冬季行军，圆满成功后还大肆宣称是"踏破魔山"。

　　八甲田事件只是日军在备战过程中各种演习事故的冰山一角。之所以如此密集地展开高强度训练，完全是日俄陆军数量上空前悬殊的对比所造成的。日军虽然大肆扩充，但仅在远东地区俄国陆军便部署了172个营，兵力上对合计相当于156个营的日本一线地面部队仍具优势，何况通过西伯利亚铁路，总兵力高达207万人的沙俄帝国陆军还可以源源不断地提供增援。在武器装备也同样处于劣势的情况下，日军只能寄望于提高兵员素质。

　　由于联合舰队在甲午战争中的出色表现，日本海军一扫过去军费分配中"陆主海从"的颓势，有了充足的经费支持。日本海军舰政局长佐双左仲于1896年提出了与陆军并驾齐驱的"海军发展10年规划"。这一规划由于以新购6艘战列舰和6艘装甲巡洋舰为核心，因此又被称为"六六舰队"方案。应该说，这份总计需要耗费2.13亿日元的方案在获得了满清政府大笔赔款的日本政府看来并非完全不能接受。于是向来对海军颇为抠门的日本国会大笔一挥便批准了相关拨款，有了钱的日本海军随即像购物狂一般冲入国际军火市场。

　　"六六舰队"的主体是由铁甲舰进化

War Story · 039

◎ 今天依旧保存完好的"三笠"号战列舰。

而来的战列舰。1894年，为了筹备甲午战争，日本海军已经向英国泰晤士铁工所订购了性能压倒北洋水师"定远"号、"镇远"号的"富士"号和"八岛"号两舰。对于这两艘雄视东亚的巨舰，日本举国上下欣喜若狂，在天皇睦仁将"富士"号定为自己海上阅兵御召舰的同时，日本海军又向英国订购了4艘"富士"级的改进型——"敷岛"号、"朝日"号、"初濑"号和"三笠"号。

作为人类战争科技所孕育出的钢铁猛兽，每一艘战列舰都是吞噬国家财政的饕餮。1901年就在英国著名造舰家邓恩拿出综合了多项连英国海军都未应用的新技术的"三笠"号图纸之时，日本海军突然发现自己的"金卡"已经刷爆了。巨额的军费开支早已令日本政府的财政濒临崩溃。一再的增税更令日本工商业奄奄一息，加

上受中国义和团运动所导致的出口疲软，日本政府已经无力再为海军购买相当于36万日本人年收入总和的"三笠"号了。

走投无路的日本海军大臣山本权兵卫只能去找自己的前辈西乡从道想办法。西乡从道主政海军时曾有一个颇为不雅的诨号——"原来如此"大臣，指的是西乡对海军各项事务一窍不通，遇到技术问题往往要下属反复解释，才最终表示"原来如此"。但西乡从道却有自己的为官之道。在他看来自己身为海军的掌门人，并不需要事事精通，只要能够为海军申请到经费便是善莫大焉。面对山本权兵卫的困局，西乡从道毅然挪用自己所主管的内务省经费，先行向英国方面支付了订金。随后又以如不拨款，自己便伙同桦山资纪、山本权兵卫到二重桥切腹谢罪为要挟，令国会

040

鉴于"吉野"号在黄海海战中力挽狂澜的作用，甲午战争前后日本海军在孜孜以求重型战列舰的同时，也在全力购置新型航速较高且具备装甲防御的大型巡洋舰。1896年日本海军找到了"吉野"号的设计者——英国人瓦兹爵士，希望他能够为日本再量身定制2艘装甲巡洋舰，是为"浅间"号和"常磐"号。而为了平衡与西方列强的外交关系，也为了能够兼容并包地吸收欧洲先进的海军科技，在"浅间"级2艘巡洋舰紧锣密鼓地建造的同时，日本海军又向德、法分别订购了"八云"号和"吾妻"号。

"八云"号的承建方是昔日孕育过"定远"号、"镇远"号和"济远"号的伏尔铿船厂。但"吾妻"号的订单，日本却没有选择交给昔日建造"亩傍"号巡洋舰的勒阿弗尔船厂或"三景舰"下水的地中海船厂，而是挑选了此前没有合作过的法国圣纳泽尔的卢瓦河船厂。不过事实证明此时法国在舰艇设计领域已日益没落。"吾妻"号的舰体虽然修长漂亮，但是却给维修保养带来了极大的不便，整个日本沿海的诸多军港之中仅有浦贺船坞可以容纳下它。

德、法血统的"八云"号和"吾妻"号终究只是"六六舰队"的一个小插曲。在对"浅间"级的性能感到颇为满意之后，日本海军又请瓦兹爵士设计其改进型装甲巡洋舰，即著名的"出云"号及其姊妹舰"磐手"号。不过名为改进型，"出云"号的实际性能却较"浅间"号有不小的下滑。不仅航速降低了0.3节，装甲防护带也有所缩短。考虑到设计"浅间"级时英国国内便有人抱怨这艘外售战舰性能已经超过了英国海军同期的主力装甲巡洋舰"王权"级，日本人不得不怀疑英国人是有心压制自己。显然外购战舰这条道路已经走到头了，日本海军要真正崛起必须自行设计和建造战舰。

随着1902年5月18日"六六舰队"的最后一艘主力舰"三笠"号穿越苏伊士运河抵达横须贺，日本海军的对俄海军扩张

◎ "吉野"号的改进型"高砂"号。

计划至此基本完成。而除了6艘战列舰和6艘装甲巡洋舰之外，日本海军在此期间还分别向英、美订购了"吉野"号的改进型"高砂"号、"笠置"号和"千岁"号3艘防护巡洋舰。

作为日本海军的主要供货商，由英国人建造"吉野"号的后续舰艇自然水到渠成。但"笠置"号和"千岁"号却均出自于美国费城造船厂。据说日本订购这2艘战舰是为了缓和1897年2月由于拒绝日本移民入境夏威夷而恶化的日美关系。但自日美战舰在夏威夷海域的紧张对峙之后，美国再为其扩充海上力量实在有些不合常理。或许我们只能大胆推测，相较于日本移民在夏威夷的蠢动，美国更重视沙俄鲸吞东北亚所带来的威胁。

在英、美的全力支持之下，日本海军实力虽然有了显著的提升，但较之沙俄帝国却仍有不小的差距。毕竟沙俄帝国的财政收入为日本的七倍，明治政府虽然励精图治，但海军军费上的投入仍不足对手的五分之一。为了应对日本海军的扩张，沙俄帝国逐步将其部署于波罗的海和地中海的新锐战舰调往远东。至1903年4月，明治政府发现日本海军不仅在总吨位上仅为对手的三分之一，即便是在新锐战舰上亦不足对手的六成。为了能够迅速迎头赶上，日本海军又制定了名为"三三舰队"的紧急追加案。

在距离战争爆发不足一年的时间内要订购及自行建造3艘15000吨级战列舰和3艘10000吨级装甲巡洋舰无异于痴人说梦。要短时间之内提升海军战斗力，日本政府只能乞灵于能在国际军火市场"捡漏"。但沙俄帝国的外交影响力远非满清可比，在日本得知英国埃尔斯维克船厂和维克斯船厂为智利海军建造的2艘战列舰已终止合同，而急忙赶去之际，沙俄帝国的代表早已抵达伦敦。为了避免这2艘新锐战舰落入莫斯科手中，英国政府只能先行将其买下。此举虽然断绝了沙俄的念头，但却也堵死了日本的道路。

智利海军之所以取消了这2艘战列舰的订单，主要是由于南美地区局势的缓和。自1884年战胜秘鲁、玻利维亚以来，智利与阿根廷之间便由于对安第斯山脉边境的划分问题而剑拔弩张。近20年的军备竞赛令依靠出口矿产和农产品换取新锐战舰的智利和阿根廷两国均苦不堪言。1902年在本国财政捉襟见肘的情况下，智利率先请求英国出面调解其与阿根廷的矛盾，并最终于当年的5月28日签署了解决争端的《五月条约》。

智利既然退出了军备竞赛，那么阿根廷此前向意大利订购的2艘装甲巡洋舰自然也成了剩余产品。于是日本和沙俄的军购代表团几乎同时赶往了热那亚的安萨尔多船厂争夺已经完工了的"里瓦达维亚"号和"莫雷诺"号。虽然在英国的帮助之下，日本代表团最终先拔头筹，于1904年1月7日将更名为"春日"号和"日进"号的2艘战舰开出了利古里亚海，但沙俄帝国却派出舰队予以监视，并扬言一旦战争爆发，中途便将对这两艘战舰下手。

虽然有英国海军的严密保护，但是天皇睦仁依旧心里没底。何况即便"春日"

号和"日进"号能够安全抵达,也无法改变日本联合舰队和沙俄帝国海军在战列舰上的悬殊差异,毕竟仅旅顺口便云集着对手的7艘万吨级战列舰。而在整个太平洋舰队面前,日本海军唯一形成压倒性优势的仅有鱼雷艇这一项。如此种种不利的因素,均令早已不复青春的睦仁心中对这场战争充满了恐惧。

如果可以日本政府上下当然希望能有更为周全的准备,但瞬息万变的局势却不会再给日本以时间。1903年6月沙俄帝国陆军大臣库罗帕特金出现在了海参崴,在假道日本前往旅顺的过程中,库罗帕特金还拜会了伊藤博文等人。这位曾在巴尔干、外高加索及中亚地区军功卓著的步兵上将被日本视为俄国陆军的灵魂人物,他在远东的出现无疑预示着莫斯科也在紧锣密鼓地进行着战争的准备。随后更为惊人的消息通过情报系统传来,俄国陆军第31师和第34师各一个旅的兵力乘坐民用列车经西伯利亚铁路从欧洲运抵远东地区,随即便扩编为师。就在日本政府紧张等待沙俄帝国外交回复的同时,海军省接到驻芝罘(烟台的旧称)情报站的急电:"2月3日10点,俄国舰队由旅顺口出港,去向不明。"一时之间,沙俄帝国可能先发制人的警报传遍日本朝野。

面对焦虑不安的睦仁,伊藤博文也没有更好的办法,只能以沙俄国内不稳,日本则上下同心予以安慰。当天下午,明治天皇下令召集伊藤博文、山县有朋等元老及首相桂太郎以下的内阁主要成员。在这次至关重要的御前会议之上,日本陆、海军分别陈述了应该立即开战的理由。代表陆军发言的大山岩表示:"为把看起来是五对五的远东日俄两国的陆军势力导向六比四的有利形势,必须乘俄军尚未完成战备之际,展开有利的序战。"否则"开战日期拖延一天,就多给对方一天之利益。"海军方面的山本权兵卫则认为:"我陆海

◎ 带有浓郁意大利风格的"春日"号装甲巡洋舰。

军已大致完成百分之六十的作战准备，随时可以出动。而俄国海军，仅目前派到远东的就可与我全海军兵力相匹敌，若加上本国其他地方的兵力，其实力则大于我一倍以上。因此，一旦开战，我海军所采取的战略方针是，首先歼灭远东之敌舰队，尔后截击从俄国本土开来的其他部队，以期将其各个击破。"

面对积极请战的陆、海军将佐，睦仁天皇虽然同意以木越安纲少将指挥的步兵第二十三旅团为骨干组建"韩国临时派遣队"，由佐世保出发登陆仁川，但在与沙俄正式宣战的问题上仍犹豫不决。据说当天晚上，睦仁在"凤凰之间"面对自己的妻子一条美子无奈地表示："如果这场战争失败，实在对不起……"但此时已经隆隆开动的战争机器已经不是任何人可以阻止的了。

2月5日，睦仁向日本陆、海军下达了"为保卫我国的独立，与俄国断绝交涉"的训令。当天下午19时，山本权兵卫向联合舰队下达"迅速率领舰队出击，首先要全歼黄海海区的俄国舰队"的命令。随着2月6日凌晨早已集结于佐世保近一个月的日本海军联合舰队以"千岁"号为先锋陆续驶向蓝海，最终检验日本十年整军备战成果的终极测试由此展开。

◎ *明治天皇的正妻一条美子。*

旅顺肉弹
大视野下的日俄战争（上）

奇袭失手

与许多人望文生义的理解不同，日本海军联合舰队事实上并不代表日本海军的全部作战力量。甲午战争之前，日本海军以舰艇性能及其所担负的任务将海军分别编组为远洋作战常备舰队和近海防御的警备舰队。为了最大限度地集中兵力，山本权兵卫在甲午战争前玩了一把文字游戏，将警备舰队改名为"西海舰队"，随后再将主力舰艇与常备舰队合并为"联合舰队"。此举巧妙地回避了日本海军孤注一掷，本土近海无防的尴尬。

甲午战争结束之后，西海舰队和联合舰队先后解散，不断膨胀的日本海军分别以战列舰和装甲巡洋舰为主体编组了用于争锋海上的第一、第二舰队。包括"三景舰"和"镇远"号在内的一千甲午战争中的老舰则全部归入负责近海防御和肩负战略预备队使命的第三舰队。以上三大舰队合称"常备舰队"。1903年12月下旬，为了应对日俄战争的需要，日本海军以第一、第二舰队为主体再度编组"联合舰队"。而其司令官却并非是此前日本海军常备舰队负责人日高壮之丞，而是此前已经被投闲置散的东乡平八郎。

临阵换将从来都是军中大忌，何况日高和东乡两人无论从资历还是军功上均不相伯仲。两人都是萨摩藩出身，东乡在甲午战争中是"浪速"号的舰长，而日高则是"三景舰"中"桥立"号和"松岛"号指挥官。两人也都曾先后担任过常备舰队司令和日本海军军校的校长。因此，山本权兵卫力主东乡在即将到来的日俄战争中执掌海军帅印，从一开始便遭到颇多质疑，甚至天皇睦仁也亲自派人前来询问换将的理由，山本一时也没有合适的理由，只能随口回答说："东乡运气好。"

后人则大多将山本的换将之举归结于日高壮之丞性格中的骄横自负，认为山本权兵卫是为了防止战时出现联合舰队尾大不掉，才执意换上了与自己私交莫逆的东乡平八郎。这一说法固然不无道理，但考虑到此时日英

◎ 被临阵撤换下来的日高壮之丞。

两国之间的同盟关系以及东乡平八郎曾有过在英国留学八年的经历，或许山本之所以选择东乡很大程度上还是为了在战事不利的情况下，英日海军可能的联合作战所考虑的。出于类似的考虑，伊东祐亨为联合舰队所推荐的参谋长也是深具英国留学背景、曾在八国联军侵华战争中得到过英国海军将领西摩尔感谢状的岛村速雄。

作为昔日伊东祐亨的左右手，岛村速雄不仅曾在联合舰队参谋的位置上干得有声有色。更早在日本海军成军之初便翻译、撰写了大量论文专著和条例操典。在其赴英考察期间，岛村速雄更与在法国实习的同僚吉松茂太郎一道分析比较了英、法两国的海军战略，认为日本不仅应该效法英国皇家海军"见敌必战"的精神，着力于打击对方的海上力量，更应该先发制人，在开战之初甚至宣战之前便重创对手。

岛村的这一战略虽然在甲午战争中便已经有所体现，但当时日本海军实力有限，仍不具备远程奔袭对手重要军港的能力，只能在丰岛附近海域截杀北洋水师护卫不足的运兵船。而时过境迁，在1904年2月6日杀出佐世保之前，东乡平八郎已经下发了岛村速雄所谓"参考欧美之战术、中国之孙吴兵法以及日本古代水军之秘诀"所制定的"前人未曾发现的新战策"，分兵突袭沙俄帝国海军在远东的主要锚地：仁川、旅顺和大连。

很多史学家都将日本海军的突袭得手归咎于远东总督阿列克谢耶夫的麻痹疏忽。但事实上早在1月30日，阿列克谢耶夫便已经获知了日本海军集中大批新锐战舰及60艘运兵船于佐世保一线的情报。阿列克谢耶夫就此奏请沙皇尼古拉二世要求在远东展开全面动员，甚至先发制人。但是尼古拉二世却回电说："最好是日本人，而不是我们首先开战。"对于怎样才算是日本已然开战的问题上，沙皇给出的答案也是模棱两可的，"你们不应阻止他们在朝鲜南部或包括元山东海岸登陆。但是如果他们的舰队在朝鲜西面向北越过38度线，允许你们进行攻击，不必等他们先开第一炮。"

面对这样含糊不清的指令，2月3日沙俄海军虽然离开旅顺口锚地，令日本政府大为紧张，但在进行了一轮海上演习之后，阿列克谢耶夫最终还是只能将舰队驶回原地，并通过强化旅顺港防御措施来对应日本可能发动的奇袭。俄国太平洋舰队每昼夜指派2艘驱逐舰巡视旅顺港外20海里的区域，另有1艘炮艇负责监控锚地前方10公里海域；在舰队停泊状态也有2艘巡洋舰处于升火待发状态。以上这些措施本可以有效地防止日军对旅顺口的突击，但是就在2月7日收到日本断绝与沙俄帝国的外交关系之后，旅顺口的俄军舰队却昏招迭出，最终令自己陷入进退两难的尴尬。

鉴于断绝外交关系往往是宣战的前兆，阿列克谢耶夫为了避免在旅顺军民中引起恐慌，自作聪明地拒绝了《新边区》报对这一消息的发布。战争随时会到来的认识被局限于少数军政要员的层面。为了随时可以起航出击，阿列克谢耶夫命令驻守旅顺的俄国海军16艘主力舰艇在外停泊。2月8日俄国海军太平洋分舰队司令斯达尔克又向自己的老领导阿列克谢耶夫

旅顺肉弹——大视野下的日俄战争（上）

◎ 虽然有效但布设麻烦的防鱼雷网。

建议撤去军舰上的防雷网以免在起锚时浪费时间。

所谓"防雷网"指的是 19 世纪 70 年代由英国皇家海军所发明的一种防御鱼雷的战术手段。其安装于战舰侧舷，由低碳钢管撑杆和钢丝环构成的护网组成。这种类似于古代骑士所着的锁子甲一般的防御设置曾一度可以有效地在大型舰艇锚泊时抵御鱼雷的攻击。但是其缺点也很明显，一是布设和收折需要耗费大量的时间，其次则是战舰螺旋桨形成涡流很容易使脱落的防雷网缠绕其上引发事故。因此直到 1906 年，英国皇家海军才实现了战舰在布放防雷网的情况下以 6 节航速航行。正因为这种种弊端使得美、法、意等国均拒绝在自己的战舰上安装防雷网。

斯达尔克的建议随后便得到了舰队参谋长维特甫特的支持，不过不少舰长仍坚持在锚泊中为自己的战舰布设防雷网，斯达尔克的命令只在"波尔塔瓦"号等少数军舰上得以落实。为了避免在紧急起航中出现混乱，斯达尔克还要求所有舰艇都必须点亮前锚灯和航迹灯。综合当时的环境来看，斯达尔克此举或许是出于好意，但他的举动却无意中令自己的舰队处于插标卖首的状态。

很多有关日俄战争的史料记载说，由于 2 月 8 日是斯达尔克妻子玛丽亚的"命名日"，因此整个沙俄帝国太平洋分舰队均张灯结彩，所有军官上岸参与盛大的宴会。但是事实上 2 月 8 日虽然的确是"圣母"玛丽亚的纪念日，但日本海军第一舰队所属第一、第二、第三驱逐舰队的 10 艘战舰组成的突袭分队抵达旅顺口外锚地时已接近午夜。俄国海军高层云集的庆祝活动，此时也已然结束了。真正为日本海军指明攻击方向的是正在港外巡视的俄国驱逐舰"无畏"号和"机敏"号上的探照灯以及

◎ 夜袭旅顺的日本海军主力——"春雨"型驱逐舰。

旅顺口灯塔和停泊俄舰之上的航标。

面对呈4列停泊，舰距2链的俄国海军舰艇，做贼心虚的日本海军驱逐舰却发挥失常。在行进过程中由于严格实施灯火管制，日本海军第一驱逐舰队的"曙"号便与运输船"日光"丸相撞而不得不退出战列。此时3艘驱逐舰更在黑暗中失去了联系，只能各自扑向目标。在此后一个小时的战斗中，日本海军先后发射了18枚鱼雷，但仅有3枚命中。事后日本海军也检讨自己初次上阵情绪急躁，盲目发射，战果不佳。虽然日本海军的鱼雷突击令6500吨级的防护巡洋舰"智神"号的战斗甲板和军官住舱起火，更一举重创了俄军在旅顺最为先进的2艘外购战列舰"列特维赞"号和"皇太子"号，但这3艘战舰无一沉没。

在俄国舰队和旅顺炮台的胡乱反击之下，日本海军驱逐舰队踌躇满志的夜袭不得不草草收场。当然比起派往大连的同僚来，他们还是幸运的。隶属于日本海军第二舰队的第四、第五驱逐舰队的8艘驱逐舰抵达大连湾之时，发现当地不仅没有俄国主力战舰的身影，甚至连长期驻守此地的2艘沙俄海军训练巡洋舰——"骑手"号和"强盗"号也不见了踪迹。事实上在日军突袭之前，沙俄海军已经开始收缩兵力，除了驻守大连的战舰转移之外，驻守仁川的俄国分舰队也奉命回防旅顺，只剩下巡洋舰"瓦良格"号仍在当地担负保护俄国驻韩公使馆及侨民的工作。

俄国海军之所以选择"瓦良格"号驻守仁川，很大程度上是俄国海军自恃这艘由美国克朗普船厂所建造的新锐巡洋舰不仅火力强大，更具备25节的高航速，足以应付日本海军的突击，何况鉴于远东紧张的局势，仁川港内西方列强的军舰云集，日本海军的"千代田"号便停泊于"瓦良格"号的不远处，因此沙俄海军天真地以为对手会投鼠忌器，不敢在仁川大打出手。

沙俄帝国的海军将领们显然还是太天真了。2月7日夜，"千代田"号悄然离开仁川港，在朝鲜西部海岸的洋面上与日本海军第四战队的4艘巡洋舰会合。为了压制"瓦良格"号上12门152毫米主炮的强劲火力，东乡平八郎还特意派出了拥有2座双联装203毫米主炮和14门单装152毫米速射炮的装甲巡洋舰"浅间"号。

在日本海军控制了仁川外海之后，由3艘运兵船和3艘辅助巡洋舰运载的2500名日军开始在仁川展开登陆。此时恰巧驶入仁川港的俄国商船"松花江"号也将港外发现大批日军战舰的消息通报给了"瓦良格"号，但是没有得到旅顺方面任何指示的"瓦良格"号不敢轻举妄动，只能命往来于旅顺和仁川之间传递情报的炮舰"高丽人"号于8日下午携带邮件向旅顺进发。

排水量近1500吨的"高丽人"号刚刚离开锚地便遭遇了日本海军"千代田"号和"高千穗"号两舰的火力威慑。面对火力远胜于己方的对手，"高丽人"号舰长列利亚耶夫中校只能无奈返航。在日军战舰和鱼雷艇队的炮口之下，"瓦良格"号和"高丽人"号只能眼睁睁地看着日军用一天的时间完成了登陆。2月9日，日本海军第四战队司令瓜生外吉通过外交途径要求"瓦良格"号于午后之前离开仁川。考虑到日军已经控制仁川港区，长期对峙对己方不利，下午零时"瓦良格"号和"高丽人"号同时升火起锚，但是他们并不是撤离，而是高悬战斗旗，主动向日本舰队扑去。

这场在狭小的仁川港内的恶斗，最终以"高丽人"号和"松花江"号自爆沉没，"瓦良格"号重伤自沉结束。据说"瓦良格"号舰长鲁德涅夫原本计划也将战舰自爆，但是停泊于仁川港内的西方各国战舰害怕殃及池鱼，推选英国海军"猎犬"号巡洋舰舰长巴亚利前往劝说鲁德涅夫，"瓦良格"号最终选择了打开海底阀自沉。此举不仅换来了所有俄国幸存水兵得受庇护于法国、意大利战舰之上，免于被俘的下场，更令"瓦良格"号日后得以重见天日，最终返回了自己的祖国，见证了沙俄帝国的崩溃。

"瓦良格"号的奋力一击也令日本海军损失不小，第四舰队旗舰"浪速"号的桅杆被打断，舰桥被炸毁，后炮塔也被摧毁，"千代田"号也遭遇重创。不得不说日本海军第四舰队司令瓜生外吉实在运气不佳，之前的1897年10月，身为"扶桑"号舰长的瓜生外吉曾在濑户内海演习中，驾舰与"松岛"号、"严岛"号发生碰撞，导致2艘"三景舰"严重受损，瓜生因此也被处以禁闭三个月的处分。此次仁川之役，瓜生外吉以狮子扑兔的架势展开攻击，竟然也"杀敌一万，自损八千"，心中自然不免有些忐忑。好在2月10日抵达仁川的东乡平八郎也在旅顺口碰了一鼻子灰，实在没有心情再去指责瓜生了。

封堵旅顺

在分兵夜袭旅顺、大连和夺取仁川的同时，由东乡平八郎亲率的日本联合舰队主力集结于旅顺口以东44海里的圆岛附近海域。在驱逐舰陆续出发之后，东乡也指挥集合"六六舰队"除"浅间"号外全部主力舰的第一、第二战队逼近旅顺。为了进一步了解夜袭的战果，天明之后东乡命

◎ 战后被打捞出水的"瓦良格"号巡洋舰。

◎ "贼藩"出身的出羽重远。

令由4艘巡洋舰组成的第三战队先行展开攻击，以便将对手诱至外海决战。

日本海军第三战队司令出羽重远不仅出身于反对明治天皇的"贼藩"会津，更据说13岁时加入过白虎队（会津藩少年武士组成的军队）。因此长期以来，他都在海军中扮演着任劳任怨的老黄牛角色。当然此公并非真的全无怨言，日后得势险些将萨摩藩在海军中的势力连根拔起。不过日俄战争中出羽还只是一个少将，他怀着忐忑的心情率"千岁"号、"高砂"号、"笠置"号和"吉野"号四舰抵达旅顺口外之后，不及与俄军交火便转身返航，并向东乡报告说："（俄军）是意志消沉的状态，如果现在攻击，效果会很大。"东乡平八郎信以为真，随即命令全军突击。

事实上在遭遇日军夜袭之后，沙俄太平洋舰队司令斯达尔克便认定对手必然会趁势强攻旅顺，因此早已命舰队中未受损伤的5艘战列舰和5艘巡洋舰处于升火待发的状态。在担任全军哨舰的"大臣"号巡洋舰与"三笠"号短暂交火后高悬大批敌舰逼近的信号旗返回港区时，俄国海军太平洋舰队随即在炮台火力的掩护下出海迎战。

东乡平八郎显然没有预料到俄国海军"意志消沉"是如此模样，只能在旗舰"三笠"号上高悬"胜负在此一战"的旗语冒着对手的海陆炮火夹击突入旅顺。但是精神鼓舞战胜不了如雨般的炮弹。在通过俄军火线的过程中，日本海军第一战队"三笠"号、"富士"号、"敷岛"号和"初濑"号四舰均被击中。随后第二战队的"吾妻"号、"八云"号和"磐手"号也宣告负伤。轮到第三战队进入战场之时，东乡自认再打下去也讨不到便宜，只能命令舰队驶出弹着距离以外。

◎ 旅顺口外交战中的日本海军"富士"号战列舰。

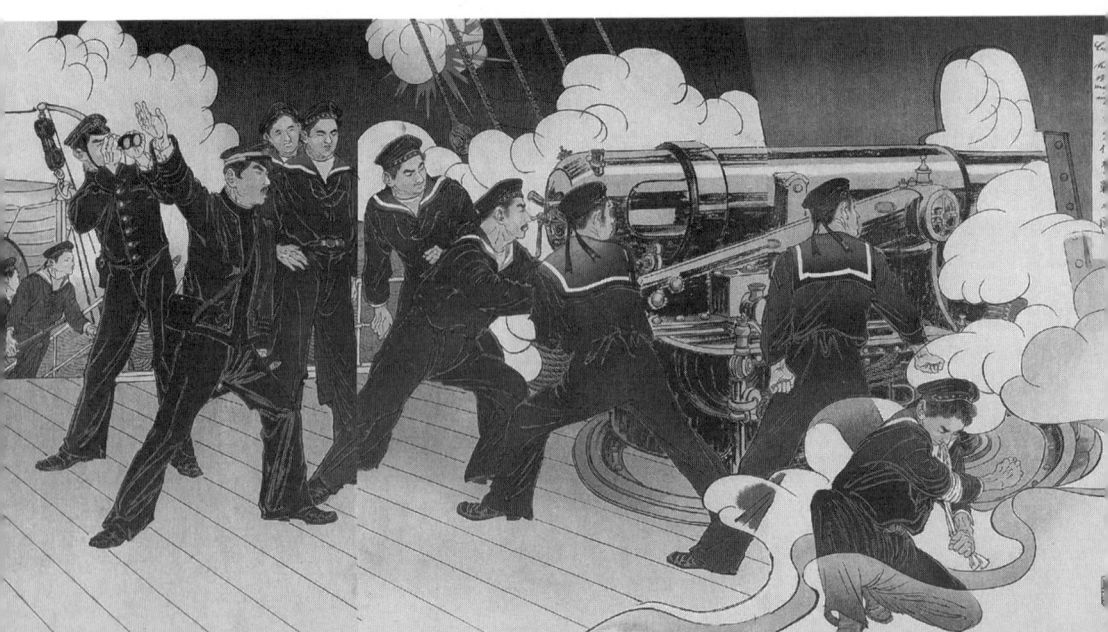

◎ 旅顺沙俄强大的岸炮火力始终是日本海军的噩梦。

第一次强攻旅顺口虽然以日军的撤退而告终，但是在海战中日本海军新锐战舰在航速、火力和防护上的优势却同样令对手大吃一惊。在海战中俄国海军"猎神"号、"阿斯科利德"号和"新贵"号3艘巡洋舰及战列舰"波尔塔瓦"号被击伤，能够将日军击退完全是依仗于岸防炮台的火力。沙俄太平洋舰队司令斯达尔克认识到，在战损的2艘主力战列舰被修复，并得到俄军其他方面的支援前，自己无力与对手争雄海上，遂决定死守港区。东乡平八郎也认为继续围攻旅顺"势必形成我与敌人的炮台交战，这不是上策，此次的挑战宁可到此为止"。

2月10日午后，由东乡亲自率领的日本海军联合舰队主力抵达仁川下锚。同一天天皇睦仁和沙皇尼古拉二世分别下诏向对方宣战。满清政府则听从日本驻华公使内田康哉的劝告，于2月12日上谕宣布严守中立。满清政府的中立态度不仅是因为西方列强不愿在战争中看到"各国在中国之贸易，势必大蒙其弊害"或"重演义和拳之惨剧"，更是无奈的选择。诚如北洋大臣袁世凯所说，"附俄则日以海军扰我东南，附日则俄分陆军扰我西北。"

满清政府在宣布中立的同时，也制定了诸如《两国战地及中立地条约》之类的外交章程，希望不仅能够促成"东三省疆土权利，两国无论胜负，仍归中国自主"的局面，更指望在战争中日俄双方可以最大限度地尊重中国人民的生命和财产安全。但是这些期望很快便随着日军大举进入东北战场而归于幻灭。

2月9日，日军第二十三旅团会合原有的韩国驻箚队，控制了大韩帝国的首都汉城。此时以李熙为首的大韩帝国高层早已对这种任人鱼肉的生活麻木了，日本政府甚至连宣布中立的权力都没有留给主管大韩帝国外交的金允植等人。2月23日，日本驻韩公使林权助逼迫韩国政府签署了绑架其参战的《日韩议定书》，正式将大韩帝国纳入对俄作战的同盟之中。

日军依照《日韩议定书》中的相关条款大举向朝鲜半岛增兵的同时，东乡平八郎为了消除沙俄海军对日军海上运输线的干扰，开始了对旅顺的全面封锁。日本海军最初的计划是参照当年对北洋水师的"威海卫之围"，在主力舰队正面封锁的同时，派出驱逐舰和鱼雷艇发动夜袭。但2月11日夜间日本海军出动第四、第五驱逐舰队对旅顺口夜袭的计划，却由于一场横扫渤海湾的风雪而夭折。

为了阻击日军的突袭，2月12日，沙俄远东总督阿列克谢耶夫在召集太平洋舰队相关人员会晤之后，决定在大连、旅顺一线展开防御型布雷。不过俄国海军于远东缺乏相关经验，布雷行动开始伊始，布

◎ 因日本电视剧《坂上之云》而名噪一时的秋山好古、秋山真之两兄弟。

雷舰"叶尼塞"号和巡洋舰"大臣"号便触雷沉没。针对这一情况，沙俄帝国海军部免除了斯达尔克的职务，代之以擅长水雷战及舰艇损管的技术型军官——喀琅施塔得港区司令马卡洛夫。而跟随马卡洛夫一同前往远东的还有一位未来在俄罗斯家喻户晓的人物，他就是此时仍籍籍无名的高尔察克。

高尔察克是个典型的沙俄贵族，热衷于冒险和探索，荣誉和功勋更被其视为生命。日俄战争爆发时他刚刚跟随俄国海军的科考船深入了北极海域。他甚至等不及回到家乡圣彼得堡，便草草于俄罗斯的"西伯利亚心脏"伊尔库茨克与赶来的未婚妻成婚，随后便奔赴旅顺战场。除了调集精兵强将之外，沙俄帝国海军也在筹划是否需要调集更多的战舰奔赴远东。

面对龟缩不出的对手，东乡平八郎接受了参谋秋山真之的建议，决定采取沉船堵口的模式将俄国舰队彻底封锁在港内。秋山真之并非是萨摩藩鹿儿岛人士，他在日本海军中的"江湖地位"很大程度上要感谢自己的大哥秋山好古和恩师马汉。据说秋山真之出生之日，由于家境拮据，父亲秋山久敬曾有意将他送入寺庙，甚至直接溺毙了事。但是长子秋山好古出面阻拦，甚至开出将来要赚豆腐那么厚的黄金以报效养育之恩的价码，最终才算保住了弟弟的生命和前途。

靠着大哥的接济，秋山真之不仅得以走出了家乡爱媛县前往东京就读。甚至在1898年日本海军选拔公费留学生落选之后，有能力自掏腰包前往美国安纳波利斯海军军官学校深造。秋山真之早在甲午战争期间便在写给好友的信中宣称"联合舰队长官全是外行！"。留学美国之后，他更是靠着自己老师"海权之父"马汉的招牌，在日本海军之中俨然一副战略大师的派头。

事实上秋山真之向东乡平八郎提出的沉船堵口之法并非原创，而是借鉴了美国海军在美西战争中围攻古巴时的战略。不过自称曾亲眼目睹此招奇效的秋山真之似乎并不清楚，美国海军的确曾出动大型运煤船"梅里马克"号试图封堵圣地亚哥军港，但效果却并不理想。只是美国政府在战后为了鼓舞国民士气才杜撰出了一个以造船技师里士满·P·霍布森为首的所谓"八勇士"

◎ 美西战争中的港口封堵作战。

◎ 被无限美化的广濑武夫。

的传说。

2月20日黎明时分，日本海军征集的"天津"丸等5艘商船在第三、第五驱逐舰队的护卫下展开了第一次旅顺口封堵作战。但面对俄军炮火的拦截，对港区水文条件并不熟悉的封堵船无一抵达预定位置。日本政府白白损失了上万吨的海上运输力量。但是东乡平八郎深信秋山真之的战略。3月27日深夜，日本海军征选的56名敢死队员再度驾驶着"千代"丸等4艘商船冲向旅顺口中央航线。这一次的结果比以前略好，2号船"福井"丸抵达了预定位置在爆炸声中自沉。但日本海军却也为此付出了少佐广濑武夫等多人死伤的代价。

有趣的是广濑武夫生前由于长期在沙俄帝国担任武官，喜读普希金的小说并与一位俄国美少女相恋而被日本海军认为腐化堕落不予重用。但是在其死后，其形象却不断在日本官方笔下高大起来，甚至最终被追封军神。近代俄罗斯史学界也跟着起哄，说广濑武夫并非如日本海军所说被大口径舰炮轰成碎片，而是尸体最终为俄国海军所得，由新任太平洋舰队司令马卡洛夫下令收敛海葬，在其身上还佩戴着异国恋人阿里阿茨娜送给他的怀表云云。

无论如何神化广濑武夫等牺牲者，沉船封堵旅顺口的计划显然是彻底破产了。值得一提的是在拦截日军沉船特攻队的行动中，此前由于遭遇日军鱼雷攻击而长期滞留在外停泊区的俄军战列舰"列特维赞"号发挥了巨大的作用，它不仅以自身的探照灯长期保持对日军舰船的监视，更以侧射火力阻断了掩护特攻队的日本海军驱逐舰群和鱼雷艇队。为了诱使俄国舰队出海决战，东乡平八郎又祭出了所谓"间接射击法"的招数。

所谓"间接射击法"指的是在无法直接目视对手的情况下，通过前方观察哨提供的目标数据所实施的远程炮击。这种战术在今天或许并不新鲜，但是在 20 世纪初的海战中却鲜有采用，这主要是由于当时的海军舰炮大多是基于视距内海战的需要设计的，在设计之初便没有考虑间接射击所需要的大仰角。

不过也有例外，作为达·芬奇等艺术家的故乡，意大利人的浪漫赋予了他们在武器领域层出不穷的灵感，但也注定了他们往往只能将这些先进的理念停留在图纸之上。比如设计之初性能先进的"意大利"级铁甲舰从设计定型到最终投入使用耗时长达九年，服役之时已形同老朽。不过阿根廷这位金主出钱，意大利人的效率还算可以。最终花落日本的"春日"级从动工到下水仅用了不到九个月的时间。

"春日"级最大的特点便在于其舰艏的单装 254 毫米主炮拥有惊人的 35 度仰角射击能力。显然意大利人之所以如此设计，是为了保障这艘防护能力一般的战舰可以先敌开火。东乡自然不会放弃"春日"级的这一天赋。2 月 16 日抵达横须贺的"春日"号和"日进"号被立即要求加入战列。两舰经过短暂的休整之后于 3 月 8 日进逼旅顺口，并在设立于前哨驱逐舰上的海军观察站无线电指引之下，向港内的俄舰实施远程炮击。

从俄军岸防火力打击范围之外飞来的重型炮弹令沙俄太平洋舰队惊出了一身冷汗，随即派出轻型战舰出港歼灭对手的哨舰。东乡抓住这一战机，击沉了俄国海军的驱逐舰"守护"号。但沙俄无线电报务员很快发现可以通过己方的无线电台干扰对手，因此失去了前方指引的"春日"号和"日进"号两舰也失去了远程炮击的能力。在这种电子战雏形的干扰之下，东乡平八郎恼羞成怒，于 3 月 20 日率领联合舰队主力再度强攻旅顺。不过此时东乡的对手

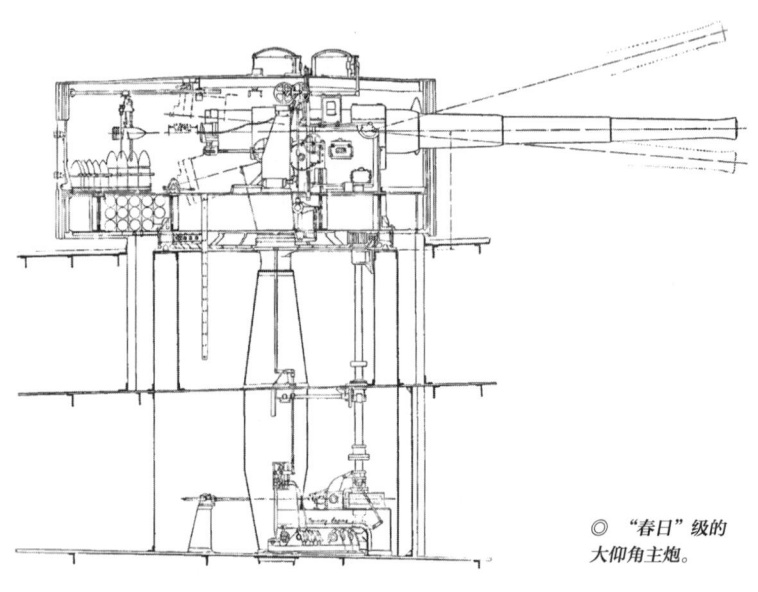

◎ "春日"级的大仰角主炮。

已经不是平庸无能的斯达尔克,精明的马卡洛夫从容地指挥舰队在炮台火力范围内与之周旋。

连续几次进攻的铩羽而归终于让东乡从秋山真之等一干参谋花里胡哨的新战术中醒悟了过来:封锁旅顺、打击敌舰最好的办法是布雷。4月12日夜,由日本海军水雷战专家——附属敷设队司令小田喜代藏亲自带队,日本海军为旅顺炮台附近秘密布雷。这次攻势布雷可谓战果斐然。掩护小田的日本驱逐舰成功击沉了前来侦查的俄军驱逐舰"斯特拉什尼"号,随后又围困了赶来支援的装甲巡洋舰"巴扬"号。而在马卡洛夫亲率舰队主力出港迎战时,旗舰"彼得罗巴甫罗夫斯克"号和战列舰"胜利"号先后触雷。"胜利"号虽然遭遇重创,但最终还是蹒跚着逃回旅顺。而"彼得罗巴甫罗夫斯克"号却永远留在了旅顺口外的黄金山附近海域,其残骸直到2011年才在中俄联合考察团的水下搜寻中被找到。

据说向来风雅的马卡洛夫在随舰出击之时还带上了著名的画家维列施察金,以便随时为其记录下战场上的英姿。但这位上任仅36天的海军司令最终壮志未酬,便与"彼得罗巴甫罗夫斯克"上的29名军官、625名水兵一同消失在了黄海的波涛之中。

攻势布雷重创了沙俄海军无疑证明了水雷在现代海战中的作用,但是东乡却没有将这一正确的战略坚持下去。4月22日,

◎ 被视为旅顺沙俄海军希望的马卡洛夫。

东乡平八郎向设立在皇宫之中的大本营征求商船实施第三次旅顺封堵作战。诚如秋山真之所说大本营内的日本海军高层都是外行,竟然大笔一挥便调拨了12艘2000吨商船用于挥霍。5月2日,以"鸟海"号舰长林三子雄中佐为首的37名军官和207名水兵冒着强劲的海风再度突击旅顺。

在抵达旅顺口附近海面之时,12艘封堵船的队形已经凌乱不堪。林三子雄一度无奈地对参谋远矢勇之助表示:"冒此风波若突进堵塞之后,收容队员会很困难,因而徒损人命,虽然本来是不想生还的队员,然而能救出的将士,使其徒死,这绝非上策!"但是此时中止行动的命令已经无法传达下去,除了"新发田"丸等4艘商船之外,其余8艘封堵船在几乎没有掩护的情况下,一头冲入了俄国海、陆炮火的夹击之中。结果自然不言而喻,在付出了32人被俘,60人死亡的代价之后,规模最大的第三次旅顺口封堵作战再度徒劳无功。

日本联合舰队所实施的第三次旅顺口封堵作战之所以未能实现预定目标,很大程度在于俄国海军已经加大了旅顺口的布雷力度。当"列特维赞"号撤入旅顺港内之后,沙俄海军便在全力修复战舰的同时,开始在港区入口处布雷。在5月5日阿列克谢耶夫乘坐专列逃往奉天避难,而马卡洛夫的继任者盘桓于海参崴的情况下,旅

顺港内的俄国海军指挥权暂由少将维特甫特代理。

激战辽东

对于维特甫特的评价，大多数史学家均以胜败论英雄，认为其才能平庸、优柔寡断。而其中最多被提及的证据便是维特甫特遵从要塞司令斯托塞尔的要求，将战舰上的小口径火炮拆卸上岸，将水兵编组成陆战队投入地面战。但平心而论，这些举措与其说是维特甫特的过失不如说是他的成绩。毕竟日俄海军的多次交锋，证明了决定海战胜负的已经不是小型火炮的数量更是主炮的口径。与其将这些小口径火炮和炮手闲置在船上，不如用于阻击步步进逼的日军。

日军在战争开始的头一个月内便席卷了朝鲜半岛，3月11日日军以近卫、第二两大师团于平壤附近的南浦镇（今朝鲜南浦市）登陆，会合2月16日于仁川登陆的第十二师团编组为第一军，以曾在天皇睦仁御前表演过相扑的黑木为桢大将为军长。

带着所谓"大和民族与斯拉夫民族对决"的历史使命感，黑木为桢在登陆之初便以近卫骑兵联队及骑兵第二联队组成独立骑兵团，在一个大队的近卫步兵的支援下，直扑驻守鸭绿江一线的俄军东满支队。所谓"东满支队"是沙俄陆军于3月12日临时组建的野战部队，其前身是远东总督阿列克谢耶夫为权臣别卓布拉佐夫看守林场、矿山的准军事部队。

东满支队的纸面兵力为21个步兵营、

◎ 抵达前线的黑木为桢。

◎ 赴赴前线的库罗帕特金。

24个骑兵连。但接近2万的大军却只有8个炮兵连，62门小口径火炮，显然是无力抵御日军第一军的攻势的。3月28日，日俄两军骑兵部队于朝鲜北部的定州爆发首度遭遇战。秋山好古励精图治的日本骑兵此时已非甲午战争中的吴下阿蒙。在几次接战不利之后，俄军由米辛科指挥的骑兵先遣队随即全线收缩。至4月8日，日军第一军已经控制与中国安东隔江相望的义州。不过战争进行至此，日军的行动仍在沙俄陆军大臣库罗帕特金的计算之中。

库罗帕特金曾于战争爆发前亲赴远东，他还有一个关于日俄地面战的著名论调，"一个俄国兵可以对付三个日本兵，而我们只需要14天的时间就能够在满洲集结40万大军，这已经是击败日军所需数量的三倍了。"这些话在日后时常被日方史料所提及，以佐证沙俄帝国将军的无知和狂妄。但事实上库罗帕特金的这番话显然有几个必要的前提，其中首要的必然是沙俄陆军应从南满北撤，有效地收缩兵力。

库罗帕特金预测日军的首轮进攻便将投入10个师团的兵力。俄军在远东虽然有172个步兵营，但是其中除了27个营驻守旅顺，21个营部署于海参崴和南乌苏里地区，其余108个营均分布于从鸭绿江到牛庄、从大石桥到鄂木斯克的辽阔铁路沿线之上。如此连营千里的态势显然无法抵御日军的进攻。因此库罗帕特金从莫斯科出发时，其所担负的使命本是按照其所拟定的部署将俄军撤往北满。但一路之上尼古拉二世却再三改变初衷，以至于库罗帕特金抵达旅顺之时，他的任务已经变成了和阿列克谢耶夫商谈如何在俄军从南满撤军延后三年的前提下，加强当地的军事防御能力。

库罗帕特金深知沙皇尼古拉二世断然不会同意放弃旅顺，但从鸭绿江一线至金州一线俄军却又无险可守，因此最为稳妥的做法便是将兵力集中于辽阳、海城一线，形成对日军进攻轴线的侧翼威胁。如果日军突破鸭绿江防线，由陆路进犯旅顺的话，那么俄军3个西伯利亚步兵军总计60个营的兵力将竭力拖延日军进攻的脚步，同时依托西伯利亚铁路俄国陆军的增援部队也将源源不断于哈尔滨集结，最终编组成具备压倒性优势的重兵集团，一举将日军赶出中国东北和朝鲜半岛，直到在日本列岛粉碎其武装部队而告结束。

库罗帕特金的计划从理论上来看可谓完美无缺，但历史上没有一场战争是完全依照交战双方事先制定的计划进行的。诚如日后苏联军事学家所指出的，沙俄帝国在制定这一战略计划中最大的问题是陆上和海上的作战计划是分开制定的，互相之间没有联系。在库罗帕特金幻想着以辽阔的朝鲜半岛及鸭绿江流域削弱日军兵力和增加对手补给难度的时候，日军已将攻击轴线由朝鲜半岛转向中国的黄海海域。

日军战前所制定的作战计划本未将攻占旅顺纳入其中，而希望由第一军在鸭绿江右岸牵制俄军主力，随后再于辽东半岛及渤海湾东北部的辽西秦皇岛等地实施两栖登陆突袭辽阳，一举将沙俄陆军在远东的重兵集团聚歼于辽阳以东、鸭绿江以西地区。

战争爆发以来，满清政府虽然宣布中立，严格划定了战场范围，但沙俄却出兵占据辽西走廊。自此原定于辽东、辽西两处登陆的日军不得不全部投入辽东战场。日本联合舰队虽然将沙俄海军封锁于旅顺港内，基本实现了夺取制海权的预定目标，但始终未能给予沙俄太平洋舰队以致命打击。基于以上因素，日本大本营决定以配合海军攻陷旅顺为目标，组建下辖第一、第三、第四师团及炮兵第一旅团的第二军。原定的登陆地点也由就近策应第一军行动的大孤山改为了登陆之后便可直扑金州的貔子窝。

尽管有过甲午战争中花园口登陆的成功经验，但向来自诩武勇的日军也深知沙俄军队远非满清可比。考虑到俄军在辽阳一线的兵力不弱于日军5个师团，旅顺一线的俄军守备队战斗力也不下1个师团，因此尽管4月11日第二军已经做好登船出击的准备，但大山岩仍希望将登陆时间推迟至5月中旬。在此之前日军应以第一军突破鸭绿江防线，间接掩护第二军的行动。联合舰队则应清除大连湾的水雷，同时派出战舰炮击营口方向，以牵制俄军的海防力量。

5月1日，日军第一军以3个师团的兵力在20门120毫米重炮的火力支援之下强渡鸭绿江。俄军东满支队根本无力抵抗日本炮兵于江心岛展开的榴弹炮轰击。在死伤近1800人，613人被俘之后，俄军被迫向凤凰城方向撤退。此时作为俄国陆军前线最高指挥官的库罗帕特金已然抵达远东，向来不主张在鸭绿江流域与日军决战的他，随即下令俄军东满支队放弃凤凰城，退守昔日聂士成曾力阻立见尚文西进的摩天岭一线。

俄军退入山区的举动令日军颇感压力，为了策应第一军的攻势，掩护第二军的侧后方，日军不得不再度派出川村景明所部第十师团于大孤山一线登陆。应该说此时沙俄陆军虽然在鸭绿江一线屡战屡败，但

◎ 跨越鸭绿江的日军。

却成功以不足2万残兵牵制住了对手4个师团的庞大兵力。如果按照库罗帕特金的计划集中强大的预备队于辽阳一线的话，俄军仍有机会在抗击日军第二军的登陆作战中给予对手重创。

据说库罗帕特金动身前往远东之前，已经赋闲的维特曾半开玩笑地建议说："如果想打胜仗，第一步就是把阿列克谢耶夫逮捕，直接押送圣彼得堡，要不然攻守不定，非输不可。"库罗帕特金虽然一笑置之，但他抵达战场之时却发现自己原本集结于辽阳的重兵集团早已被阿列克谢耶夫拆得七零八落。日本海军的佯动还未展开，阿列克谢耶夫便将18个营派往了营口方向，只给库罗帕特金留下了28个半营的预备队，而这不足3万的兵力还分驻于鞍山、辽阳和奉天等地。因为日本海军对营口的炮击，库罗帕特也不敢轻易将这支部队撤下来，只能眼睁睁地看着由陆军大将奥保巩所指挥的日军第二军于貔子窝一线完成登陆，直扑旅顺港的门户——金州。

驻守金州一线的俄军除了总兵力17760人的东西伯利亚第四师之外，还有由特列季亚科夫上校指挥的3800人的金州守备队。如此兵力加上拥有13个炮台、5个多面堡、3个双子堡的永备工事群，足以与日军一战。而急于建功的奥保巩也等不及后续重炮的抵达，便草率地下令向金州发动总攻。

奥保巩原定的总攻时间是5月24日，但东乡平八郎却提出海军方面5月25日之后才能出动舰队支援。奥保巩耐着性子等了一天，却仍未看到大连湾方面有任何舰艇的影子，随即命令于26日拂晓发动总攻。日军各师团的野战炮虽然迅速压制了对手的炮火，但是一线步兵却在平坦开阔的攻击中正面遭遇了俄军机枪的密集杀伤。眼看夜色将近，有参谋建议暂缓进攻，但奥保巩却要求各师团"排除万难，对敌强攻"。

当晚8点，在俄军东西伯利亚第5步兵团主动后撤的情况下，日本最终攻占了金州一线。连续14个小时的强攻中，日军付出了4550人的伤亡，占投入总兵力的12.5%。阵亡者中便包括步兵第一联队第九中队的、被俄军子弹打穿腹部，在野战医院中死于失血过多的少尉乃木胜典。

乃木胜典身为陆军大将乃木希典的长子，自然肩负着家族的希望。但胜典从小便体弱多病，报考陆军士官学校也两度落榜，似乎天生便不是当兵的材料。但是胜

◎ 日后官运亨通的奥保巩。

典不仅有一个强势的父亲，更有一个性格决绝的母亲——汤地静子。乃木希典的岳父汤地定之是鹿儿岛的军医，依托着萨摩藩的势力，汤地静子的三个兄长或从政或加入海军，均可谓风生水起。因此大山岩的侄女婿伊地知幸介和野津道贯的弟弟为乃木希典做媒时，一时在陆军被传为"乃木入赘萨摩"。

汤地静子比乃木希典小十岁，但在战争和生死的问题上却似乎看得比丈夫更为透彻。日俄战争爆发之时，静子特意跑去资生堂买下了3瓶香水分赠父子三人。妻子送丈夫香水还可以解释为"体香永随"，但是送给自己的儿子就只有一个解释了，那就是如果不幸战死可以用它来掩盖尸臭。

自1897年卸任台湾总督以来，乃木希典的仕途便只能用"流年不利"来形容。1898年被任命为新组建的第十一师团长，这对于赴任台湾前已经是第二师团长的乃木希典而言虽然有降职处分的意思，但考虑到甲午战争前乃木希典和立见尚文同为旅团长，此刻又先后出任新设师团长，也算是合情合理。

乃木希典所指挥的第十一师团以四国香川县善通寺为中心编组而成，因此也被称为"善通寺师团"。乃木希典原指望在这个新岗位上做出一番成就，却不想1901年派往参加八国联军的第十一师团所部发生了马蹄银事件。向来以廉洁自诩的乃木希典被闹得灰头土脸，只能黯然辞职，回家务农去了。

所谓的"马蹄银事件"指的是日军在攻占天津后曾私分了满清政府的国库银。由于在八国联军侵华的行动中，日军努力扮演着秋毫无犯的形象，因此随着这一事件被以学者幸德秋水为首的在野政客曝光之后，日本政府不得不严惩责任人。除了乃木希典之外，山县有朋的小老乡、被长州藩视为未来陆军大臣人选的第九旅团长真锅斌也遭遇了停职处分。山县有朋因此对幸德秋水怀恨在心，最终于1910年借口幸德秋水参与谋杀天皇睦仁，将其以"大逆"的罪名处决了。

与真锅斌的从此一蹶不振相比，乃木希典还算是幸运的。随着日俄战争的爆发，他首先出任了近卫师团的留守师团长。而就在乃木本人对自己只能指挥预备役部队而心怀不满之际，大本营发来了第三军军长的委任状。攻占金州之后，日军第二军

◎ 晚年丧子的乃木希典。

几乎在兵不血刃的情况下夺取了被沙俄称为达里尼市的大连港。

大连和哈尔滨一样也是伴随着沙俄对中国东北的殖民而出现的新兴城市。作为它的缔造者，沙俄帝国的财政大臣维特始终不希望自己一手营建的美丽城市沦为战场。因此他长期排斥阿列克谢耶夫将大连建成旅顺一样的军事要塞的计划，最终在沙俄帝国的字典里，"达里尼"成了国际自由港的代名词。

大连的易手虽然令日军获得了威胁旅顺的重要据点，但却也令坐镇辽阳的库罗帕特金没有办法再继续坐视下去。向来视旅顺为私产的阿列克谢耶夫以远东总督的身份向库罗帕特金发出建议说："现在满洲集团军转入进攻的时机已经成熟了！"并提出将日本第一军赶回鸭绿江，合围旅顺日军的两个计划供库罗帕特金斟酌。

应该说库罗帕特金对这两个天方夜谭式的计划均没有信心。由于贝加尔湖枢纽站的交通拥堵，横贯西伯利亚的俄国铁路干线每昼夜只能通行两列军车，为前线运送1个步兵营、半个骑兵连和3门火炮。虽然增援如此缓慢，但时间还是站在俄国这一面的，毕竟俄罗斯有足够的预备队聚沙成塔。然而库罗帕特金性格上的弱点却令他没有勇气去违背阿列克谢耶夫以及其背后的沙皇尼古拉二世。这一点他的老领导、号称"中亚征服者"的斯科别列夫早有察觉，并告诫库罗帕特金说："一旦国家有事，但愿你永远不要担任司令官的职务，因为你虽然会做出很好的计划，但却没有坚强的毅力把它执行到底。"

◎ 乘坐火车源源不断抵达前线的沙俄援军。

在按兵不动和全力驰援两者之间，库罗帕特金作出了一个更糟的决定，6月5日，下属32个营的俄军西伯利亚第一军由大石桥向旅顺方向挺进。这一举措不仅在兵力上远低于阿列克谢耶夫所建议的4个师（48个营），库罗帕特金更告诫前线指挥官什塔克利别尔格："遇到优势敌人不要硬拼，绝对不允许在战斗中将全部军队于本地消耗殆尽。"

不过在日军全力猛攻金州、大连的同时，日军第二军确实没有足够的兵力防御辽阳俄军的南下。6月6日，西伯利亚第一军前锋攻占金州西北的瓦房店火车站。面对俄军可能封闭金州蜂腰地带的威胁，日本大本营随即下令兵力已经猬集至5个师团的第二军重新编组，第三、第四、第五师团迅速北上迎战沙俄陆军主力。第一、第十一师团则编组成为第三军投入对旅顺口的陆路围攻之中。

6月6日，乃木希典抵达大连，在离开东京之前，乃木希典曾踌躇满志地对着前来送行的野津贯道说："怎么样，看上去年轻了吗？我们的白发，又变得黑起来了！"但是其抵达广岛之时长子胜典战死的讣报却从前线传来。为了安抚乃木希典，日军随即晋升其为陆军大将。晚年丧子的悲痛显然不是加官进爵便能够冲淡的，乃木希典抵达战场之后前往金山战场凭吊，写下了"山川草木转荒凉，十里风腥新战场。征马不前人不语，金州城外立斜阳"的凄凉诗句。

身为一个父亲，乃木希典当然急于为儿子报仇。但是他一手组建的第十一师团5月底才刚刚登陆辽东，而面对壁垒森严、拥有4万地面部队且有12000名水兵可以支援的旅顺要塞，第三军仍需要等待更多的增援部队及攻城重炮。但此时由于投入前线的兵力空前膨胀，呈几何倍数增长的后勤压力已经令日本政府所竭力筹措的海运能力出现了捉襟见肘的情况。

为了远征东亚大陆，日本政府于1896年颁布了《航海奖励法》，在政府的竭力扶持之下，经过十年经营，日本商船的吨位由1893年的11万吨，最终达到了日俄战争前的65.6万吨，增长了近6倍。但是诚如《孙子兵法》所说："国之贫于师者远输。"日军陆续投入辽东战场的兵力已达9个师团，粮秣、弹药均需要后方转运，其压力之大可想而知。

日军曾指望能够"因粮于敌"，靠在辽东战场的就地征收来解决部队的吃饭问题。但抵达战场后，日军才发现沙俄帝国远比自己心狠手辣。以金山战场为例，在"败绩、西奔"的同时，俄军系统地实施了焦

◎ 在中国领土上横行的哥萨克骑兵。

土政策——"逼卖农家牛马，又强割小麦青苗"，最终留给日本军队的不过是"数百里之黎庶均被摧残"的荒芜地带。无奈之下，日本政府只能干起了海盗的勾当，频频以装载有战时禁制品的名义抢夺在辽东附近海域航行的中国轮船。

所谓恶人自有恶人磨，在宣布中立的满清政府对日本的海上强盗行径敢怒不敢言之时，沙俄海军毅然出面"主持正义"。虽然沙俄帝国太平洋舰队的主力自开战以来便被封锁在旅顺港内，但是在其昔日的老巢海参崴却依旧驻守着一支实力不俗的分舰队。对于拥有3艘装甲巡洋舰、1艘防护巡洋舰的俄海参崴舰队，日本海军在开战之初便预留了由"三景舰"和"镇远"号担纲的第三舰队负责保卫本土和海上交通线。但事实证明，由日本海军元老片冈七郎所指挥的第三舰队虽然数量庞大，但大多为老朽古董，根本无力阻击对手在辽阔的日本海狼奔豕突，因此第三舰队也一度被揶揄为"滑稽舰队"。

片冈七郎个性温和，当年连几乎唾手可得的台湾总督之位也以"我们海军是河童，在陆地上绝对失败"为由加以拒绝。此时面对有心无力的尴尬更表现得荣辱不惊。随着2月11日俄国海参崴分舰队越过津轻海峡于日本近海击沉日本运输船"奈古浦"丸和"全胜"丸，东乡只能抽调第二舰队的主力赶往海参崴，希望可以一战成功，彻底解除俄海参崴舰队的威胁。

此时指挥海参崴分舰队的是原本打算派往旅顺的沙俄海军少壮派将领卡尔·金斯坦。卡尔深知在沙俄海军主力从欧洲赶来驰援前，自己的舰队是挽救战局唯一的希望，因此表现得格外小心谨慎。面对主动上门挑衅的对手，卡尔始终装聋作哑。

◎ 编入日本海军的"镇远"号。

但只要日本海军一放松警惕，他便大举出击，在日本海兴风作浪。

最能体现卡尔这种"海上游击战"精髓的是4月底的"元山破袭战"。由于俄国海军频繁袭扰朝鲜东部海岸。4月22日日本海军第二舰队司令上村彦之丞亲率第二、第四战队和第一驱逐舰队赶赴海参崴，而为了安抚朝鲜当地惶惶不安的民心，日军还特地从元山守备队中抽调出一个中队在第十一鱼雷艇的掩护下搭乘"金山"丸前往朝俄边境的利源示威。

第二舰队抵达海参崴附近海域展开的挑衅依旧没有得到回应。但就在上村彦之丞误以为俄军分舰队依旧停泊于浓雾之中的军港时，卡尔却早已悄然进入了朝鲜东海岸。4月25日，俄国战舰闯入元山港，击沉了"五洋"丸等3艘商船。4月26日凌晨，离开元山港的俄国舰队又巧遇了满载陆军返航的"金山"丸。由于此时海上风浪较大，原本为"金山"丸护航的日本海军第十一鱼雷艇队进入遮湖湾避风。俄国舰队轻松地击沉了"金山"丸，成建制地俘虏了船上的日军。而可笑的是上村彦之丞在返回元山之后还不知道"金山"丸被击沉的消息，命令所部舰队在海上苦苦搜寻了很长时间。

"金山"丸的沉没，令东乡平八郎决定彻底放弃朝鲜东海岸的制海权，只要求第二舰队扼守朝鲜、对马海峡，封堵俄海参崴分舰队窜入黄海就可以了，而第三舰队竟然无法保护海上交通线，不如抽调来旅顺助战。一时之间包括昔日北洋水师"镇远"号、"济远"号和"平远"号在内的大批日本海军二线战舰加入了封锁旅顺港的战列。但是面对龟缩不出的沙俄太平洋舰队主力，日本海军的增兵并没有起到正面的效果，反而令整个舰队事故频繁。

面对日本海军的严密封锁，"阿穆尔"号布雷舰舰长伊万诺夫力主展开攻势布雷。此举很快便收到了奇效，5月12日，日本海军鱼雷艇"48"号，通报舰"宫古"号率先触雷沉没。5月15日，被日本海军视为至宝的"初濑"号和"八岛"号在老铁山东南沿海也栽在了小小的水雷之上。战后日本海军痛定思痛，不仅后续外购和自建战舰的水线下部及弹药库的防护，更开

◎ 沙俄海参崴分舰队旗舰"格罗姆鲍伊"号。

旅顺肉弹——大视野下的日俄战争（上）

◎ 日俄战争中触雷沉没的日本海军"初濑"号战列舰。

发出了用于公海决战，具有敌我识别功能的特种水雷。但这些都是后话，在旅顺口的东乡平八郎还要继续倒霉。

就在"初濑"号和"八岛"号巨大的舰体最终沉没于中国怒海的波涛之中时，在旅顺口外的浓雾中，昔日的功勋战舰"吉野"号和新锐外援"春日"号发生了碰撞。"吉野"号和"春日"号当时均在"初濑"号、"八岛"号触雷的水域，出于紧急驶离危险海域的考虑，这两艘战舰的航速都不慢。因此不仅被拦腰撞上的"吉野"号迅速沉没，"春日"号也不得不暂时退出战列。"撞沉吉野"的口号似乎在某种意义上成了一个诅咒。在被称为"海军灾难日"的这一天晚上，由于有太多事务需要处理，忙碌于各处救援的日本海军通报舰"龙田"号又在旅顺口外的光禄岛触礁。此后，在日本海军舰队附属港务部长三浦功的指导下，"龙田"号驶回横须贺修理。

鉴于"龙田"号在救助过程中，挽救了包括梨羽时起在内的大批官兵，身为"龙田"号舰长的釜屋忠道没有受到惩罚。不过，这位釜屋忠道对日本海军可谓贡献颇大，

他不仅在救助的过程中发现了俄军布设的雷场位置，避免了"敷岛"号重蹈覆辙，更在日后的对马海战中起到了关键性的作用。

由于大批新锐战舰的损失，冒着触雷的危险继续封锁旅顺港的任务不得不由第三舰队诸多老旧战舰来完成。在甲午战争中便堪称古董的"赤城"号炮舰再度披挂上阵。这艘名舰果然老当益壮，在5月18日的浓雾中轻松撞沉了"堂弟"（"赤城"号所属"摩耶"级的改进型）"大岛"号。由于"大岛"号的舰长广濑胜比古是烈士广濑武夫的大哥，因此也未受到任何惩处，不久之后便升任了"鸟海"号的舰长。而"赤城"号一直到二战之后，才以63岁的舰龄在大阪被解体。

加上5月17日在旅顺口触雷沉没的驱逐舰"晓"号，短短一周的时间里，联合舰队在没有取得任何战果的情况下接连损失了8艘战舰。东乡平八郎所承受的压力自然可想而知。在避免更大的损失的前提下，日本海军在旅顺一线的行动也不得不谨慎小心起来，在陆军关键性的金州战役中不仅一再拖延出击时间，最终也仅派出了第

◎ 旅顺口触礁重创的日本海军通报舰"龙田"号。

◎ 日军艰难运输中的280毫米重型榴弹炮。　　◎ 被击沉前的"常陆"丸。

三舰队的4艘老旧炮舰敷衍了事。

然而屋漏偏逢连夜雨，就在日本海军一心指望陆军可以尽快攻占旅顺要塞以解燃眉之急时，运送攻坚利器280毫米重型榴弹炮的运输船又出事了。日军的280毫米重炮仿制于意大利的同口径产品。由于是大阪炮兵工厂所生产，因此又被称为"大阪宝贝"。由于研制之初完全是出于海岸防御的需要，因此这款火炮笨重异常，完全不具备野战的能力，以至于出任攻城炮兵司令、第三军炮兵部长的丰岛阳藏一度拒绝其参战。但是面对俄军在旅顺口金城汤池一般的防御体系，最终日军还是于6月初咬着牙将其送上了船。

6月15日装运18门重炮的6000吨级货轮"佐渡"丸与满载近卫师团后备第一联队上千名官兵的"常陆"丸正航行在九州北部的海面之上。突然在雾气之中出现了3艘高悬着圣安德烈海军旗的装甲巡洋舰。来的正是驻守海参崴的俄国海军主力——"俄罗斯"号、"留里克"号和"格罗莫鲍伊"号。应该说日本海军三番四次地前往海参崴挑衅还是给驻守当地的俄国海军带来了一定的困扰。5月10日在频繁进出港区的过程中，俄军防护巡洋舰"勇士"号不幸触礁。在战斗力锐减四分之一的情况下，舰队司令卡尔决定大举出海去找日本人的晦气。而就在与"佐渡"丸、"常陆"丸这2艘运输舰遭遇之前，俄国海军刚刚击沉了日方3000吨级运输船"和泉"丸。

在不清楚对方所载货物的情况下，俄国海军选择了全力围攻"常陆"丸，理由是这艘运输船的甲板上云集了大批正以步枪还击的日军。面对3艘装甲巡洋舰强大的火力，"常陆"丸苦苦支撑了5个小时之后最终沉没于北九州的波涛之中。船上1110人中仅有37人为附近的渔船救起，可谓是昔日东乡平八郎屠戮满清运兵船"高升"号的现世报。但是在取得辉煌战果的同时，俄国海军却对运载重炮的"佐渡"丸显得心慈手软，仅仅"赏"了它两枚鱼雷，便赶去其他海域了。

"佐渡"丸虽然遭遇重创，但最终还是成功在长崎附近海岸搁浅，苏俄史料中所谓"18门280毫米攻城炮和一个帝国近卫营没有抵达旅顺，便葬身海底"的描述显然与事实不符。不过鉴于"佐渡"丸的舰况及俄国海军在日本近海的活动，日军也不敢轻易拿这些"大阪宝贝"再度冒险。在缺乏重炮掩护的情况之下，即便是向来好勇斗狠的乃木希典也不敢贸然向旅顺要塞发动强攻。

"常陆"丸的沉没一时令联合舰队在国内处于千夫所指的不利局面。为了迅速摆脱两线作战的不利局面，日本海军只能让已经退居二线的伊东祐亨出面，亲自访问大本营陆军部，请山县有朋卖个面子。与海军的灰头土脸相比，陆军此时正沉浸于高歌猛进的快感之中。6月15日日军第二军集中第三、第四、第5 3个主力师团猛攻集结于得利寺的俄军西伯利亚第一军。在日军的三面围攻之下，俄军在兵力上虽然占据优势，但却处处被动挨打。最终在损失了近4000人的情况下，丢弃大批辎重撤往熊岳城。

得利寺之战不仅解除了旅顺战场的侧后威胁，更滋长了日军的骄纵之气。6月20日，为统一指挥东北战场庞大的地面部队，大本营宣布成立以大山岩为司令，儿玉源太郎为参谋长的满洲军总司令部。大

◎ *体态肥硕的大山岩。*

山岩虽然是萨摩藩出身，但在配合海军攻克旅顺上却显得兴趣不大。毕竟与可能驰援旅顺的沙俄波罗的海舰队相比，通过西伯利亚大铁路不断抵达前线的俄国陆军同样是严峻的威胁。因此大山岩就任满洲军总司令当天便勒令第二军在分兵向营口、盖平方向进军的同时，分出第五师团会合大孤山一线的第十师团、后备陆军第十旅团组建第四军。而这支生力军的指挥官，大山岩和山县有朋几乎同时选择了曾在甲午战争中有过出色表现的野津道贯。

大山岩的计划是让第二军以营口为补给据点，形成对辽阳左翼的威胁。已经攻占摩天岭的第一军则由右翼压迫俄军方向，而居中的第四军则策应左右两军。有趣的是被大山岩笑称为"七次盖浇饭"的野津道贯在三个军长之中属于"后进"，但却是唯一一个有过辽东作战经验的"前辈"。其到任之后便就近拜访了第一军军长黑木为桢。面对野津道贯送来的见面礼——甲午战争时期野津所使用过的辽东地图，曾与野津关系不睦的黑木也不得不感叹："如果我不在了，第一军就交给野津了。"

7月6日，离开东京的大山岩在路过长山列岛之际也专程会晤了联合舰队司令东乡平八郎。对于东乡所提出的"今后难保我军舰艇不遭灾祸和不受损失。反之，旅顺口敌舰已修理完毕恢复其势力。光是对付旅顺的敌舰队，彼我海上的力量就失去了平衡"以及"现在有情报说波罗的海舰队东航的消息一经确实，我们舰队要大部返回内地，进行修理"的情况，大山岩也深感忧虑。在抵达大连之后他向乃木希典

War Story · 067

作出了7月底之前对旅顺发动强攻，8月末攻占目标的命令。

此时乃木希典手中的兵力已经激增至第一、第九、第十一3个师团及第一、第四2个后备旅团，加上野战炮兵及工兵部队，其总兵力已经逾48000人。虽然兵力雄厚，但是乃木希典还是采取步步为营的姿态。在7月30日攻占凤凰山、8月9日攻克大、小孤山之后，乃木希典再度停止了进攻的脚步，开始全力修筑炮兵阵地和后方军用铁路。乃木此举显然是为下一阶段的强攻做好准备，最大限度地降低伤亡。

面对日军的步步进逼，旅顺港内的沙俄太平洋舰队终于坐不住了。早在6月23日，在得到了日本海军"初濑"号、"八岛"号2艘主力舰触雷沉没的消息后，沙俄远东总督阿列克谢耶夫便要求旅顺舰队用决战的精神出港。但此时俄国海军虽然修复了"皇太子"号等多艘主力舰，但整体实力仍与日本联合舰队有着不小的差距。俄国舰队非但没有突破日军的封锁，战列舰"塞瓦斯托波尔"号反而在回航途中不幸触雷重创，原本便疲软的战力更进一步遭到了削弱。

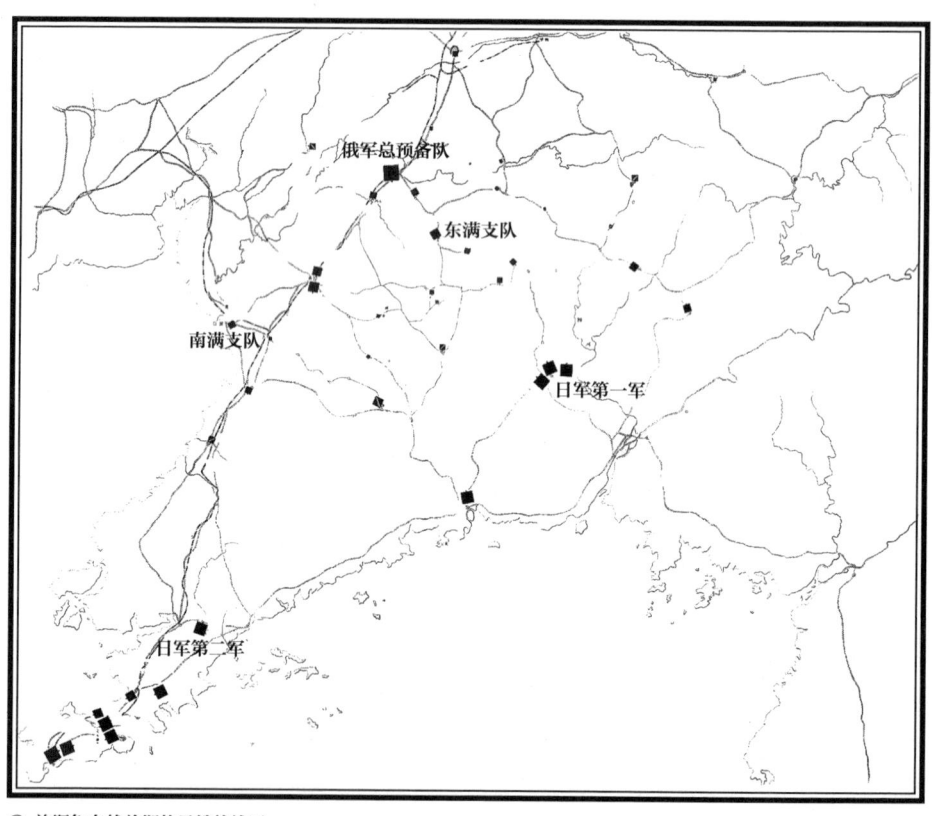

◎ 旅顺争夺战前期的日俄战线图。

旅顺肉弹——大视野下的日俄战争（上）

◎ 炮击旅顺的日本海军陆战重炮队。

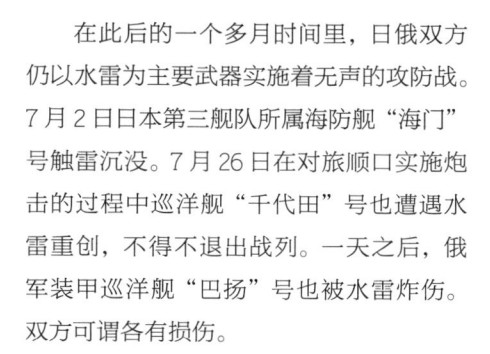

◎ 阻截沙俄海军突围的"敷岛"号。

在此后的一个多月时间里，日俄双方仍以水雷为主要武器实施着无声的攻防战。7月2日日本第三舰队所属海防舰"海门"号触雷沉没。7月26日在对旅顺口实施炮击的过程中巡洋舰"千代田"号也遭遇水雷重创，不得不退出战列。一天之后，俄军装甲巡洋舰"巴扬"号也被水雷炸伤。双方可谓各有损伤。

当日军刚刚攻占大孤山，由黑井悌次郎率领的日本海军陆战重炮队便于当地设置观测哨，开始向港内俄军战舰实施炮击。客观地说大孤山观测站的位置并不好，因此大多数时候日本海军的陆战重炮队只能依照战前设立于烟台的芝罘特别任务班所绘制的《旅顺要塞海陆兵营位置图》，将旅顺港区划为方格，向每个方格实施盲目射击。

这种"盲打"的战术虽然蠢笨，但是在集中了43门从战舰上拆卸下来的150毫米、120毫米舰炮的密集火力之下，仍令俄军付出了不小的代价。8月7日当天旅顺口储油库被炮火击中，爆炸起火。随后战列舰"佩列斯维特"号和"列特维赞"号也先后被日军炮火击中。继承了法国人注重水线以上防御传统的"佩列斯维特"号受损并不严重。但是被7枚120毫米炮弹击中的"列特维赞"号却进水倾斜。旅顺港日益危急的局面，逼迫着在日军炮击中负伤的维特甫特不得不考虑率领舰队突围。

8月10日，维特甫特率领沙俄帝国太平洋舰队残存的5艘战列舰、4艘巡洋舰、8艘驱逐舰掩护着高挂红十字旗的医护船"蒙古"号于黄金山脚下列队。在旗舰"皇太子"号打出"皇帝陛下命令我舰队赴海参崴"的旗语之后，这支由19艘战斗舰艇组成的庞大舰队蹒跚着驶出旅顺港。而在他们的前方，东乡平八郎已然调集了第一舰队残存的4艘战列舰和"春日"号、"日进"号这2艘意大利血统的装甲巡洋舰前往阻截。

仅从主力舰数量而言，俄国海军显然占据优势，但连日的攻防早已令俄军所有战舰遍体鳞伤，舰上官兵更是惶惶如惊弓之鸟。因此海战打响之后，俄军战舰虽然多次命中日军旗舰"三笠"号并以波状阵列突破了对手的阵列。但是进入外海之后，俄军舰队的阵线随即涣散。而日军方面此

War Story · 069

◎ 抵达青岛的"皇太子"号。

◎ 蔚山海战中的日本海军装甲巡洋舰"磐手"号。

时散布于旅顺口外的大批舰艇纷纷抵达战场。在中国山东高角以北40海里处的海面上，占据航速优势的日本联合舰队再度阻截了对手南逃的路线。

应该说经过旅顺口外的炮战，俄军虽然暴露出了命中率较低、队形散乱的弱点，但如能重整队形仍有与日军一博的实力。可维特甫特却偏偏在此时下达"巡洋舰向南突围，战列舰对付日本舰队"的命令。作为舰队司令的维特甫特此举究竟是有意为沙俄海军保存实力还是指望巡洋舰的突围可以牵制日军的火力，世人不得而知。但是随着俄军3艘巡洋舰的脱离，日军随即集中火力攻击俄军旗舰"皇太子"号，甚至连第三舰队的"松岛"号、"桥立"号以及"镇远"号都加入了战列。

在连续被日军战列舰305毫米口径主炮命中的情况下，即便是防护出众的"皇太子"号也招架不住。17时左右一枚炮弹洞穿前檣，正在指挥战斗的维特甫特当场死亡，参谋长以下幕僚及舰长无不带伤。无奈之下"皇太子"号只能打出"指挥权他让"的旗语。原本就各自为战的沙俄海军顿时陷入了更大的混乱之中。如果不是"列特维赞"号舰长辛斯诺维奇上校果断向日本联合舰队发动自杀性冲锋，吸引了日军的火力，这场同样被称为"黄海海战"的厮杀，很可能以沙俄太平洋舰队的全灭而告终。

"列特维赞"号的全力奋战最终令俄军旗舰"皇太子"号和巡洋舰"阿斯科利德"号、"新贵"号、"猎神"号突出了重围。但是鉴于这4艘战舰的状况，远航海参崴显然是不现实的。舰况稍好的"阿斯科利德"号逃往上海被得到了英国支持的满清政府扣留；"猎神"号抵达法国所控制的西贡，同样失去了自由；而"皇太子"号和"新贵"号则蹒跚驶入胶州湾寻求德国政府的庇护。

鉴于此时德国同样严守中立的态度，"皇太子"号最终接受了解除武装被拘押的命运，而"新贵"号则选择在加煤之后继续远航。毕竟在遥远的海参崴还有他的战友在奋战着。照常理而言，从胶州湾出发的"新贵"号不可能突破日本海军的层层阻截。但命运有时便是那么玄妙，由于日军忙于监视撤回旅顺口的沙俄太平洋舰队主力，以及需要分兵围堵俄军海参崴分舰队，锅炉管炸裂的"新贵"号最终一路跛行到了库页岛。但此时俄军海参崴分舰队已经在8月14日的蔚山海战中为日本海军第二舰队重创，无奈的"新贵"号最终只能自沉于科萨科夫湾的浅水处。

蔚山海战可谓是俄国海军一次毫无意义的主动出击。在此之前的7月20日，再度由海参崴出击的俄军分舰队正在东京湾附近游弋，此举极大地刺激了日本政府。随即日本政府命令驻守对马海峡的第二舰队全力围捕这支已经击沉了10艘日本运输船、8艘帆船并俘获了5艘货轮的海上游击队。但是就在俄军分舰队再度安全返回海参崴之际却接到南下策应旅顺舰队突围的命令。

8月14日，3艘俄军装甲巡洋舰最终在试图穿越对马海峡时与上村彦之丞所指挥的日本第二舰队的"出云"号、"常磐"号、"吾妻"号和"磐手"号4艘装甲巡洋舰遭遇。从主力舰数量上来看，俄军的劣势并不明显。但是日本方面还有2艘防护巡洋舰"浪速"号和"高千穗"号以及大批鱼雷艇可以参战。最终在击伤了日舰"出云"号、"吾妻"号和"磐手"号之后，被日军包围的"留里克"号被击沉。"俄罗斯"号和"格罗莫鲍伊"号亦遭遇重创，虽然侥幸逃回了海参崴，但也再无力袭扰日本的海上交通线了。

黄海海战和蔚山海战的惨败终结了沙俄帝国太平洋舰队在战区主动出击的历史。在此后的漫长岁月里，旅顺和海参崴的俄国海军官兵只能在默默祈祷的同时，等待改名为"太平洋第二分舰队"的波罗的海舰队千里迢迢地赶来支援。而这支7月4日组建的舰队仅仅是为筹备远征所需的物资便需要三个多月的时间，18000海里的航程则注定将是一次更漫长的旅程。

肉弹纷涌

1904年8月16日上午10时，一名日方军使携带着天皇睦仁要求旅顺居民撤离市区及要塞的《圣旨通知书》和乃木希典、东乡平八郎联名签署的劝降信前往旅顺，督促要塞司令斯特塞尔实行整然献城无条件投降。但是沙俄帝国向来以强硬著称，对于乃木、东乡的劝降，斯特塞尔悍然回复没有讨论的必要。以乃木的性格自然想要第一时间展开强攻，但是8月18日的瓢泼大雨却最终令进攻不得不延后至8月19日的午后。

乃木希典的计划是选择相对较为开阔，利于步兵和攻城炮群展开的旅顺东线二龙山、鸡冠山为突破口，达到"一举制要塞于死地"的目的。在乃木看来旅顺东部防线尽管筑有大量永备工事，但是在集中了300门火炮和3个师团主力的情况下仍有

◎ 旅顺城外准备冲锋的日军。

望一击得手。东乡平八郎为了支援陆军行动,还特意抽调了"济远"号、"赤城"号2艘战舰与武装商船"肱川"丸、"爱媛"丸组成但马支队进入双头湾海域。

为了牵制俄军的防御兵力,进攻首先于西线展开。日军第一旅团在炮火的掩护下率先攻克仅有6个步兵连驻守的夹山前哨,但随即被阻击于203高地之下。应该说西线长期以来都被视为旅顺要塞相对薄弱的地带,但日军动员一个精锐旅团却收效甚微,由此不难看出俄军防御能力之强。

在经过了两昼夜的炮火准备和前沿渗透之后,乃木希典于东线展开了攻击。但在俄军完备的工事体系面前,日军的轻型火炮根本不足以伤其筋骨,而步兵的反复冲锋在俄军大量装备的马克沁机枪面前更宛如被收割的稻草。乃木希典曾两度有意中止进攻,但第九师团攻占盘龙山东堡垒,以及第十一师团敢死队冲入望台炮台的消息却两度令乃木误认为胜利在望。

望台炮台不仅是俄军旅顺东部防线的制高点,更是整个要塞防御的重要支撑点。第三军上下均视望台为打开旅顺要塞大门的钥匙。因此由乃木一手打造的第十一师团以第二十二、第四十四两个联队组成敢死队奋勇突击。但是在付出了巨大的伤亡之后,日军的进攻在得到水兵连支援的俄军反扑下失败了。面对伏尸累累的望台,乃木希典最终决定中止强攻。日军的第一次强攻,在

◎ 炮击旅顺的日军280毫米重炮。

付出了15800人的伤亡后,止步于旅顺口外。

对乃木希典的第一次强攻失利,日军大本营方面并未给予太多苛责,毕竟此时战场形势仍有足够的时间让乃木希典逐步积蓄力量,以最终瓦解旅顺的防御。

从9月1日起,第三军各师团改变战术,开始对俄军防线长达一个月的坑道作业。9月14日,第一批的6门280毫米重型榴弹炮也终于运抵了大连,开始了紧张的装配和试射工作。

对于乃木希典所负责的旅顺战线,统筹全局的大山岩和儿玉源太郎并不想太多干涉。毕竟在北线的辽阳战场之上,有一场更大规模的战役在等待着他们。至7月初,俄国陆军已经于辽阳一线集结了155个步兵营。但是从战场态势上来看,库罗帕特金所要面对的局面却比此前更为严峻。日军第一军攻克摩天岭,辽阳以东呈现无险可守的态势,而西线由奥保巩所指挥的日军第二军则攻占盖平,加上战线中央北上岫岩的第四军前锋第十师团,俄军于辽阳一线处于三面受敌的不利境地。

库罗帕特金的应对是将自己手中的部队划分为南满、东满两个集群。其中南满集群中的西伯利亚第一军、第四军负责于大石桥一线阻击奥保巩,西伯利亚第二军监视岫岩方向;东满集群则与日军第一军对峙。之所以俄军采取如此被动的防御战略,完全是为了等待更多

增援的抵达，因为此时俄国陆军第十军、第十七军正在向辽阳集结。为了避免与日军提前决战，库罗帕特金甚至命令南满集群后撤至海城一线。

俄国陆军的大踏步后撤随即招来了远东总督阿列克谢耶夫的不满，在他看来库罗帕特金既然收缩了西部的战线，理应有更多的兵力用于其他方向。于是在一番争吵之后，库罗帕特金从预备队中抽调12个步兵营增援东满集群，并于7月17日向黑木为桢的第一军发动反攻。库罗帕特金此举无非是想在决战之前将日军驱逐至摩天岭以东，恢复此前依托山脉防御的有利态势。因此俄军的进攻从一开始便集中于摩天岭和石门岭一线。

如果仅从摩天岭一线的战事来看，俄国陆军的表现甚至不如甲午战争中的满清陆军。同样是由于兵力不足而被迫弃守鸭绿江防线，满清陆军选择了死守摩天岭，最终有效地掩护了己方的侧翼，而俄国陆军却轻易放弃了这一天险。此时再妄图反攻夺回谈何容易，俄军集中3倍于日本守军的兵力进行强攻，最终换回的不仅是伤亡数字，还有其他战线的捉襟见肘。

在俄军进攻摩天岭的同时，奥保巩率第二军突袭俄军西线前哨大石桥。库罗帕特金起初还颇有韬略地命令部队退守海城，但他很快便在日军第四军攻占析木，威胁海城侧翼的情况下，命令南满集群进一步北撤鞍山。俄军东满集群也随即中止了反攻，向辽阳以东的亮甲山撤退。自此辽阳外围的战略据点悉数为日军控制。库罗帕特金在阿列克谢耶夫的压力下所展开的反击战可谓得不偿失。

应该说随着兵力的进一步收缩，库罗帕特金手中已经掌握有22万人的重兵集群，完全有能力在辽阳一线与日军打一场主力决战。但一双无形的大手却渐渐扼住了俄国陆军的咽喉，那就是空前严峻的补给压力。虽然为了筹措粮秣，俄国陆军早在战争爆发之前便在其控制区内强行征收中国百姓的牲畜、口粮，甚至进入直隶、内蒙境内强购粮食，但依旧不足以应付数十万大军的消耗。

与此同时，为日本军方所招募的东北马贼也打着"满洲义军"的旗号频繁袭扰俄军后方，甚至在日本特工的指导下炸坏哈尔滨至铁岭的铁路干线。为此沙俄政府还特地照会被俄军赶到新民办公的满清盛京将军增祺，要他严惩凶犯。增祺自认沙俄帝国此时焦头烂额奈何不了他，于是用"此等炸药非中国所有"的借口推脱过去了。增祺的这种态度令沙俄政府只能按照"县官不如现管"的潜规则直接与新民府巡防马步管带张作霖展开接触。张作霖对沙俄素无好感，但也抱着保境安民、扩充实力的目的，主动与日本招募的马贼交了几次手。

张作霖的举动很快便引来相关人士上门"打招呼"。此时张作霖才知道，满清政府所谓"严守中立"的背后其实打的是助日驱俄的算盘。在身为北洋大臣的袁世凯看来，日、俄虽然均对中国虎视眈眈，但终究国力相差悬殊。日本即便战胜沙俄，也免不了要休养生息一段时间才敢对中国下手，而沙俄帝国一旦战胜日本则必定鲸吞东北。因此袁世凯不仅派出以包括北洋督练公所参谋处军官吴佩孚在内的精干力量加入日本驻华武官青木宣纯所组建的联合侦探队,实现情报共享,更积极在后勤领域给予日军帮助。

除了以袁世凯为首的亲日派官僚与日本暗通款曲之外,沙俄军队在东北的横征暴敛也引发了当地民间武装的抗俄热情。5月7日,辽阳与岫岩交界的吉东峪地方团练便主动向沙俄驻军开火。对于沙俄政府的指责,增祺顺手便打起了中国官场特有的"太极拳",要求俄方提供:"究系某县所属,是何地名,带队官是何姓名,所带人数若干?"这些数据俄军自然拿不出来,于是增祺两手一摊,反倒埋怨沙俄方面"以疑虑揣度之事,笼统言之"。

后来在1904年末,沙俄政府再次以在太平岭战场上发现了"身穿号衣,上有中国团练第一、二、三之百人队字样"的中国武装部队尸体为由,向满清政府发出照会。不过此时俄军已经兵败如山倒了,增祺干脆以"遍查宽甸境内,并无太平岭地名"为由,将对方严惩破坏中立者的要求给顶了回去。在这样的大气候之下,精明圆滑的张作霖自然改弦易辙,向前来接洽的日军满洲军参谋田中义一大拍胸脯表示立誓援助日本军。张作霖的演技不仅为他换来了大批日本军火,更令田中义一在此后的很长一段时间里视张作霖为可以一用的中华豪杰,对其鼎力支持。

总之,在俄军因为后勤问题无力主动进攻的情况下,8月5日,手中仅有13万兵力的大山岩于海城下作出了对辽阳三面围攻的军事部署。尽管连日的暴雨令日军

◎ 日俄战争中被日本陆军奉为军神的橘周太。

的进攻计划一再延后,但是由于日军已经在战区修筑了连通鸭绿江和大连等地的手压式简易铁路,因此日军的补给压力反倒较"主场"作战的俄军要小得多。8月22日,在日军不断冒雨猛攻之下,俄军不得不放弃南线的鞍山和东线的安平岭阵地,踏着泥泞的黑土向辽阳城区溃退。

尽管在战场一败再败,但库罗帕特金却踌躇满志起来。他自认辽阳在俄军的长期经营之下,早已构筑了完备的城防工事体系,完全有能力在挫败日军攻势之后大举反扑。因此他在写给沙皇尼古拉二世的电报中吹嘘说"我们将欣然与敌接战"。但事实证明库罗帕特金还是太过天真了,战线的收缩尽管令俄军猬集了兵力,却也令日军有了更大的施展空间。

8月30日,日军集中第三、第四、第六

3个师团的优势兵力开始对俄军右翼防线的突出部首山堡发动强攻,但随即被对手密集的机枪火力打得尸横遍野。为了掩饰失败,日军随即将被俄军打死的步兵第34联队第一大队长橘周太塑造成一个为了庆祝皇太子嘉仁诞辰而死战不退的军神。

基于同样的目的,首山堡之战中率领步兵第六联队1个中队兵力盲目冲锋,最终导致部下全军覆没,自己也被子弹洞穿大腿的中尉松井石根也没有受到任何责罚。他不仅升官发财,更成了日军中的攻坚专家,日后更成为惨绝人寰的南京大屠杀的罪魁祸首之一。

此次日军受挫首山堡,本是俄军转入全线反击的良机。但库罗帕特金习惯性地在命令中加入了自己当参谋时的建议口吻,要求"在可能和有利的地段转入进攻"。这种暧昧的语调显然不足以驱使部下卖命,于是身在一线的三位俄军军长一致以"目前不可能"也"没有有利地段"为由按兵不动。就在大山岩要求第二、第四两军克服部队伤亡和炮弹不足的困难,继续强攻的同时,黑木为桢的第一军强渡太子河,出现在了俄军的侧翼。

黑木为桢的行动事实上对俄军的整体防御态势并不致命,毕竟库罗帕特金在该线部署的兵力为日军第一军的三倍之多。但是这位参谋出身的司令再度发布了模棱两可的命令。面对所谓"在主要方向缩短战线,在太子河右岸集中更大兵力"的要求,身在一线的三位俄军军长一致理解为"撤退"。于是首山堡等俄军筑垒地带被轻易地拱手送给了日军。

好不容易集中了优势兵力,可以对太子河一线展开反击了,库罗帕特金却无法战胜部下们的牢骚和抱怨。就在黑木为桢深感强攻无望,准备命令第一军撤过太子河转为防御的2个小时之前,库罗帕特金下达了全军向奉天总撤退的命令。大山岩虽然事后对英国军方观察员汉密尔顿吹嘘说:"(此战)不过尔尔,俄军撤退得太顺利了!"但客观来说日军攻占辽阳不但侥幸,更付出了2.4万人的巨大伤亡,以至无力追击仓皇后撤中的对手。随着战线进一步延伸到辽阳一线,日军的补给也日益吃紧,相反库罗帕特金却秉承着"失地存人"的宗旨保存了大量的有生力量。9月中旬,俄军便集结了大量的兵力于太子河一线,形成了对日军强大的正面压力。

从战略上看,库罗帕特金放弃辽阳固然并非全是坏事,但是由于日俄战争为全球瞩目,此战的外交影响随即持续发酵起来。英、美两国虽然暗中扶植日本,但盎格鲁一撒克逊人向来深谙投资之道。面对等米下锅,急需大批借款以填补军费缺口的日本,英、美两国却秉承着细水长流的精神,逐步向东京提供经济援助,其放款

◎ 太子河一线转入反击的俄军。

的速度俨然取决于日本海、陆军在战场的表现。5月日军跨越鸭绿江，英国政府便首次破例允许主持1000万英镑战争公债的日本银行副总裁高桥是清进入伦敦交易所大厅。辽阳会战结束之时，日本政府又从英、美手中获得了1200万英镑的借款，美国更将借款利息由原来的10%降低至6%。与此形成鲜明反差的是，沙俄帝国于1904年5月只能以前所未有的5%的高利息勉强向法国人手中贷款3.5亿卢布。

为了挽回帝国的颜面，沙皇尼古拉二世除了强令退守奉天的库罗帕特金迅速转入反攻之外，庞大的沙俄海军太平洋第二分舰队也终于在10月15日从波罗的海的利巴瓦海军基地起锚出发。应该说沙俄海军如果在战争爆发之初便增兵远东的话，完全有实力一举压倒对手。但此时旅顺口的俄国海军已经岌岌可危，海参崴分舰队也已然失去了战斗力。由于英国所展开的外交攻势，包括法国在内的众多西方列强均不允许沙俄舰队使用自己的港口。在沿途几乎没有任何军港和基地可供补给和舰艇整修的情况下，本就良莠不齐的沙俄海军抵达远东也必然是强弩之末，因此在圣彼得堡所召开的一系列军事会议上许多重量级人物都反对进行这次自杀式的远征。

但身为舰队司令的罗日杰斯特文斯基却力主迅速展开倾国远征。很难理解这位仅在风帆时代俄土海战中建立过功勋的56岁中将的自信来自何方，但是有一点却是可以肯定的，那就是身为侍从官的罗日杰斯特文斯基与沙皇尼古拉二世的意见空前一致。至于尼古拉二世的态度，从其亲自到码头为由31艘舰艇和12785名水兵所组成的第二太平洋分舰队主持隆重出师典礼就能看出一二。

◎ 准备起航的沙俄第二太平洋舰队。

沙俄第二太平洋舰队还未驶出波罗的海便状况频出。先是驱逐舰"机敏"号由于机械故障而被迫退出战列，返回军港。随后俄军又于10月22日午夜在英国北海的赫尔港，误将当地的渔船错认为了日本海军的伪装鱼雷艇，不仅击沉英国渔船一艘，日后以"十月革命一声炮响"而闻名于世的"阿芙乐尔"号更在与友军的炮击中五处中弹。而在前方等待着这支宛如惊弓之鸟般的舰队的将是更为坎坷的命运。不过沙俄第二太平洋舰队出击的消息多少缓解了旅顺要塞内友军的压力。为了更好地迎战沙俄海军，东乡平八郎分批将主力舰艇调回国内休整。旅顺前沿仅留下"济远"号、"平远"号、"赤城"号三舰为主力的但马支队。

但马支队之名来自日本海军"济远"号舰长但马惟孝，因此这支分舰队也被称为"济远支队"。不过但马惟孝的运气实在不怎么样。日军先是在9月18日损失了海防舰"平远"号。在那场水雷引起的爆炸中，"平远"号舰长浅羽金三郎中佐以下193名舰长官兵悉数毙命。11月30日，旗舰"济远"号也在支援陆军的炮击行动中触雷沉没。虽然救援及时，随舰人员中有195人获救，但是舰长但马惟孝却还是不免葬身鱼腹。但马支队至此仅剩"赤城"号一支独苗，再无力支援陆军的行动了。不过好在"济远"号沉没之时，乃木希典已然在旅顺口西线打开了局面，旅顺港内俄国舰队的生命悄然进入了倒计时。

乃木希典对旅顺口的第二次总攻仍以东线的鸡冠山为主。但是考虑到海军方面希望尽快歼灭港内俄国战舰的要求，担任西线进攻任务的第一师团不仅将203高地作为主攻方向，乃木希典更分出6门280毫米重炮配合海军从战舰上拆卸下的152

◎ 加入日本海军的中国战舰"平远"号。

毫米炮向港区实施炮击。由于有新近占领的海鼠山顶观测站和侦查气球的引导，日军炮击的效果一度非常理想，不仅击沉了轻巡洋舰"壮士"号，更一举重创了战列舰"波尔塔瓦"号。但是随着俄军战舰或隐匿于东港，或停泊于白玉山南麓，日军对港区的炮击也不得不暂时停滞了下来，毕竟乃木希典手中的炮弹有限，不可能再像第一次总攻时那般挥霍无度了。

虽然自甲午战争以来，日本军工生产能力有了显著的提升，但是在日俄战争的急剧消耗面前仍显得捉襟见肘。为了弥补前线火力的不足，第三军所属攻城工兵厂中佐今泽义雄就地取材，用竹筒和空罐填充炸药分发给突击步兵，又仿照烟花发射的原理，用木头打造成了120毫米曲射掷弹装置。因此，日本史学界随即认为今泽义雄对手榴弹和迫击炮的发明拥有专利权。

◎ 旅顺战役地图。

事实上步兵投掷型爆炸物在人类战争史中早已屡见不鲜。撇去中国古代各种火器不谈，欧洲列强也早已在战争中为精锐突击步兵配备类似小型炮弹用以投掷或用步枪发射的爆炸物，这类步兵也因此而被称为"掷弹兵"。而世界公认的迫击炮始祖虽然也出现在旅顺战役之中，但却不是今泽义雄土法上马的产物，而是俄国炮兵大尉尼古拉耶维奇以海军老式47毫米臼炮所改装的"雷击炮"。

10月16日，今泽义雄所发明的120毫米木质迫击炮首先被用于第九师团攻占盘龙山北堡垒的战斗中。这种轻便灵活且造价低廉的武器很快便获得了日军的青睐。很快日军便将其口径扩大至180毫米，赶制了226门送上前线。有了这批近战利器的支援，10月26日乃木希典下达了对旅顺口的第二次总攻击令。乃木自认为获得了15000名新兵的补充，又有了280毫米重炮这样的攻城拔寨利器，攻克鸡冠山指日可待。但日军一线步兵的进展依旧并不顺利，在损失了3830人之后，乃木希典决定暂停进攻，再度采用坑道作业的战术，力争直接在俄军堡垒下埋设炸药将这些难啃的"钉子户"送上天。

在俄军不断进行反坑道作业的情况下，日本工兵还是成功地用近一个月的时间在坚硬的岩层中挖出了一条条近迫敌工事群的进攻道路。至11月24日，不仅东线的松树山、二龙山、鸡冠山主堡垒外的明碉暗堡悉数为日军攻占,西线日军的平行壕沟和近敌工事也逐步逼近了203高地。但恰恰在这个时候大本营要求乃木希典改变攻击轴线,先行攻占203高地。

203高地的得失实际上对旅顺地面战的成败关系并不大。恰如大山岩在给大本营的回电中说:"即使占领203高地,只不过是利用这个观测点,而280毫米炮对军舰的威力,没有预想的那样大,莫如采取捷径制旅顺于死地。"儿玉源太郎更直接向海军部发出抗议,质问说:"海军为什么由衷怕波罗的海舰队,倒干涉陆军的作战?"在海、陆军关系异常紧张的情况下,陆军元老山县有朋不得不直接越过满洲军总司令部,向乃木希典申述利害。

其实日军大本营的命令,有着更为全局性的需求。自10月9日俄国陆军东满支队于本溪湖发动反击以来,虽然大山岩以对攻的姿态最终瓦解了库罗帕特金的反攻,令战场进入了所谓"沙河间歇"的对峙阶段,但是日军此时已是动员了倾国之兵。而沙俄政府对前线的增援已经到了丧心病狂的程度,不仅利用西伯利亚的寒冬,直接在贝加尔湖上铺设铁轨,更将抵达远东的车皮直接焚烧以提高只能单线运输的铁路运输效率,沙俄陆军在远东的增兵速度得以极大的提升。因此山县有朋直言"在北方,敌我的均势要逐渐丧失"。而由于俄国海军太平洋第二舰队的东来,到12上旬日本海军必须全部回国着手修理,因此在山县有朋眼中"现在攻占旅顺实际是早争一日的时机,其成功与否乃是陆海作战利害的关键所在,确信是国家安危之所系"。

面对长州藩老大"体谅老兄之苦衷敢以心腹之言相告"的姿态,乃木希典虽然很感动但还是在11月20日上报满洲军总司令部和天皇睦仁的进攻计划之中强调以东线为突破口。睦仁无心卷入陆、海军的争斗,于是大笔一挥便以"闻第三军总攻击之举,得其时机,甚喜。殷切希望成功,夫汝等将卒宜自爱努力"首肯了乃木希典的方案。此时,俄军东线各堡垒虽然没有了外围的支援,但却坚固异常,不仅无惧日军猛烈的炮火,即便被日本工兵炸开了外墙,俄军步兵仍能依托内部复杂的地形实施顽抗,甚至屡次全歼攻入其中的日军步兵。

11月26日午后,在一线各师团均攻坚受挫的情况下,乃木希典抽调第一师团特别步兵第二十五联队2个大队、第十二、

◎ 儿玉源太郎。

◎ 白襷决死队。

第三十五联队各1个大队、工兵第九大队1个小队及第七师团卫生队3100人组成敢死队，对松树山附近的堡垒展开夜袭。为了便于在黑夜之中进行敌我识别，日军敢死队每人在肩上斜绑两条白色布条，由于其造型类似于日本传统服饰中的白襷，因此这支敢死队又被称为"白襷决死队"。

"敢死"不代表"死不了"，在月光和俄军探照灯的照射下，敢死队员身上的十字交叉的白布起到了类似今天荧光防撞标示的作用。在俄军地雷和机枪的杀伤之下，白襷决死队损失了900人，最终被赶来增援的3个俄军水兵连赶下了阵地。白襷队的突击失败彻底令乃木希典对从旅顺东线打开缺口失去了信心。因此乃木希典于11月28日将主攻方向转向203高地

事实上日俄战争爆发之前203高地并非是俄军的布防重点，直到1904年9月日军突破旅顺西线外围防御，俄国人才在兵临城下的紧迫感中开始在这座被中国当地居民称为"老爷山"的制高点上挖壕筑垒。但就这些以203高地右峰炮台为中心的野战工事，令日军从11月28日拂晓开始的屡次攻击都无功而返，尸积成山。

日军于11月28日对203高地所展开的总攻之所以失败，很大程度上源于一线兵力的不足。与东线连续投入的4个师团的兵力相比，日军第三军在西线长期以第一师团唱着独角戏。而与日军相比，俄军却在203高地部署了西伯利亚步兵第14、第15两个主力团，还有西伯利亚步兵第5团的5个步兵连可供支援。因此日军所集中的庞大炮兵群尽管每每将203高地打成一片火海，但步兵冲上山之后却最终由于兵力不足而在短兵相接中败下阵来。

第三军转移进攻轴线以及攻击203高地受挫的消息传到满洲军司令部，身为总参谋长的儿玉源太郎大为光火。儿玉之所以生气并非如世人所想的那般是缘于第三军的无能，他其实是恼怒于乃木竟然屈从海军的压力，轻易放弃了自己和大山岩所主张的从东线突入旅顺的计划。不过训斥了第三军前来传递战报的参谋之后，儿玉最终还是冷静了下来，随即以顺水推舟的姿态赶赴了旅顺，安抚了乃木希典一番之后，亲自接手了对203高地进攻的指挥权。

◎ 203高地的白刃战。

旅顺肉弹——大视野下的日俄战争（上）

◎ 从203高地俯瞰旅顺港。

儿玉源太郎对203高地的进攻手段并没有脱离增兵添炮的固有模式，在抽调了几乎全部第三军炮兵之后，第一师团的残余步兵被统一划归抵达战场不久的第七师团指挥之下。11月30日上午10点，第七师团长大迫尚敏指挥九个半步兵大队的兵力在炮火的掩护下开始对203高地发起一波又一波的冲锋。第七师团以北海道的屯田兵后裔为主体，凶狠野蛮，因此第七师团的步兵与俄军在203高地上常常白刃相见，甚至出现了"弹丸用尽，刺刀折断，最后便赤手相搏，牙齿相啮"的惨烈景象。

由于战线犬牙交错，儿玉源太郎甚至向炮兵下达了"要有误击友军觉悟"的命令。考虑到203高地上俄军仅部署了2门150毫米加农炮，身为后备第一旅团副官的乃木希典次子乃木保典所谓"遭遇俄军炮火急袭，以至头颅被碎石击穿"的账或许要算在儿玉源太郎的头上。

经过9天的鏖战，守备203高地的俄军终于在环形壕全被炸毁，隐蔽部无一完好，要塞预备队悉数耗尽的情况下，不得不从203高地上撤了下来。日军在付出近万人的代价之后最终获得了一个俯瞰整个旅顺港区的制高点。12月6日，虽然俄军出动2个水兵连对203高地展开反击，但日军艰难运至山顶的280毫米重炮还是击沉了停泊于港区内的俄军战列舰"波尔塔瓦"号和"列特维赞"号。

早已形同釜底游鱼的俄国海军太平洋舰队根本无力还击。12月7日战列舰"胜利"号和防护巡洋舰"智神"号被击沉。面对这种人为刀俎，我为鱼肉的局面，俄国海军断然自沉了连续中弹46处的战列舰"佩列斯维特"号。仍具战斗力的"塞瓦斯托波尔"号则于12月8日夜间冲出停泊场，转移到日军203高地炮火无法企及的白狼湾内。

为了给予俄国海军最后一击，当夜日本海军鱼雷艇队再度夜袭旅顺口。早已伤

War Story · 081

◎ 日俄战争中著名的水师营会谈合影，中央两个留着大胡子的正是乃木希典和斯特塞尔。

痕累累的"塞瓦斯托波尔"号宛如一头垂死的巨熊，在己方的2艘鱼雷艇冒死封堵对手攻击轨迹之后，"塞瓦斯托波尔"号也选择了自行了断。在第二天日军的炮声中，俄国海军最后一艘主力战舰"巴扬"号装甲巡洋舰中弹41处沉没。至此与日本海军纠缠了近十个月的俄军旅顺口舰队最终只剩下几艘可怜的小型舰艇和一堆坐沉于浅水之中的残骸。

12月10日，心满意足的儿玉源太郎从旅顺返回了辽阳的满洲军司令部，留给乃木希典的只有一个"愚将"的头衔。客观地说乃木希典作为一个战区指挥官在旅顺攻坚战中的表现虽然没有特别出彩之处，但也中规中矩。就在儿玉源太郎不断驱使步兵强攻203高地的同时，日军第十一师团于12月2日借助在坑道内焚烧油毡所产生的毒气，冲入了鸡冠山俄军主堡。在随后的交战中，俄军旅顺东部防线指挥官康特拉琴柯被日军炮火炸死。12月18日在师团长鲛岛重雄亲临外壕督战的情况下，日军最终攻占了鸡冠山主堡。

鸡冠山的易手随即产生了多米诺骨牌效应。12月28日、31日两天日军在工兵引爆的炸药掩护下，先后夺取了二龙山和松树山的俄军堡垒。1905年元旦，在整个东线防御体系濒临崩溃的情况下，驻守望台炮台的俄军顿时作鸟兽散，只留下2门从战舰上卸下的150毫米海军炮见证着这场血腥攻防战的最终落幕。当天晚上，俄军旅顺要塞司令斯特塞尔以"避免生命之受无益损失"为由向乃木希典提出了"进行关于开城投降之谈判"的要求。

日军虽然攻占了旅顺口外围的主要据点，但累计参战的13万大军中已经伤亡6.2万人，而俄军在旅顺港区内仍有3万作战部队。可就在旅顺港内俄军主力战舰悉数瘫痪的情况下，日本海军防护巡洋舰"高砂"号仍于12月13日在港外巡逻时触雷沉没，舰上自大副以下275名官兵丧生。在如此巨大的伤亡面前，日本陆、海军自然都急于结束旅顺战役。

与甲午战争中攻占旅顺后的大肆屠戮相比，这次付出尸山血海般代价的日军对来自欧洲的敌人却显得格外克制，甚至连天皇睦仁都出面背书，保证所有投降的俄国军民都能获得人道主义的待遇。败军之将斯特塞尔在赶往水师营与乃木希典会面时虽然遭遇了对手迟到的羞辱，但是双方正式见面之后却在共进午餐的过程中相谈甚欢。在签署了投降协议之后，日俄双方的将佐不仅簇拥在一起留下了一张敌我难辨的合影，临别之际斯特塞尔更将自己心爱的西伯利亚白马赠给了乃木希典。

与俄国陆军的轻松缴械相比，沙俄海

旅顺肉弹——大视野下的日俄战争（上）

◎ 陷落前的旅顺港内惨状。

军却在投降当时进行了最后的抵抗。他们不仅在主航道上凿沉了训练巡洋舰"骑手"号和"强盗"号，更炸毁了港内诸多军事设施，最后跳上残存的 4 艘驱逐舰在鱼雷艇的掩护下扬长而去。不过港内坐沉的主力舰最终还是落入了日本海军之手。随着对旅顺口的全面接管，日本联合舰队派出大批技术人员，逐步打捞俄军沉船。这些战舰在日后另一场中国港口的争夺战中仍将作为主力登场。

对马奉天
大视野下的日俄战争（下）

黑暗战线

旅顺要塞投降的消息传回日本国内，一时之间引发了万人空巷的狂欢热潮。

不过以203的谐音而得名"尔灵山"并未成为乃木希典军旅生涯的终点。鉴于满洲军在旅顺战役中对大本营指手画脚的诸多反弹，乃木希典麾下的四个主力师团之中表现最为抢眼的第十一师团被抽调出来，与后备第一师团改编为直属于陆军参谋本部的鸭绿江军，以应对北线俄军随时可能展开的反击。尽管在兵力上鸭绿江军与满洲军相差悬殊，但在指挥序列上两者是平起平坐的。

对于山县有朋的心腹——大本营陆军参谋次长长冈外史的心思，身为满洲军司令的大山岩可谓洞若观火。他随即暗中运作将萨摩藩出身的川村景明推上了鸭绿江军司令的宝座。川村景明不仅是大山岩的小老乡，更早已在日本侵台战争中尽显其油滑世故的本色。因此他在抵达前线之后，随即拜会大山岩，明确了鸭绿江军将以满洲军马首是瞻。

大山岩虽然轻松化解了长州藩分薄自己权势的图谋，但是旅顺战役历时155天，第三军抽调北上的4个师团大多早已疲惫不堪。而利用沙河战役后双方历时近3个月的对峙，俄国陆军却在奉天一线集结了33万的大军，力量的天平已经呈现出向沙俄一方倾斜的姿态。为了迟滞乃木希典第三军的北上，手握重兵的库罗帕特金更派出向来为俄军视为精锐的哥萨克骑兵长途奔袭日军后方，一度摧毁日军辎重马车600余辆，并摧毁仓库、电报网络和铁路多处。但俄军骑兵这一战绩不过是昙花一现，随着夜袭营口的行动被日军击退，以骁勇自诩的哥萨克们便继续龟缩在四方台的军营之中。

与哥萨克们相比，日本骑兵在日俄战争中却没有长途奔袭的成功战例。在漫长的对峙过程中，日本骑兵更多是以精锐小队模式深入敌后，执行特种侦查任务，其战果甚至不如得到了日军情报部门所扶植的中国东北马贼。但为了鼓舞国民士气，曾在军校就读的小说家山中峰太郎还是以率领5名骑兵组成"挺进斥候队"的中尉建川美次为原型，写下了架空小说《敌中横断三百里》。

建川美次等诸多日本骑兵的行动虽然在小说家的笔下成了扭转战局的关键，但库罗帕特金于日本左翼黑沟台一线发动的反击却似乎完全出乎日军的意料之外。1月

25日，沙俄西伯利亚第一军率先歼灭了浑河左岸黄蜡坨子的日军前哨部队，随即在炮火的掩护下大举向黑沟台发动进攻。驻守这一地区8公里正面防线的恰恰就是秋山好古所部的日军骑兵第一旅团。

尽管事先在黑沟台等地构筑有完备的工事，但据点防御显然不是骑兵所长。经过短暂的交火之后，秋山好古就败下阵来，被俄军围困于三尖泡村。眼见秋山好古所部随时有被俄军歼灭的危险，大山岩只能连夜抽调担任战略预备队的第八师团赶往左翼支援。中国东北的1月正是气候最为寒冷的时节，连一向耐寒的俄国陆军也在三尖泡的攻坚战中被冻死冻伤了1224人。立见尚文所指挥的第八师团由于此前曾在八甲田山等地进行过冬季战特训，在进攻中非但没有受到寒冷天气的影响，甚至还能冒着俄军的炮火发动白刃冲击。一心想要建功立业的立见尚文当然不会想到自己此举竟令第八师团此后长期被日军高层视为最为擅长严寒条件下作战的部队，日后全体被送往西伯利亚挨冻。

1月28日，在付出巨大伤亡之后，第八师团终于抵达了三尖泡村，却发现秋山好古的骑兵部队活得都很滋润。原来不熟悉战场地形的俄军炮兵将三尖泡村以北400米的鲍台子误认为日军据点，连续两天对空无一人的村落倾泻炮火。等到俄军炮兵意识到炮击目标有误之时，战场的局势已经发生了根本性的逆转，除了心急火燎地赶来支援的第八师团之外，大山岩还调集了同为战略预备队的第五师团、隶属第一军的第二师团和隶属第二军的第三师团各一部。面对日军重兵集团的反扑，库罗帕特金没有贸然发动决战的勇气，只能于1月29日下令停止进攻。被日军称为"日俄战争最大危机"的黑沟台会战至此画上了一个句号。

◎ 日军第八师团冒雪进攻。

黑沟台会战本是一场俄军抢先发动反击，最终由于气候及一线指挥官的误判而功败垂成的军事行动。日军虽然以仅及对手半数的兵力成功化解了危机，但从伤亡数字上来看却至多只算是平手。不过为了突出秋山好古的高大形象，日后竟出现了所谓"8000骑兵力破对手11万大军"，"击败世界第一的哥萨克骑兵"之类的神话，足以令在冰雪中苦苦驰援的第八师团欲哭无泪。

黑台沟会战中俄军战死的数量略少于日军，由于大量冻伤的缘故，双方伤病的数量基本持平。但是俄军在战场"失踪"的数字却几乎为日军的十倍，之所以出现这样的情况倒并非是沙俄帝国有意稀释伤亡数字，而是由于随着旅顺口的陷落，沙俄陆军原本就低迷的士气显得更趋崩溃，消极厌战的情绪更从国内民众蔓延到一线部队之中。

就在库罗帕特金发动反击的前夕，1月22日，数万圣彼得堡居民冒着风雪前往冬宫，希望沙皇尼古拉二世能接受他们的和平请愿，停止战争。由于这次和平请愿是由彼得堡工厂工人大会组织的，因此游行群众还希望被他们称为"小爸爸"的沙皇能够实行西欧通行的8小时工作制，给予民众更多的政治权利。可惜的是当天尼古拉二世根本不在冬宫之内。面对情绪逐渐失控的民众，冬宫前的哥萨克卫队最终选择了以武力驱散游行队伍，史称"流血星期日"。

数千人的伤亡并不能吓倒觉醒的俄罗斯工人阶级。当天晚上工人们高喊着："沙

◎ 反映1905年俄国革命的铜版画。

皇揍了我们，那我们也要揍他！"在宿舍区构筑街垒。一场被革命导师列宁称为"十月革命总演习"的大规模起义在俄国各地的工人罢工、农民骚动中悄然揭开了序幕。

日本政府长期以来视沙俄帝国的内乱为欧洲巡回武官明石元二郎的功劳，甚至有"明石一人能敌十个师团"和"没了乃木希典大将，旅顺也拿下来了；没了东乡平八郎大将，日本海大海战也能赢；但要是没了明石元二郎大佐，日本决不能赢得日俄战争"的夸张言论。客观地说，明石元二郎的工作虽然不可谓不尽心。比如他就承认，在沙俄反情报部门的追踪下辗转于欧洲各国是一场"今夜不知何处宿，明朝晴雨喜忧间"的赌命之旅。日本政府对其的支持力度也不可谓不大。在日本国内大员每月工资仅100日元的情况下，参谋本部一口气便给予了明石100万日元为活动资金，且从来不过问钱的去向。但搅乱沙俄这样一个庞大帝国的却并非是明石元二郎个人的功绩。

20世纪初的沙俄帝国宛如一个垂老的巨人，其身体机能——政治、经济体系早

已与世界脱节。与腐朽的满清政府相比，他的身上只是多了一身自彼得大帝以来历代沙皇苦心打造的甲胄——庞大的海、陆军。在尼古拉二世上台之前，他的祖父亚历山大二世虽然在克里米亚战争之后开启了沙俄帝国一系列的内部改革，但最终却倒在了狂热的小资产阶级民粹派所投掷的炸弹之下。

因此尼古拉二世的父亲亚历山大三世畏惧变革，以思想控制和武力镇压来应对日益激化的社会矛盾。长期积累的不满最终在日俄战争的影响下呈现了井喷的态势，恰如列宁在其著作《旅顺口的陷落》中所预言的那样，"军事上的破产不可能不成为深刻的政治危机的开端"。在这样的情况下，沙俄帝国军前线不断出现官兵开小差的情况也就不足为奇了，黑沟台会战之后甚至连第二集团军司令格列宾堡也擅自抛下部队，跳上火车逃回了圣彼得堡。

明石元二郎自诩赌术精湛，以至于成为日本军方之中被摩洛哥赌场拒绝进入的第一人。但是和日后同样以此事自骄的山本五十六一样，明石元二郎在赌场一掷千金也全是"公款消费"。而其究竟是从中渔利抑或血本无归，恐怕和他在沙俄帝国后院起火中所起的作用一样，永远是一笔糊涂账。

决战对马

沙俄帝国虽然为国内矛盾的总爆发而焦头烂额，但是沙俄帝国强大的战争机器仍能在镇压国内此起彼伏的骚乱的同时，继续向远东投送力量。1905年2月，随着新锐的第16军抵达奉天，沙俄陆军集结于一线的兵力已达25个师，30万人。日军方面由于第三军由旅顺北上，在战场可调用的兵力业已增加至27万人。不过，与沙俄帝国内部的诸多不稳定因素相比，日本列岛也并非一片祥和。

早在战前，日本国内便出现了以幸德秋水为首的"反战论"人士，日本政府虽然以钳制言论的方式阻止这些吟唱和平高调的名士蛊惑人心，但是巨大的战争消耗却也同样令日本的国力和民众的忍耐力逐渐趋于极限。为了尽快结束战争，大山岩决定集中满洲军所属4个军及鸭绿江军向奉天发动全线进攻。

大山岩的计划是首先以第一军及鸭绿江军于俄军左翼发动进攻，吸引俄军预备队，随后乃木希典率第三军从右翼发动进攻，切断奉天至铁岭的俄军补给线，完成对奉天的迂回包抄，最终集中第二、第四军主力在战线中央展开攻势，打出一场普

◎ 明石元二郎。

◎ 拉锯战中的日俄两军。

法战争中色当战役般的歼灭战。

大山岩的战略不可谓不高明，第一军和鸭绿江军发动的攻势，果然令库罗帕特金产生了战略误判，草率地将预备队投入了左翼防线，直到2月27日第三军发动攻势之时，沙俄陆军才如梦初醒，库罗帕特金慌忙拼凑72个营赶往右翼，阻击乃木希典。而此时大山岩亲自指挥的第二军和第四军已经在从旅顺运来的280毫米重炮的掩护下发动了总攻。

但俄国陆军毕竟在奉天一线驻守了相当长的时间，在各条战线都构筑了严密的纵深防御工事，三路强攻的日军都付出了巨大的伤亡。为了争夺至关紧要的据点于洪屯，第二军投入战场的第五旅团所部4200人中最终仅存437人。但就是在这样的刺刀见红的意志较量中，库罗帕特金和沙俄陆军率先败下阵来。在乃木希典所部第三军攻占奉天以北诸多据点，俨然对俄军形成合围之势的情况下，库罗帕特金一方面不断组建新部队填补岌岌可危的战线，一方面命令左翼的部队后援，全力打开北撤的道路。

事实证明日军连续猛攻也已是强弩之末，在俄军的反扑之下，扼守奉天至铁岭交通线的日军后备第一旅团最终败下阵来，大批俄军得以乘火车撤离奉天。3月10日午后，日军第二军所属第四师团率先攻入奉天，在城内搜捕出溃散的俄军1300余人。而在其他战线上俄国陆军亦降者如潮，仅第六师团便收容了上万名俘虏。

奉天之战依托坚固的工事群，俄军的战斗减员远小于伤亡7万人的日军，不过近3万人被俘却最终令一再强调客观原因的库罗帕特金被解除了前线总司令的职务，但他仍需以西伯利亚第一集团军司令的身份留在战场之上。日军方面此时亦耗尽了最后的进攻力量。在奉天会战中，由于炮弹紧缺，日军280毫米重炮甚至不得不将俄军打来的哑弹，重新装上47毫米速射炮的引信重复利用，以摆脱无法开火的窘境。因此在此后长达半年的时间里，日俄两国陆军在四平一线展开了漫长的对峙。

对于俄国陆军而言，退守四平固然在极大程度上缩短了己方的补给线，有利于重整旗鼓，但却也将战场的主动权完全拱手出让给了对手。对于丢失南满，俄国政府并不心疼，因为那本来就是协议要撤出的中国领土。真正令沙皇尼古拉二世坐立不安的是，日军在长期对峙的过程中会不会抽调出一支奇兵从海路直捣以海参崴为中心的俄国滨海州？

应该说沙俄帝国的这种担忧并非杞人忧天，在竭泽而渔般的兵力动员下，日军又组建了第十三至第十六4个新编师团，加上后备军的2个师团又10个旅团及其他辅助部队，日军第一次膨胀至109万人的规模。

但是西方列强暧昧不清的态度却极大地制约了日军向俄国本土可能发动的进攻。作为日本的主要盟友，与沙俄在中东、西亚颇多龃龉的英国当然希望能够借助这个东洋小兄弟好好地修理一下俄国这头巨熊。但是刚刚结束了布尔战争的大英帝国，其自身的财政状况也不尽如人意，实在拿不出更多的钱来支持日本将战争进行到底。因此尽管日本政府将攻陷奉天的3月10日定为"陆军节"，以向全世界彰显自己的胜利，却也只从英美资本市场上融资到3000万。

作为俄国最大的债主，巴黎的金融家们自然不希望自己的投资由于俄国政局的波动而打了水漂。因此在奉天战役之后，法国政府再度向俄国贷款6亿法郎，当然拿到钱后，法国军工将成为沙俄武装力量的指定供货商。同样艰难抵达东亚的沙俄帝国太平洋第二舰队也得以在法国所控制的越南金兰湾休养生息。

罗日杰斯特文斯基指挥的俄国舰队的这一次空前规模的远征，期间的种种遭遇只能用"人在囧途"来形容。在英国沿海误击渔船，引发了"赫尔事件"之后，俄国人遭到了英国皇家海军的监视和封锁。俄国舰队在西班牙的维戈港蹒跚了一周左右的时间，好不容易通过向英国政府赔偿6.5万英镑，才最终了结了这一外交纠纷。由于吃水较深的俄国主力舰无法通过苏伊士运河，舰队不得不分头行进，罗日杰斯特文斯基亲自指挥舰队主力开始了环非洲

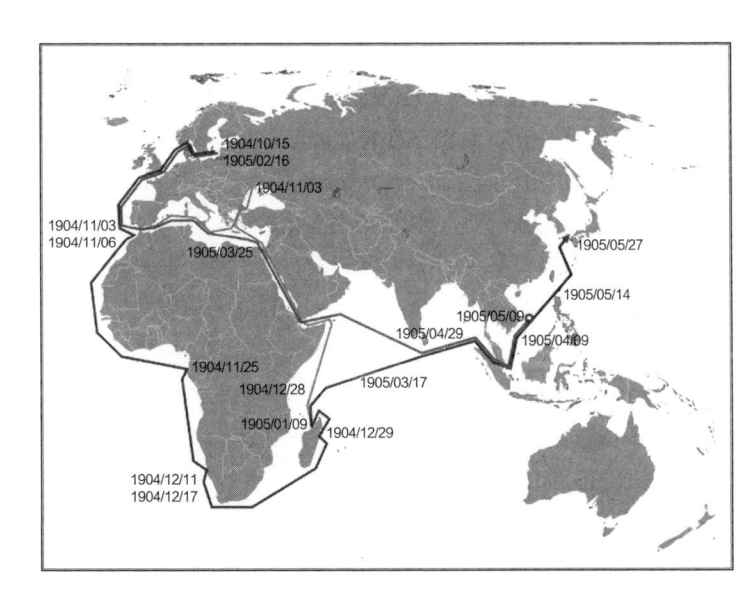

◎ **沙俄海军太平洋第二舰队的漫漫远征之路。**

航行。

1904年11月9日,俄国舰队终于在马达加斯加重新会师,但此时旅顺口陷落的消息传来。由于长期的海上生活已经精神衰弱的罗日杰斯特文斯基早已没有了出发时的自信,他向沙皇尼古拉二世请求增援。应该说俄国海军此时仍有大批主力舰云集于黑海一线,比如由尼古拉耶夫工厂1903年完工的"塔夫里亚公爵波将金"号堪称俄国海军第一艘真正意义上的无畏舰。但是鉴于1870年的《伦敦协定》禁止任何外国军舰通过达达尼尔海峡,最终被派往支援罗日杰斯特文斯基的仅有波罗的海舰队1891年完工的老旧战列舰"尼古拉一世"号以及3艘不适合远洋航行的"海军上将乌沙科夫"级岸防装甲舰。

为了等待这聊胜于无的增援,俄国舰队在马达加斯加又停留了近三个月的时间。在此期间俄国海军的后勤补给几近崩溃,当年拍着胸脯,表示将为俄国舰队提供支持的德国汉堡航运公司,突然拒绝为俄国海军提供横跨印度洋的燃煤。无奈之下,罗日杰斯特文斯基只能自己筹措了14船煤。从后方开来的俄国补给船没有运来舰队训练所需的炮弹,但是捎来几千套冬装以及国内动荡不安的消息。情绪波动的水兵不是上岸,在酒肆和妓院里打发时间,便是以哗变来宣泄不满。面对由于各种原因而挤满了医护船的伤兵,一度由于精神崩溃而无法行使职权的罗日杰斯特文斯基终于在增援舰队仍未抵达的情况下,命令舰队于1905年3月16日驶离马达加斯加,毕竟在海上水兵们还好管理一些。

长期的停泊令俄国战舰的船底长满了藤壶和水草,加上为了避免驱逐舰的机械磨损,主力舰还要拖曳着小型舰艇前进,因此俄国舰队从马达加斯加出发后,航速竟低至了仅有8节的水准。历时一个月才横跨印度洋进入了南中国海。在法国控制的金兰湾停泊,本是俄国海军重整旗鼓的绝佳时机。由于此时俄国舰队距离日本所侵占的台湾仅4天航程,日本政府格外紧张,随即向法国政府施加压力。4月22日,法国人要求俄国舰队离开金兰湾,不过默许了俄国舰队在金兰湾以北的万丰湾驻留。5月9日,从俄国本土开来的增援舰队终于抵达前线,至此俄国海军一线兵力增至29艘。但此时为了迎战俄军,日本已经动员其全部的海上武装力量。日本海军在2月中旬便取消了所有海军人员的休假,以140艘各型舰艇在日本近海严阵以待。

仅从舰艇数量上来看,俄国海军似乎全无胜算。但实际上日本海军经历了围攻旅顺的消耗,损失了包括2艘战列舰在内的大批舰艇。昔日的"六六舰队"之中仅剩下4艘战列舰可以开赴战场,在主力舰

◎ 沙俄帝国太平洋第二舰队旗舰"苏沃洛夫公爵"号。

数量上仅近俄军的一半。而沙俄海军所拥有的4艘"皇太子"改型战列舰无论是火力还是防护性能均不弱于日本海军手中的英制战列舰。因此这场海上决战的关键便在于，日本海军能否准确地把握住对手的脉搏，在其行进路线上集中优势兵力。

从局外人的角度来看，俄国海军有诸多选择。最为稳妥的莫过于回航俄国本土。事实上早在马达加斯加罗日杰斯特文斯基便向沙皇提出类似的提议，但是尼古拉二世却严令他向海参崴前进，毕竟俄国远东地区仍需海军的保卫。那么摆在俄国海军面前便有两条路线可供选择。其中绕道日本列岛以东的太平洋，从津轻和宗谷海峡进入鄂霍次克海，无疑是最为稳妥的选择。虽然增加了2000多海里航程，但是对远航18000海里的俄国舰队而言实在算不上什么困难。但是罗日杰斯特文斯基却最终选择了由日本列岛西侧的对马海峡直扑海参崴。

后世很多军史学家都奋起指责罗氏此举无疑是"脑子坏掉"了。但站在当事人的角度来看，罗日杰斯特文斯基也有自己的考虑。首先海参崴的储煤有限，舰队如果绕路迂回即便成功抵达目的地，也很可能再难有所作为。其次津轻、宗谷海峡相对狭窄，很容易遭遇对手的水雷攻击。而事实上日本海军也的确于2月中旬便开始在其北部海域实施布雷。当然更为重要的是在罗日杰斯特文斯基眼中，如果不能在海上重创对手，那么海参崴亦不过是旅顺口第二，与其将舰队白白消耗在港口攻防战中，不如堂堂正正地与对手决战大洋。

5月14日俄国海军离开万丰湾，开始向对马海峡突进。为了吸引对手的注意力，罗日杰斯特文斯基率先派出4艘由商船改装的辅助巡洋舰进入日本列岛以东洋面实施袭扰。但是罗氏此举非但没有干扰日本海军联合舰队的部署，反而令73艘日本海军临时征用的货轮和渔船以"伪装巡洋舰"的名义进入140海里的纵深，开始全面探寻俄国舰队的踪影。之所以如此大张旗鼓地展开远距离哨戒，很大程度上是由于此时日本联合舰队内部正盛行着一套由参谋秋山真之所倡导的"七段作战"。

所谓"七段作战"名字虽然很唬人，但无非是一种建立在消息单向透明之下的想当然而已。秋山真之主张：在决战前夜先发动驱逐舰和鱼雷艇队展开夜袭（一段），然后发动主力舰队决战（二段），再发动夜袭（三段、四段），主力舰队追击残敌（五段、六段），最终将对手赶进事先布设好的水雷区一举歼灭（七段）。除了一味强调以小搏大、逐次削弱对手之外，"七段作战"最为重要的一点便是要抢先发现对手，并完成对预定战场的建设。

日本海军联合舰队原定与俄军决战的时间是5月20日，因为根据日本海军所掌握的情报，俄国舰队之中虽然不乏航速可达24节的新锐战列舰，但是由于受到老旧战舰和长途航行的牵绊，其平均航速只能维持在10节左右。从万丰港直驱日本大体应该在5月19日夜间抵达。但是在预定决战的日子里，日本海军却并未发现对手的踪迹，一时之间联合舰队上下都陷入了极度的焦虑之中。

5月22日俄国海参崴分舰队出现在隐岐群岛的消息传来。东乡平八郎虽然随即向全军作出了"从明天起，全军进入出动准备的姿态，进行警戒"的命令，但是究竟应该继续在对马海峡一线张网以待，还是应该移师至北海道海域布防，各方的意见却始终无法统一。甚至向来自诩淡定的东乡平八郎也向大本营暗示是否应该让舰队向北海道方向前进。

东乡平八郎未必是真的对自己此前的判断有所动摇，但是直接将舰队部署于海参崴附近的确是万全之举。因此在大本营方向同样发出含糊不清的"要慎重"的指示之后，东乡决定全舰队于5月26日向北海道出发。但就在此时日本海军上海情报站传来了俄国海军将14艘运煤船分别遣送中立港的消息。在当时的技术条件下，没有运煤船的海上补给，大型舰艇是无法进行远距离航行的。东乡平八郎更为坚定了俄国海军必然取道日本与朝鲜半岛之间的海峡直驱海参崴的判断。最终在5月27日凌晨2点45分，日本海军在日本五岛群岛白瀬西方40海里处发现了一艘不明身份的舰艇。

事实上此时在五岛群岛的警戒线上有包括"信浓"丸在内的5艘伪装巡洋舰在执行哨探的任务。但是由于此前刚刚有"佐渡"丸误警的先例，"信浓"丸舰长成川揆不敢莽撞，只能在严格执行灯火管制的情况下继续对这艘船只保持观察，直到确认了是俄国海军医疗船"鹰"号后才向联合舰队司令部发出了"タタタタ（モ四五六）「YR」"的密电。不过日本海军方面直到5月28日才发现了这则电文。

这则关键性的"456号地点发现敌舰"的电报之所以被忽视，很大程度上还是为"佐渡"丸此前的误警所累。"佐渡"丸的舰长是在旅顺口不慎令通报舰"龙田"号触礁重创的釜屋忠道。曾为日本海军第一游击队参谋，身负昔日米泽藩士在海军中大展拳脚的期望，釜屋忠道虽然无奈被赶去执行哨戒任务，但也急于建功立业。5月23日便向联合舰队司令部发出过"タ、タ、タ、地点一八三"的错误警讯，导致东乡平八郎带着大批战舰扑了个空。事后海军上下都要求釜屋忠道作深刻检讨，但是面对釜屋背后强大的米泽藩势力，东乡最终也只能不了了之。

在随后的战斗中，釜屋忠道依旧指挥着"佐渡"丸活跃在战场之上。但是收容落水的船员算不上什么战功。米泽藩主导日本海军主力舰队的梦想，最终在1905年12月才进入海军学院就读的南云忠一手中才得以实现。但南云忠一，很大程度上也扮演了联合舰队掘墓人的角色。

"信浓"丸所发出的密电虽然不受联合舰队司令部的重视，但是在凌晨5点之后连续4通发现敌舰的消息最终通过前出的巡洋舰"和泉"号、第三舰队旗舰"严岛"号传送到了正在联合舰队旗舰"三笠"号上留宿的东乡平八郎手中。此时东乡才意识到大事不好，连忙命令集结于镇海府的联合舰队主力拔锚起航。而等到日本海军集结完毕，已经是5月27日中午时分了。显然秋山真之所构想的"七段作战"中第一阶段的夜袭已经无从展开了。东乡平八

◎ 海战中代表决战的Z字旗。

郎只能将手中所有的战舰全部派往对手的必经之路——冲岛海域。

5月27日的冲岛周边大雾弥漫，能见度不过6海里。5级以上的西南风卷起的巨浪令东乡平八郎不得不命令鱼雷艇进入三浦湾避风。13点40分，俄国海军的重重舰影从西南方冲破浓雾进入了日本海军的视野，此时东乡平八郎手中仅有4艘战列舰、8艘装甲巡洋舰、12艘防护巡洋舰，与拥有8艘战列舰、3艘装甲巡洋舰、3艘装甲海防舰、6艘防护巡洋舰的俄国海军在数量上只能堪堪打个平手。因此东乡平八郎在旗舰"三笠"号上打出"皇国兴废在此一战，各员一层奋励努力"的旗语并非单纯为了煽情，更多的是真的心中无底，只能寄望于联合舰队上下同心的主观能动性了。由于这则旗语最后一个字母是"Z"，因此Z字旗日后便在日本海军中象征着决战的意味。

事实上在进入日本列岛附近海域之后，俄国海军也提升了警戒等级。5月26日夜，俄军全体船员便开始进入战位，准备迎击日军的夜袭。在整晚无事之后，5月27日俄国海军在尼古拉二世加冕日里进入战场。

值得一提的是，尼古拉二世的加冕日在俄国并不是什么值得欢庆的节日。八年之前的加冕典礼上状况不断，先是镶满钻石的圣安德烈勋章银链从尼古拉二世的肩头滑落，后有重达4公斤的皇冠又恰好卡在其出访日本时被砍伤的位置，令他疼痛不已。最后为了争抢沙皇加冕的纪念品，莫斯科郊外的霍登练兵场发生了踩踏事故，造成上万人伤亡。就在这个充满了不祥的日子里，俄国海军终于迎来了等候已久的对手。

日本海军依旧沿袭着甲午海战以来所惯用的单舰纵列。联合舰队第一、第二舰队的主力舰艇的西南航向出现了呈两列纵队行进的俄国海军左舷。罗日杰斯特文斯基之所以选择将舰队分为两列，很大程度是为了在日本海军可能的夜袭中交叉掩护。但这一阵型在主力舰决战中却令舰队的火力大打折扣。因此11点左右罗氏曾打算利用浓雾的掩护将舰队重新编组为单舰纵列，但是由于浓雾很快便散去，没用勇气在敌前大举动作的罗日杰斯特文斯基只能撤销了将舰队重新编组的命令。

罗日杰斯特文斯基的畏首畏尾与东乡平八郎的霸气形成了鲜明的对比。14点05分，东乡命令旗舰"三笠"向左转向，带领整个舰队在俄军的炮火射程下完成一个360度的大调头，这就是著名的"敌前转向"。东乡此举的好处显而易见，完成转向之后，日本联合舰队将以东北偏东的航线横亘在对手的前方，队列中所有战舰的侧舷火力将能够有效地集中在对手单舰的身上，这便是自风帆时代以来海战中最为有利的所谓"T"字阵位。但是在整个

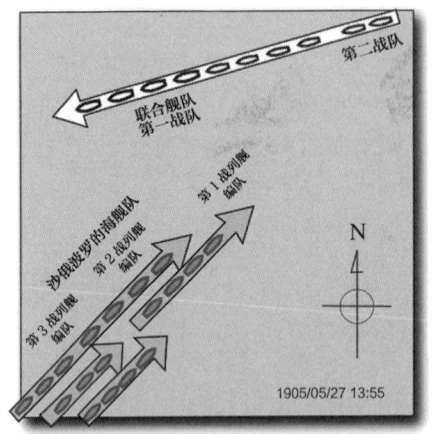

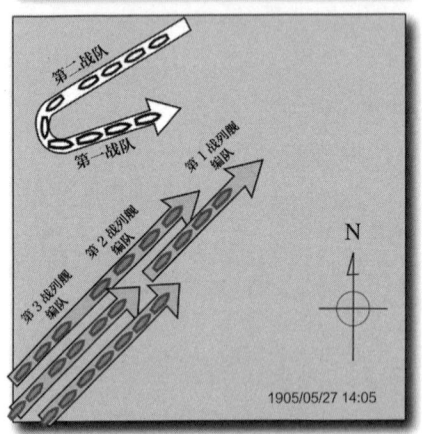

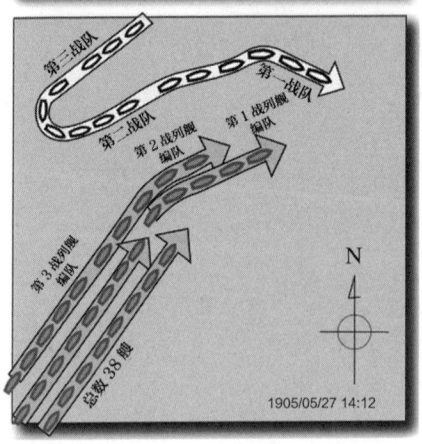

◎ 对马海战中日本海军"敌前转向"的全过程。

转向过程中，日本海军后续战舰将为己方舰艇所遮挡，有15分钟以上的时间无法对敌展开有效的反击。

针对东乡平八郎的变阵，罗日杰斯特文斯基有两个选择，一是集中所有能够开火的战舰全力攻击日军旗舰"三笠"号，二是抓紧时间重新编组舰队，调整航向避免与对手形成"T"字阵位。罗氏毕竟也是海战宿将，这两点他都想到了，但是却忽视了"鱼与熊掌"不可兼得的道理。

在调整队形和航向的同时，俄国海军完全无法集中火力。尽管击伤了日本海军"三笠"号、"敷岛"号、"日进"号和"八云"号等舰，甚至迫使装甲巡洋舰"浅间"号因舵机受损而退出战列。但在不停的炮击过程中，俄军也无法完成单舰纵列的编组，虽然改向东北航向，力争与对手形成相对航行的局面，但由于航速的局限，在日本联合舰队完成敌前转向之后，冲在最前方的俄国海军第一战列舰支队仍将面对日本整个舰队的炮火洗礼。

俄国海军第一战列舰支队集中了整个舰队最为新锐的4艘"皇太子"改型战列舰。作为最后一款沙俄帝国自行建造的主力舰，"皇太子"改型拥有不俗的防御设计。从水线装甲带上方到中甲板都加装防弹片杀伤的薄装甲，而水线装甲带下方到龙骨也装备102毫米厚镍合金钢板并加强防雷纵隔壁。但在日军凶猛的炮火面前，在整个舰队最前方的旗舰"苏沃洛夫公爵"号仍迅速被打残。

曾令北洋水师叫苦不迭的"下濑火药"在对马海战中再度大放异彩，事后俄国海军宣传,"一枚日本炮弹充分爆炸时所产生的破坏力相当于我们十二颗充分爆炸的炮弹。"但这个说法显然太高估沙俄军工系统了,事实上俄舰每发炮弹内装硝化棉炸药6.8千克,而日军每发炮弹内装爆炸力更强的下濑炸药达47.2千克。实质杀伤力的比率日军为俄军的15倍才对。

在俄国海军整体火炮数量和射速均处于下风的情况下,他们又陷入了阵型上的被动,其结果之悲惨自然可想而知。海战仅开始了45分钟,"苏沃洛夫公爵"号便严重倾斜,燃起大火,除了军官集会舱后侧一门75毫米火炮仍能射击,其余舰炮全部损毁,不得不退出战列。在15点整负伤的舰队司令罗日杰斯特文斯基被转移到驱逐舰"暴躁"号上时,他的旗舰已经成为"燃烧着的残骸"了。

与"苏沃洛夫公爵"号命运相仿的是位于第二战列舰分队的前导"奥斯里雅比亚"号。15点30分,这艘舰艇侧舷被打成马蜂窝,海水如决堤般灌入舱内,最终战

◎ 对马海战中第一艘被击沉的俄国战舰"奥斯里雅比亚"号。

◎ 对马海战中的东乡平八郎(油画)。

舰沉没于对马海的波涛之中。随后日本海军12艘主力舰的炮火又转向了接过指挥权的俄国战列舰"亚历山大三世"号,迅速迫使这艘战舰失去了反击能力,退出了战列。此时俄国舰队完全陷入了烟雾的笼罩之下,东乡平八郎只能下令停止炮击。

此时俄国海军的指挥权已经如击鼓传花般落到了3号舰"博罗季诺"号舰长塞勒弗林尼克上校的手上。此时俄国海军已然完成单舰纵列的编组,虽然不算规则,但如果与日本海军进入并向航行的话,仍有机会给予对手一定的杀伤。但是塞勒弗林尼克却选择向左转向,试图从日本海军的队尾杀出一条血路。他的企图很快为东乡平八郎所洞悉,为了避免舰队陷入日本海军的包围夹击之中,"博罗季诺"号又转向东南方向航行。

在联合舰队主力舰炮击俄国战列舰编队的同时,日本海军的巡洋舰和驱逐舰也在试图歼灭俄国舰队位于舰队尾部的医护船等辅助舰艇。但是包括名舰"阿芙乐尔"号在内的俄国巡洋舰并没有给对手太多的机会。随着"博罗季诺"号等主力舰的回航,

◎ 改姓山本的高野五十六，注意其左手的伤残。

日本海军反倒陷入了苦战，一时间巡洋舰"笠置"号、"千岁"号和"浪速"号先后中弹，被迫退出战列。但本已摆脱了日本海军阻击，大可以南下逃命的俄国舰队此时却作出了一个错误的决定，再度北上前往海参崴。

18点左右日俄主力舰再度发生接触，这一次东乡平八郎没有再给塞勒弗林尼克任何机会。18点30分，重新回到战列不久的"亚历山大三世"号被日本海军的炮火击沉。日本舰队所发射的305毫米主炮击穿了其前部炮塔，殉爆的炮弹令这艘13516吨的战列舰瞬间消失在波涛之中。而在此之前赶到战场的日本鱼雷艇也击沉了早已被俄国人抛弃的"苏沃洛夫公爵"号。唯一能够帮助俄国海军苟延残喘的只有那逐渐西沉的夕阳了。

当然在5月27日白天的海战中日本海军也并非毫发无损，不仅东乡平八郎所在旗舰"三笠"号多处受损，其余11艘主力舰亦无不带伤。值得一提的是意大利血统的装甲巡洋舰"日进"号，在俄军的炮火之中其3门152毫米侧炮被摧毁。正在舰上实习的军校候补生高野五十六因此被削断了左手指两根，右腿大面积烧伤，留下了终身的残疾。但是伤痕也为这位昔日越后长冈藩藩士高野贞吉的儿子打开了晋升的通路。八年之后，在昔日藩主牧野忠笃的提携之下，海军大学毕业的高野五十六正式过继到长冈藩名将山本义路的名下，以山本五十六的名字活跃于日本海军之中。不知道是否对"日进"号有所怨念，最终这艘功勋战舰竟被拉去给未来的日本海军霸主"大和"号打了靶。其同级舰"春日"号倒是一直存活到了1948年。

在命令所有大型舰艇向冲岛以北的郁陵岛集结，裹伤以利再战的同时，东乡平八郎下令总计60艘以上的驱逐舰和鱼雷艇编队向俄国海军展开夜袭。这次夜袭的效果经过日本海军多年的粉饰早已成了一个神话，而事实上日本海军所发射的一百多枚炮弹仅命中七枚。但此时的俄国海军早已疲惫不堪，士气衰落到了极点，对于被鱼雷击中的战舰根本无力进行损管。最终，俄军夜战中受损的2艘战列舰和2艘装甲巡洋舰只能在黎明时分自行沉没。

5月28日，无论是阵型还是意识都已然崩溃的俄国海军最终在郁陵岛附近海面悬挂起了国际通用旗语"XGF"，宣布无条件投降。接手指挥权的涅鲍加托夫少将在其旗舰"尼古拉一世"号上对部下们说："弟兄们，我已经老了，不会怕死的。但我不愿意让你们这些年轻人送死。让我一

◎ 对马海战中最终率领舰队投降的沙俄海军少将涅鲍加托夫。

个人承坦耻辱吧！我准备接受军法审判，领受应得的极刑。"这番话并非全是矫揉造作，战后涅鲍加托夫回到俄国最终被判处死刑。不过恰如他在法庭上慷慨陈词时所说，从离开波罗的海开始，沙俄帝国太平洋第二舰队的命运已然决定了。恰如有人揶揄说："值得惊异的倒是他们终于到了目的地。"

在"寡不敌众，只好投降"的旗语中，"尼古拉一世"号、"鹰"号2艘战列舰与岸防舰"辛亚文"号、"阿普拉克辛"号停止了抵抗。但是舰队中的防护巡洋舰"绿宝石"号却利用日本海军忙于受降的当口冲出了重围，成功逃往海参崴方向。成功摆脱日本海军阻击的并非只有"绿宝石"号，俄军巡洋舰支队之中，包括"阿芙乐尔"号在内的3艘战舰逃往菲律宾，在马尼拉为美国政府所扣押。驱逐舰"朝气"号则保护着2艘运输船进入了中立港上海。

成功摆脱了日军巡洋舰"千岁"号追击的"绿宝石"号，最终还是由于燃料耗尽，在漂浮于海参崴以北150海里处的

弗拉基米尔湾触礁搁浅，被船员自行炸沉。同样不走运的还有罗日杰斯特文斯基所转移到的驱逐舰"暴躁"号。试图逃往海参崴的"暴躁"号与巡洋舰"斯特拉维纳"号结伴同行。根据俄国水兵幸存者的回忆，进至中午时分，"暴躁"号逐渐由于机械故障而掉队，两舰官兵协商决定炸沉"暴躁"号。在将驱逐舰上的人员撤出后点燃了导火索，但炸药没有爆炸。为了节省时间，又决定用巡洋舰上的大炮将其击沉。一门6英寸口径的大炮对准距离不到300米，静止不动的"暴躁"号开了炮，第一颗炮弹没有打中，第二颗也没有打中，一连开了五炮竟连一颗也没打中，直到第六颗炮弹才打中那个近在咫尺的目标。

就在俄国海军连炮轰静止的目标都无能为力之时，日本海军突然杀到。几轮交火之后"斯特拉维纳"号被击沉，罗日杰斯特文斯基只能再次跳上"暴躁"号逃命。这艘驱逐舰最终于朝鲜海岸搁浅，全体舰员成了日本海军的阶下囚。在长崎佐世保的日本海军医院之中，罗日杰斯特文斯基见到志得意满的东乡平八郎，为了保全性命，这位昔日趾高气扬的沙俄将军说出了一句肉麻至极的话语："败在您手下，我丝毫不觉得羞耻。"

最终成功抵达海参崴的俄国舰艇仅有早早脱离了大队的防护巡洋舰"金刚石"号和"严厉"号、"威武"号2艘驱逐舰。至此被日本海军视为经典战役的对马大海战画上了句号。在21艘舰艇被击沉，9艘被俘获的情况下，俄国海军一夜之间缩水20万吨，由昔日仅次于英、法的世界

◎ 对马海战中被击沉的沙俄战舰。　　　　　　◎ 苏联时期描述"波尔金"号起义的宣传画。

第三迅速下滑至世界第六。也难怪愤怒的俄国民众会对远东总督阿列克谢耶夫的情妇——法国芭蕾舞演员艾尔莎怒吼:"从俄罗斯滚出去,你身上带的不是宝石,而是我们的战舰。"

对马海战的失利加剧了俄国的社会动荡。1905年6月14日,沙俄帝国黑海舰队主力舰"波将金"号上的水兵发动起义。令水兵们揭竿而起的原因很多,对于沙皇可能将其派往远东送死的忧虑,自然也是诱因之一。不过"波尔金"号以及俄国黑海舰队前来镇压的其余舰艇本身也无法穿越达达尼尔海峡,所以这次起义谈不上为日本牵制了俄国海军兵力。但是在俄国瓜分侵占的波兰领土之上,罗兹市的暴动事件却令大批俄国精锐陆军不得不长期驻守重点城市,无力支援远东战场。

在俄国海军在远东已无力再战的情况下,日本海、陆军开始向日俄之间向来存在领土争议的库页岛发动进攻。在第三舰队司令片冈七郎的指挥之下,由"劳模"出羽重远等人组成的北遣舰队迅速完成了对预定登陆点的扫雷和侦查工作。7月4日和7月24日两天,陆军新组建的第十三师团分别于库页岛南北两线展开登陆,不过出乎日本军方意料之外的是岛上的5000俄军并没有认真抵抗的意思。8月1日沙俄帝国库页岛军司令利宾普诺夫中将便宣布投降了。

据说对马海战惨败的消息传到俄国皇宫之后,沙皇尼古拉二世的第一反应竟是对着值班侍卫说:"天气多好啊!明天您想不想去打猎?"这一宫廷日记所反映出的与其说是沙俄帝国已经失去了再战的勇气,不如说以尼古拉二世为首的俄国贵族们已经不再寄希望于军事行动解决日俄之间的冲突,接下来要上场的是外交官了。

据说早在1905年3月23日儿玉源太郎在奉命回国报告战况之时,便曾向参谋次长长冈外史打听和谈的进程。在长冈表示仍没有眉目的情况下,儿玉有些失态地怒斥道:"战争一旦开始,最大的课题就是怎样结束。连这个你都不懂,你是干什么的?"客观地说儿玉是错怪长冈了,恰如山县有朋在递交给首相桂太郎的意见书中所说:"俄国如非莫斯科、圣彼得堡被侵占,则不会自动求和。"

面对动员了百万大军,每天耗费上

百万美元的局面,债台高筑的日本和沙俄帝国一样无力将战争进行到底。好在利用日俄互殴而消弭"黄祸"及"斯拉夫祸"的西方列强此时已然看出了端倪,日俄战争虽然有利于削弱这两个新兴强国,却会令德国渔翁得利。为了避免日本独占中国东北及德国势力在欧洲坐大,英、美两国一直在积极奔走,为日俄双方牵线搭桥。而其中最为积极的莫过于一心想将太平洋变成"美国湖"的西奥多·罗斯福。

在通过英国影响日本,怂恿巴黎说服沙俄之后,8月9日由沙俄帝国老臣维特所率领的代表团终于抵达了美国朴次茅斯海军造船厂大厦与日本展开谈判。由于预计此次谈判将无比艰难,日本老牌外交家伊藤博文以称病推辞,最终只能由外相小村寿太郎带着"七博士集团"在国内躁动的情绪下所拟定的媾和条件前往美国。

所谓"七博士集团"指的是东京帝国大学的户水宽人等七位教授。这些专家将沙俄帝国错当成了"慷慨"的满清,竟开出了要求沙俄赔款30亿日元,割让包括库页岛、堪察加半岛在内的全部沙俄太平洋沿海地区的狂妄要求。日本政府虽然比七博士要理性一点,但也认为至少应获得巨额赔款,令沙俄帝国割让整个库页岛。

谈判一开始,日本政府便领教到了对手的强硬,沙皇尼古拉二世宣称:"一寸土地,一个戈比也不给!"维特更在抵达美国后大打悲情牌,一时间令同为白种人的美国民众对沙俄帝国逐渐由厌恶转为了同情。在得到日本的和谈条件后,维特第一时间,将其刊登在《纽约日报》的头条之上,一时间美国民众纷纷指责起了日本

◎ 朴次茅斯和谈。

◎ 群情汹涌的日比谷公园。

政府的贪婪无耻。

当然以维特的老辣当然深知不可能不给日本一些甜头，于是在朝鲜半岛和中国东北的问题上，沙俄帝国不仅大踏步地后退，更大方地表示日本可以无偿地使用俄国所修筑的中东铁路南段支线。当然在分界点的问题上双方还是讨价还价了一番，最终沙俄放弃了哈尔滨和公主岭的要求，折中选择了长春。日本也投桃报李地表示愿意放弃库页岛北部，但依旧要俄国政府支付12亿日元作为赎金。此时做东的罗斯福坐不住了，他写了一封长信给日本政府，表示："如果（日本）只为一笔金钱而重新采取军事行动，它将得不到金钱而且很快会失去美国和其他国家的同情！"

事态的确如罗斯福所说，日本即使占领了西伯利亚东部，最终也不可能迫使俄国拿出钱来，反而会耗尽自己的国力。罗斯福之所以如此坚持，很大程度上是因为美国国会认定日本将用从俄国获得的赔款去加强其威胁美国菲律宾和夏威夷利益的海军。有了美国人撑腰，8月26日维特装模作样地清算了所住酒店的房费，表示做好了谈判破裂回国的准备。果然在巨大的压力面前，日本政府选择了妥协。

9月5日，日俄双方的全权代表最终签署了瓜分其东北亚势力范围的《朴次茅斯条约》。对于俄国而言，其虽然被迫放弃了在朝鲜半岛及以旅顺、大连为中心的南满势力范围，但却有效地缩短了战线。被俄国人讽刺为"半个萨哈林伯爵"的维特（其被封为萨哈林伯爵，而南萨哈林被割让给了日本）回到国内，再度成了沙俄帝国政坛的核心人物，他不仅从法国手中商借了22.5亿法郎重振了经济，更通过颁布《十月十七日宣言》，缓和了国内鼎沸的社会矛盾。此后，1906年以镇压革命起家的彼得·斯托雷平执政俄国，其一系列土地所有权的改革令沙俄帝国迅速通过出口农产品重返欧洲强国的行列。而在支付给日本4600万卢布的伙食费后，大批经过战火洗礼的俄国战俘回到了国内，他们之中固然有一些人遭到了审判，并永远离开了军队，但如高尔察克之类的年轻军官却在战火锤炼中成了坚毅的战士，在未来更为惨烈的世界大战中，正是这些人支撑起了腐朽的帝国。

在日本方面，随着《朴次茅斯条约》签署的消息传到日本国内，人均背负10日元债务的日本国民将在战争中默默忍受的苦难化为了冲天的怒火。之前7、8月份，日本在大阪、名古屋等地已经相继举行了反媾和运动集会。9月5日条约签署的当天，数万名民众聚集于东京日比谷公园。在一干政客的怂恿之下，愤怒的民众变成了暴民，他们随即打着废弃屈辱条约的旗帜，冲破了警察的警戒线。暴民先是袭击了公园附近的内务大臣官邸，随后又打砸了外相小村寿太郎的官邸和御用报纸国民新闻社。

由于事发前的9月3日，军人出身的桂太郎便有所警觉，因此第二天东京市便宣布进入戒严，调集近卫师团展开镇压，但即便如此暴乱也持续了3天之久。暴民捣毁了2个警察署、6个分署和260多个派出所，波及全国各地，史称"日比谷烧打事件"。很多奉行社会主义学说的日本思想先驱在民众的热情中看到了希望，但更多的野心家却蠢蠢欲动起来。由昔日武士阶层所建立的萨长幕府最终在这种蠢动中丧尽威权，日本列岛最终为自己的欲望所吞噬，成为一头冲向毁灭悬崖的军国凶兽。

第二卷
大正乱局

明治老去
日俄战争后的日本国内政治生态

桂园交替

日比谷烧打事件虽然来势汹汹,但却无法改变《朴次茅斯条约》签署的现实。而事件从一开始便将矛头指向首相桂太郎更昭显了其幕后的蝇营狗苟。早在日俄双方仍在美国缅因州积极斡旋的1905年9月1日,《朝日新闻》便以"桂太郎内阁将国民和军队都卖了"为标题煽动民众情绪,而这份在日俄战争中以所谓"公正客观"迅速异军突起的报纸背后,则始终徘徊着日本右翼组织玄洋社的身影。

在鼓动旗下所控制的各类媒体发布煽动言论的同时,玄洋社首领头山满更在《朴次茅斯条约》签署当日现身东京日比谷的反对媾和国民大会现场,可谓赤膊上阵。而值得注意的是,除了玄洋社的右翼浪人之外,另一股势力也在日比谷烧打事件中兴风作浪,他们便是由公卿近卫笃麿于1903年所倡导成立的对俄同志会。

自日本中世纪的镰仓幕府时代起,云集于天皇身边的公卿阶层便形成了所谓的"五摄政"和"九清华"的两大政治集团,"五摄政"因长期垄断日本公卿文官系统中地位最高的摄政、关白之位而得名,分别为近卫、一条、九条、二条、鹰司五家。唯一的例外是日本战国时代的军阀木下秀吉,不过鄙夷其出身的"五摄政"家族,并没有给这个泥腿子挤入公卿世家的机会,硬生生给他造了一个"丰臣"的姓氏。

在日本漫长的幕府统治时期,"五摄政"家族和天皇一样,不过是供于高阁之上的政治泥塑,只有在有需要时才粉饰一新摆将出来,享受黎民百姓的香火。但明治维新既然打着"王政复古"

◎ 激进派公卿的代表近卫笃麿。

的旗号，宣称要将幕府的权力交还给天皇，那么公卿政治自然跟着复活。早在德川幕府倒台后不久，公卿集团以明治天皇身边的大儒元田永孚为代表，利用长州、萨摩两藩龃龉不断之际，鼓吹天皇亲政，建立由公卿、侍从所主导的贵族内阁。不过这一企图随即遭到了长州、萨摩两藩的迎头痛击。

萨长同盟虽然彼此矛盾不断，但是却在对抗公卿势力的问题上利益一致。而就在双方相持不下之际，发生了至今仍疑点重重的竹桥兵变。竹桥（今东京都千代田北）是日军近卫炮兵大队的驻地，公元1878年8月23日当地的驻军突然刺杀了正、副队长宇都宫茂敏和深泽巳吉，随后鼓噪的士兵不仅火烧军营，更将所部火炮瞄准了大藏卿（财政部长）大隈重信的宅邸连开数炮。

叛军捅出了这么大的篓子，却在炮响之后突然"冷静"了。他们转头跑去明治天皇的临时皇宫赤坂请愿，陈述自己虽然身为天皇的御亲兵但每月工资仅有2.3日元，参与平定西乡隆盛的西南战争本有一笔津贴，但是大藏省却借口财政困难，非但不论功行赏，相反还要将近卫军的军饷拉低到普通镇台兵的水平。就在叛乱士兵将事情原委说明之际，陆军卿山县有朋突然领军赶到，将参与兵变的263名士兵中为首作恶的55人枪决，余者也受到了不同程度的刑罚。

表面上看竹桥兵变动机明确，事实清楚，但实际上以当时日本国内的经济状况而言，近卫军普通士兵的每月工资虽然达不到昔日德川幕府时旗本的标准，但是毕竟是到手的纯收入，加上无需为衣食和武备操心，所以算不上微薄。另外，自1871年以来，日军军费之中更特别列支了镇压内乱费，所有军饷更是从1872年由大藏省支付改为陆军省预算支出。针对国内通货膨胀，明治政府也会随时调整士兵薪资。竹桥兵变的士兵将矛头追问大藏省显然是有人故意混淆视听，刻意挑拨煽动，毕竟如果连近卫军都怨恨至此的话，其他镇台早就应该炸了营了。

竹桥兵变的炮声令在公卿集团和萨长同盟之间游离不决的大藏卿大隈重信出于自身安全的考虑倒向了兵权在握的长州藩。他与伊藤博文一道以"宫、府有别"向明治天皇表明了态度。萨长同盟斥退了侍读集团的夺权图谋之余，更乘胜追击地提出：既然天皇要亲政了，那么明治维新之后长期存在的公卿侍读制度自然也无须再存在了。这一套连环拳让公卿集团在政治上大受打击。

那么，如果说竹桥兵变是萨长同盟利用自身在军队中的影响力，遏制公卿集团的一出闹剧的话，那么日比谷烧打事件背后也活跃着公卿集团借机扳倒萨长同盟的推手。以"五摄政"家族"笔头"（领袖）自诩的近卫笃麿，自1892年进入日本参议院前身的贵族院议会以来便始终扮演着与萨长同盟作梗的角色，而由其一手创立的对俄同志会更可谓是公卿集团的"政治打手"。日比谷烧打事件当天，对俄同志会骨干神鞭知常、佐佐友房、河野广中等人也纷纷以参议院议员身份出席，为头山满站台。

明治老去——日俄战争后的日本国内政治生态

日比谷烧打事件固然是日本民众在巨大的战争压力下不满情绪的井喷，但从事态的发展来看更是公卿集团裹挟民意对萨长同盟的总攻。从这一点来看，头山满等右翼浪人在其中起到的作用，与当年后醍醐天皇利用来推翻镰仓幕府的楠木正成等"恶党"、明治天皇利用来推翻德川幕府的坂本龙马等维新志士别无二致。面对巨大的舆情压力，身为首相的桂太郎一方面加大戒严和镇压的力度，另一方面则找来了公卿集团的代表——西园寺公望，达成了私相授受、缓和矛盾的秘密和议。

西园寺公望出身于公卿集团略低于"五摄政"的"九清华"家族中的德大寺家，3岁被过继给同为"九清华"的西园寺家。身负两大公卿家族期望的西园寺公望在政治上可谓"含着金钥匙出生"，4岁便成为明治天皇老爸——孝仁天皇的侍从，8岁时被封为右近卫少将，13岁加封为右近卫中将。到明治天皇登基之时，19岁的西园寺已经有了15年的"工龄"了。在明治维新的一系列政治运动中，西园寺公望不仅无役不与，更与长州、萨摩等西南强藩保持着良好的互动关系。正是这种圆滑的政治手腕，令西园寺公望不仅被萨长同盟首脑伊藤博文引为知己，更在1903年接掌了其御用政党——政友会。而此刻作为萨长同盟调和与公卿集团矛盾的代表，西园寺公望自然成了上台组阁的最佳人选。

1906年1月7日，按照双方的约定，在桂太郎内阁总辞职之后，西园寺公望上台组阁。不过此举与其说是萨长同盟向公卿集团让渡政权，不如说是化解《朴次茅斯条约》所引发的巨大社会矛盾的缓兵之计。一方面日俄战争期间所花费的17.2亿巨额军费由于没有任何的战争赔款而需要日本国民埋单，另一方面战后日本独占朝鲜半岛，势力伸展至中国东三省及库页岛南部的辽阔新疆土也需要打理，而这些工作均非只知扩军、购舰的萨长同盟所能独立完成的。对于西园寺公望而言，自己接手的也不全然是一个烫手的山芋，虽然自己的内阁依旧笼罩在"维新元老"的阴影之下，但时间终究站在年轻的西园寺公望这边。

1892年8月松方正义内阁辞职之时，明治天皇曾召伊藤博文、黑田清隆、山县有朋入宫咨询后继首相人选。此事长期被视为明治时代"维新元老"体制的滥觞，但客观地说萨长同盟中的领袖人物左右日本政局早有先例，号称"维新三杰"的木户孝允、大久保利通和西乡隆盛都曾在日本政坛中独领风骚，甚至只手遮天。此后，伊藤博文等人虽晋升元老，但对日本政局的影响力却是

◎ 日本右翼精神领袖头山满。　　◎ 出任首相时的西园寺公望。

每况愈下，毕竟元老不仅代表着"元勋"，更代表着"老去"。就在西园寺公望上台组阁的同时，山县有朋被解除参谋总长兼兵站总监的职务，调任天皇顾问机构——枢密院的议长。伊藤博文则登上了前往朝鲜半岛的轮船，荣升第一任韩国统监。

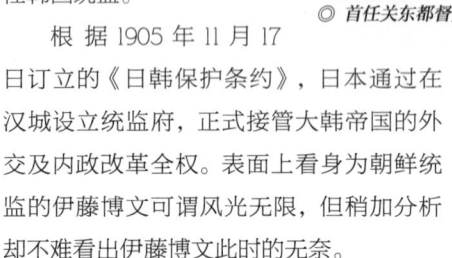

根据1905年11月17日订立的《日韩保护条约》，日本通过在汉城设立统监府，正式接管大韩帝国的外交及内政改革全权。表面上看身为朝鲜统监的伊藤博文可谓风光无限，但稍加分析却不难看出伊藤博文此时的无奈。

随着日俄战争的结束，日本不仅全面巩固了甲午战争以来对朝鲜半岛的控制，更在中国的辽东半岛实现了军事存在。1905年10月，日本于辽阳设立集军事指挥、军政统治于一体的殖民统治机构——关东总督府，其各项职权均不弱于韩国统监府。不过关东总督府级别虽高，所辖兵力却不过万余人的满铁守备队。因此日本军方推举日俄战争中的第三师团长——大岛义昌担任首任长官。

大岛义昌和伊藤博文同样出身于长州藩，在倒幕战争中或许还是伊藤博文麾下的无名小卒，此时竟已并驾齐驱。伊藤博文心中的不爽自然可想而知。在此前的元老会议上，伊藤所提出的"军民分治"的理念更遭到了儿玉源太郎等军方人士的公然驳斥。伊藤一再提醒与会各方，辽东半

◎ 首任关东都督大岛义昌。

岛依旧是中国领土，日本所得不过是沙俄让与的旅顺港租借权和南满铁路的经营权而已，而儿玉则以军事存在优先为由不断重申关东都督府必须主导辽东半岛的各项军政事务，双方一度剑拔弩张。据说桂太郎、儿玉源太郎等军部巨头的斥责之声，一度震得会场——首相官邸的玻璃窗哗哗作响。最终还不得不由首相西园寺公望出面打圆场，确立了伊藤博文为代表的文官集团管理朝鲜半岛，军部以关东都督府为代表独霸辽东半岛的政治格局。

在儿玉那边"吃了瘪"的伊藤只能在送别酒会上找另一个军方人士——大岛健一的晦气。在伊藤看来大岛健一来自美浓国岩村藩，全靠傍上了山县有朋这棵大树才得以一路加官进爵。对这样一个长州藩的外围，他自认为还是能拿对方开开玩笑的，于是借着酒劲对其说："大岛，现在我也能号令军队了哟！"谁知道大岛健一并不买账，反而讥讽说："那是我们将军队训练得好，所以阁下的号令他们也会听从，但是按照阁下的指挥从事战争，则必败无疑！"一向以口才见长的伊藤博文竟一时无言以对，只能"呵呵"干笑。

伊藤博文的尴尬不仅是其本人在甲午战争以来政治行情一路走低的写照，更是日本文官集团在军部高压之下日渐势衰的投影。毕竟甲午、日俄两战以来，日本海、陆军一路高奏凯歌，攻城略地，而文官集

明治老去——日俄战争后的日本国内政治生态

团却每每在和谈中失了威风——马关谈判不仅赔款打了七折，还被迫吐出了已经到嘴边的辽东半岛；《朴次茅斯条约》更是分文未获——自然不免遭到军方和民众的诟病。

怀着一肚子邪火来到汉城的伊藤博文，只能把怒气撒在韩国官吏的身上。不知道是否是觉得对方准备的欢迎仪式不够盛大，总之伊藤博文不仅当场拂袖而去，还写下了"花明柳暗春三月，昌德宫中太极亭。娼妇何知君国变，无心歌舞不堪听"的诗句送给韩国皇帝李熙，话里话外满是对韩国君臣的揶揄。

日韩合并

伊藤博文在韩国统监的岗位上一干就是4年，但这段时间里他的表现却乏善可陈。甚至连对韩国民众发表演讲，诠释统监府施政纲要这样的工作，往往也以伊藤带头高呼"大韩皇帝万岁"就敷衍了事。更多的时候，伊藤选择返回日本国内度假和常住，将统监府的运作交给自己的副手曾祢荒助和私人助理内田良平去打理。曾祢荒助是长州藩出身的职业官僚，内政外交领域均有相当的经验，处理统监府的日常工作倒也得心应手。而内田良平却是玄洋社安插在伊藤博文身边的暗桩。身为日本右翼组织黑龙会的创始人，内田良平的野心和手腕均较头山满更为激进。

早在中日甲午战争之前，内田良平便组织玄洋社少壮派浪人以"天佑侠"小分队的名义潜入朝鲜半岛，混入东学党起义军中，制造事端。甲午战争之后，内田又

◎ 日本在朝鲜的殖民机构——韩国统监府。

偷渡海参崴，从沙俄远东地区经西伯利亚直趋莫斯科，沿途收集了大量俄军的各类情报，归国后大肆鼓动对俄战争。在内田良平看来，沙俄帝国不过泥足巨人，不堪一击。日本不仅能够战而胜之，更理应在战后策动满洲、蒙古及西伯利亚地区从中、俄两国独立，成为日本未来经营大陆的核心领土。

出于这个目的，内田良平不仅在朝鲜东学党中颇多故交，从沙俄归国之后更通过浪人宫崎滔天的引见，结识了此刻正遭到满清政府通缉的中国革命者孙文。此时的孙文已经多次尝试借助日本之力于广东发动反清起义，尽管玄洋社方面对孙文等中国革命者颇为热情，但日本政府却始终对其报以不冷不热的态度。究其原因，一方面固然是由于孙文等人此时力量尚弱，不足以撼动满清政府这棵大树，另一方面其暴力革命的宗旨也与日本政府"保全中国"的外交逻辑相牴。内田良平与孙文虽然一见如故，但此时日本国内正在紧锣密鼓地筹备对俄作战，玄洋社及日本朝野政客对孙文革命党的态度仍停留在闲棋冷子

的阶段。

日俄战争的胜利不仅鼓励了日本右翼势力的发展,也极大地刺激了在日留学的诸多中国青年。1905年辗转于越南、美国、法国等地的孙文回到日本东京,在内田良平的协助下,整合在日中国留学生各团体成立中国同盟会,正式提出了"驱除鞑虏,恢复中华,创立民国,平均地权"的十六字政纲及"民族、民权、民生"的三民主义思想。值得一提的是,内田良平及未来因其法西斯思想而名噪一时的黑龙会成员北一辉均是中国同盟会的第一批会员。只不过草创期的同盟会毕竟根基尚浅,不仅不足以推翻满清政府,甚至与同样旅居日本的康有为、梁启超所创办的保皇会比也颇有不如。因此内田良平自然无心与孙文过多纠缠,转而谋求在朝鲜半岛开创一番局面。

和早年接济孙文一样,内田良平在朝鲜也早已暗中扶植了自己的代理人——东学党骨干李容九及亲日政客宋秉畯。李容九和宋秉畯均为朝鲜王国两班贵族后裔,两人的从政之路大体可以体现甲午战争以来朝鲜世袭贵族的思想变迁。李容九早年参与过绿豆将军全琫准所发动的东学党起义,一度在与日军的交战中被俘,据说也曾坚贞不屈。但获释后却改变立场,成为东学党亲日派的代表。他协助东学党第三代教主孙秉熙改组东学党为天道教,并在日本的协助之下,将天道教发展为朝鲜半岛的本土主流宗教。

◎ 被称为"韩奸"的宋秉畯。

宋秉畯早年为王妃闵兹映所属外戚势力的食客,在甲午战争前朝鲜王国的历次政治动荡中侥幸保全了首级。俄馆播迁事件中更不得不流亡日本,直到日俄战争爆发才以日军第十二师团随军翻译的身份重返祖国。有了日本军队的支持,宋秉畯很快与被韩国政府解散的前独立协会骨干,成立了以"一心进步"为口号的一进会。无独有偶,在这一年前独立协会成员李承晚被韩国政府释放,随即前往美国。显然收留失意政客,以待日后之效的做法,并非日本一家所为,美国也在做着同样的事情。

宋秉畯独自经营的一进会,仍是一个小规模的政治团体,但随着吸收李容九所创办的进步会,并将会长之位让与李容九后,一进会逐渐成为韩国朝野不可小觑的一股政治力量。在《日韩保护条约》订立前夕,一进会以"百万会员"之名发表支持宣言,其中固然有些水分,但其影响力仍可见一斑。面对老友内田良平,宋秉畯更急不可耐地提出"日韩联合对韩民族是一大利益",但"只要现在皇帝存在,就不能期待,所以坚决废立皇帝,至为重要"。一进会会长李容九随之公开提出日韩合邦的主张,同时脱离天道教而成立侍天教,自任教主。

对于内田良平的这些"折腾",伊藤博文选择睁一只眼闭一只眼。一方面纵容玄洋社、黑龙会浪人在朝鲜半岛扩张势力，从中渔利；另一方面则以时机尚未成熟为由不断搪塞、推诿日韩合并事务的进程。伊藤博文的这一态度固然有其年老怠政的因素，但更多地是出于更为现实的考虑。日俄战争之后，日本对朝鲜半岛加强控制之余，也不断强化对韩投资，鼓励移民。应该说此时的日韩两国在经济上存在着一定的互补性：日本对韩输出工业产品和资本，韩国出口的农作物则能有效缓解日本国内的粮食短缺。但日本国内新兴的工商业巨头却视对韩投资为危途，更倾心于有着辽阔市场的中国大陆，而涌入朝鲜半岛的大批日本破产农民更在右翼浪人的支持下不断夺占朝鲜人的土地。在这样的情况下强行推行日韩合并，最终的结果很可能是激起朝鲜半岛更大规模的动荡。

可惜伊藤博文苦心维持的局面，却随着一出名为"海牙密使事件"的闹剧而轰然崩塌。1907年6月15日，第二次国际和平会议于荷兰海牙召开。作为1898年第一次海牙和平会议的后续，这场云集了中、俄、英、法、美、日等44国的大会本是西方列强重新瓜分殖民地、争夺欧洲和世界霸权之余，制定一些战争游戏规则以彰显所谓"文明"的分赃大会。可身为日本傀儡的大韩帝国皇帝李熙却异想天开地派出三名失意官僚——李相卨、李儁、李玮钟携带皇帝亲笔信和委任状，经俄国辗转前往荷兰，试图在大会之上公开斥责日本对韩国的侵略，谋求西方主持正义，恢复韩国的独立地位。

如此"和谐"的万国大会竟然出现了三个"不明身份"的搅局者。主持会议的沙俄代表涅利多夫伯爵装聋作哑，东道主荷兰则以需要先向韩国方面查证为由拒绝三名韩国密使列席会议。消息传到东亚，正在日本休假的伊藤博文却再也坐不住了。在时任日本外相林董的陪同下，伊藤博文火速赶回朝鲜，以大韩帝国皇帝李熙的名义回电海牙，称三位密使"包何阴谋，潜投海外，伪称密使，恣行炫惑，几使邦交乖损。究厥所为，合置重辟，其令法部照律严勘"。

事情闹到这个地步，李熙的这个皇帝也算做到头了。1907年7月18日，伊藤博文会同朝鲜驻屯军司令官长谷川好道及亲日派韩国重臣开始轮番向李熙逼宫，要求其退位。而事实证明，李熙敢于派出密使前往海牙，自然也做好了和日本方面摊牌的准备。7月18日当天，数千韩国民众走上街头，反对李熙退位。部分韩国军队的士兵也加入游行的队伍。一时间汉城出现"韩国近卫军筹划夜半闯入宫中，杀害在宫中的各国务大臣"的流言，但在日本驻

◎ 海牙密使事件中的三位韩国当事人。

军"排置机关炮四门,又以车载弹药,如赴战场"的全力弹压之下,无拳无勇的韩国民众最终只能无奈地接受了高宗李熙禅让太子李坧的结局。

作为李熙与闵兹映硕果仅存的儿子,李坧虽然身负国仇家恨,但却无力改变韩国日益沦为日本殖民地的命运。在其受禅后的第四天,伊藤博文与韩国亲日派总理李完用签订《第三次日韩协约》,标志着日本全面接管韩国的内政、司法主权。根据协议所附《备忘录》,1907 年 7 月 31 日,韩国军队除保留一个大队兵力担任皇宫守卫外,其余全部解散。

伊藤博文此举无疑是对李熙、李坧父子禅让过程中韩国军队的摇摆不定的报复。何况韩国军队法定兵力不过 9000 人,在伊藤看来即便悉数解散也不会酿成什么大祸。

1907 年 10 月在日本皇太子嘉仁访问韩国之后,伊藤博文又鼓动李坧年仅 10 岁的儿子——李垠前往日本留学。

但事实证明被海牙密使事件激怒的伊藤博文的各项政治举措都操之过急。国君禅让、军队解散、太子为质,在这一系列消息的刺激之下,曾经在闵妃之死和"断发令"双重刺激下爆发的抗日义兵活动再度在朝鲜半岛全面爆发。不过在这一轮义兵运动之中,传统的朝鲜两班贵族表现得颇为低调,在大儒崔益铉在全州组织起义兵败被俘,于对马岛绝食而死之后,韩国的士大夫阶层便"不敢复言举义矣"。

倒是平民出身的洪范图等人在平壤周边的平安道以游击战的形式长期坚持斗争。究其原因,除了日本殖民统治对韩国普通百姓的生活冲击更大之外,另一个重要因

◎ 解散前的韩国军队。

◎ 大韩帝国的末代皇帝李坧。

明治老去——日俄战争后的日本国内政治生态

◎ 韩国民间反日武装。

素是朝鲜半岛北部与中俄接壤，不仅方便抗日义兵获得给养和军火方面的支援，在局势不利的情况下，洪范图等人更能频频退入中国东北地区休养生息，令日本军队追剿不及。但抗日义兵终究只是民间武装，无力与日本正规军抗衡，一进会等韩国亲日团体更组织自卫团，加入到讨伐义兵的行列中。在日本驻军和自卫团的双重打击之下，至1908年，义兵运动逐渐转入低潮。1909年春，伊藤博文裹挟着韩国皇帝李坧巡视全国，完成了自己在朝鲜半岛的谢幕演出。该年6月，伊藤博文归国接替山县有朋出任枢密院议长，而他的副手曾祢荒助则正式转正，以韩国统监的身份管理朝鲜半岛。

伊藤博文任职的最后一年多时光，对宋秉畯等热衷于日韩合并的韩国人而言，可谓难熬。今天的世人很难理解宋秉畯不断往来于日、韩之间推销自己的理念，甚至不惜筹划"反伊藤运动"的热情。但事实上，通过卖国而摇身一变为世界强国公

民的痴梦并不独属于宋秉畯及其一进会的信徒，古往今来抱着如此想法的人其实为数不少。现在随着伊藤博文的去职，日韩合并道路上最大的一块绊脚石总算是搬掉了，剩下的只是等待一个合适的时机而已。但或许谁都没有想到这一天会在短短100天之后便到来。

伊藤遇刺

伊藤博文回到日本之后仅享受了不到一个月的闲暇时光，便马不停蹄地带着韩国皇太子李垠寻访日本东北各地。伊藤博文此举无非是想彰显自己的政治地位，同时给国民制造"日韩亲善"的印象。回到东京之后，他又开始筹备前往哈尔滨的满洲之旅。年近古稀的伊藤博文宛如一个旅行狂般地东奔西跑，让撰写《伊藤博文传》的日本作家久米正雄都表示很难理解。但综合当时日本的国防态势，答案却是显而易见的。

日俄战争虽然以日本的全面胜利而告

终，但日本的安全态势却并没有得到根本性的改善，反而呈现日趋恶化的态势。沙俄帝国虽然在军事上一败涂地，但依旧保有着以哈尔滨为中心的所谓北满地区，其辽阔的西伯利亚腹地及海参崴等远东滨海区也未受战火侵扰。随着深受尼古拉二世宠幸的新生代政客斯托雷平出任沙俄帝国首相，开启以镇压革命与鼓励农村经济发展并重的斯托雷平改革，沙俄帝国很快便走出了战败的阴霾，并着手重新构筑其在远东的军事体系。

其实早在日俄战争仍在进行之时，沙俄帝国便着手强化海参崴的海防系统。现在俄国在扩大要塞防御区域的同时，也急剧扩大守军规模：东西伯利亚第8步兵旅扩编为师，新组建了第10步兵师和符拉迪沃斯托克要塞步兵旅，要塞炮兵营从3个增加到12个。日俄战争中血腥的旅顺攻防战，也令沙俄工程兵汲取了大量的经验和教训。从1910年起，沙俄帝国更对海参崴要塞进行全面的现代化改造，构筑了大量能够承受420毫米重炮轰击的堡垒群，海参崴也就此形成了沙俄在远东滨海地区对海防御的新核心。

斯托雷平改革的着力点在于解放此前为宗法村社制所束缚的俄罗斯农民，而加快向西伯利亚移民则是沙俄政府能够给予农民更多土地，同时强化对远东控制的双赢之举。日俄战争前基本竣工的西伯利亚大铁路，在战争结束后继续进行着复线建设。到1914年，沙俄帝国在西伯利亚的常住人口已达962万。在有了充裕的人口以保障兵源的同时，沙俄帝国于改名为布拉戈维申斯克的黑龙江流域重镇海兰泡贮备大量武器装备，作为未来沙俄重夺东北亚陆上霸权的基础。

沙俄帝国虽然仍未正式摆出矢志复仇的架势，但日军却不得不未雨绸缪。1907年，日军全部修订兵役制度。日军将步兵服役期由三年制，改为在营二年制，剩余一年的时间可以作为休假灵活支配，但后备役时间却延长至十年，为先前的两倍。在陆军规模上，日军也在保持日俄战争时14个野战师团、2个后备师团的基础上，于1907年11月新建第17、第18师团。相应的，日军同期还新设2个骑兵旅团、2个重炮旅团、1个野战炮旅团及1个交通兵团。

如果单单是陆军展开新一轮对俄军备的话，那以日本国力仍可勉强支撑，毕竟此时日军所使用的主战兵器已基本实现国产化，并根据日俄战争中的经验进一步推陈出新。1905年日本自行生产的"三八式"步枪、"三八式"重机枪全面列装部队，日俄战争中日本向德国克努伯公司所订购的野战炮也仍有400多门的富余，足以支撑此轮扩军。但偏偏此时日本海军也提出了宏大的"海军整备计划"。

日俄战争中，日本海军虽然损失了包括战列舰"初濑"号、"八岛"号在内的19艘大小舰艇，但同时也俘获了沙俄海军总计14万吨的6艘战列舰及1艘装甲巡洋舰，战后

◎ 日俄战争后大兴土木的海参崴。

海军总吨位已达 38 万吨,跃居全球第四,仅次于英、法、德三国。加上 1903 年前为弥补日俄海军吨位差距所制定的"三三舰队"紧急追加案里向英国订购的"香取"号、"鹿岛"号,日本海军可谓兵强马壮。即便按照日俄战争前"六六舰队"的升级版"八八舰队"(日本海军保有舰龄不超过 8 年的战列舰、装甲巡洋舰各 8 艘)的标准,日本海军也仍有富余。1907 年,日本海军总计拥有战列舰 12 艘,其中舰龄未满 8 年的 9 艘分别为"敷岛"号、"朝日"号、"三笠"号、"香取"号、"鹿岛"号、"相模"号(原沙俄海军"佩列维斯特"号)、"周防"号(原沙俄海军"胜利"号)、"肥前"号(原沙俄海军"列特维赞"号)、"石见"号(原沙俄海军"鹰"号)。9 艘装甲巡洋舰中除了"浅间"号外舰龄均不满 8 年。而这些数字还未计算上日俄战争中以舰船补足费自行建造,尚未完工的战列舰"安艺"号、"萨摩"号,装甲巡洋舰"筑波"号、"鞍马"号、"生驹"号、"伊吹"号。

当然海军有海军的理由,因为日俄战争之后日美矛盾日益凸显。自击败老牌殖民帝国西班牙,夺取菲律宾群岛以来,美国便将自己视为亚太国家,高举着"门户开放"的旗号在东亚大陆四处插手。日俄战争刚刚结束,美国铁路大亨哈里曼便打起了收购南满铁路的主意,日本政府此时刚刚在东京成立了注册资金 2 亿日元的南满铁路株式会社,自然不会答应美国人来横插一脚。但哈里曼在美国也算是手眼通天的人物,岂是一句"不行"就能拒之门外的?美国总统西奥多·罗斯福随即以

◎ 以大棒政策而闻名的美国总统西奥多·罗斯福。

限制日本向加利福尼亚州移民作为报复,1907 年又借经济危机之名提高日本主要出口产品生丝的关税。

不过西奥多·罗斯福虽然强硬,但也不得不认真考虑,日本万一铤而走险,向菲律宾甚至美国西海岸发动军事袭击的可能性。此时由美国人主导的巴拿马运河工程虽已开凿,但全面竣工仍需时日。美国军方悲观地预测,日美如果正式开战,美国在亚洲的主要海军基地——菲律宾的苏比克湾,将会成为第二个旅顺。而绕过南美洲和太平洋抵达战场的美国海军主力也不会比沙俄帝国的第二太平洋舰队表现得更好。有鉴于此,美国陆军全面加快了苏比克湾的要塞化工程,甚至异想天开地在

海中浇筑了形似水泥战列舰的鼓堡炮台。美国海军更于1907年12月16日,出动由16艘战列舰、6艘驱逐舰及其他辅助船只组成的"大白舰队",从美国东海岸的诺福克海军基地出发,开始了为期14个月的环球航行。

经过实际航行,美国海军发现,其从本土抵达苏比克湾的时间为75天,远短于此前预计的120天,而所有战舰在抵达之后均可立即投入战斗。"大白舰队"的此次远征,不仅是美国国力的彰显,更是对日本最好的威慑。怀着异常复杂的心情,日本政府邀请"大白舰队"于1908年10月访问横滨港。在昔日美国海军准将马休·佩里以所谓"黑船"的蒸汽战舰逼迫日本打开国门的地方,美国人又一次用实力给了日本人一个响亮的耳光。更令日本人难以接受的是,此时美国已经明确提出由30艘战列舰所组成的"两洋海军"的设想。那也就意味着,未来即便在没有美国大西洋舰队支援的情况下,日本也将在太平洋地区面对15艘美国海军的战列舰。

更为悲剧的是,1907年12月3日英国海军的"无畏"号战列舰正式服役。作为一款跨时代的海战武器,"无畏"号战列舰最大的特点是全舰装备了统一型号的大口径主炮,极大地提高了一次火力齐射的密度和准度。当然"无畏"号的出现让全世界其他战列舰在一夜之间就过时的说法有些夸张,但"无畏"号的出现重新定义了战列舰,让拥有"无畏"级战列舰的多少成为衡量列强海军强弱的新标杆。正因如此,日本海军提出立即开工建造3艘"无畏"级战列舰、4艘装甲巡洋舰及诸多新型中小舰艇的"海军整备计划"。

海军方面"狮子大开口",陆军自然不能坐视不理。长州藩的后起之秀田中义一,此时已进入参谋本部作战课。他打着"应该确立正确的国防方针,使战略与政略相一致,兵备与经济相协调"的旗号,炮制了一个日军应该拥有25个常设师团,战时扩充至50个师团的《国防方针》。在山县有朋的力推之下,这样一个天马行空的方案竟然也得到了明治天皇的批准。看着节节攀升的军费,身为首相的西园寺公望不免头皮发麻,只能在1908年宣布内阁总辞职,将首相之位送回到了桂太郎手中。

从结果来看,田中义一所提出的扩军

◎ 苏比克湾内的美国水泥战列舰。

◎ 航行中的美国"大白舰队"。

明治老去——日俄战争后的日本国内政治生态

方案更像是长州藩把控的日本陆军对西园寺内阁的一次逼宫。身为长州藩二代掌门的桂太郎重回首相之后,日军便偃旗息鼓,不再鼓吹扩军。田中义一更提出"联俄拒美"的纵横策略,声称如果日俄能够化干戈为玉帛,那么自然也就不用急于扩建陆军,这一建议在替桂太郎首相解围之余,也算是日军中止扩军的自圆其说。

而从日本政府的层面来说,1909年"联俄拒美"方针的实施,还有美国铁路大亨哈里曼卷土重来的因素。1909年这位美国政商两界的风云人物怂恿西奥多·罗斯福的继任者——美国第27任总统威廉·霍华德·塔夫脱,联合英、法、德、俄再度向日本政府施压,继续提出南满铁路国际共营的方案。哈里曼甚至打通了主政北洋的满清重臣袁世凯的关节,向袁世凯心腹——东三省总督徐世昌提供2000万美元贷款,用于设立东三省银行之余,注资满清政府所规划的新齐铁路(新民至齐齐哈尔)。面对美国所提出的国际共营南满铁路的思路,日本自然不会答应,但化解西方多国的压力,日本首先必须获得沙俄的支持。正是在这样的情况下,德高望重,游离于朝野之间的伊藤博文动身前往哈尔滨,会晤沙俄财政总长戈果甫佐夫。

伊藤博文从日本出发之时颇为低调,身边仅带了私人秘书古谷久纲、医师小山善等寥寥数人。抵达中国东北之后也没有惊动日本关东总督府等机构,倒是中国官员迎来送往好不热闹。直到伊藤博文登上前往哈尔滨的火车,简称"满铁"的南满铁路株式会社高层才出面随行,显然是有意淡化伊藤博文的官方背景。不过沙俄方面对此次会晤却颇为高调,早在伊藤博文抵达东北的数周之前,海参崴等地报纸便已大肆讨论此次会晤的目的及各项细节。而在这座沙俄滨海城市的街头,一个孤独的朝鲜人于1909年10月20日,怀揣着一把手枪跳上了前往哈尔滨的火车。他就是伊藤博文命中注定的"终结者"——安重根。

安重根出身于一个典型的朝鲜两班贵族家庭,他读过私塾,练过弓马,但其思想却有如朝鲜王国的政局般混乱而反复。他参加过镇压东学党起义的地主团练武装,殴打过中国商人,曾为日本将沙俄势力驱逐出朝鲜半岛而欢呼,随后却又投身过抗日义兵运动。在多次与日本军警交锋中均以失败告终的情况下,被迫流亡沙俄的安重根走上了刺客之路,希望能用刺杀日本要员来彰显自己的爱国情操,唤醒自己的同胞。

哈尔滨是沙俄帝国的势力范围,伊藤博文一行的安全保卫工作自然由沙俄方面负责。10月26日,哈尔滨火车站部署了大量的沙俄军警,但由于此前日本驻哈尔滨总领事川上俊彦特别照会俄方,希望对自发前往车站欢迎伊藤的日本侨民予以方便,因此沙俄方面的警备重点放在了对中国人和西方侨民的盘查之上。装束行径均与日本人并无二致的安重根怀揣着一把勃朗宁M1900式手枪,堂而皇之地混上了月台。

9点30分,伊藤博文在月台之上依次检阅了俄方仪仗队、各国领事团、中国仪仗队和日本侨民组成的欢迎队伍之后,正准备返回车厢与沙俄财长戈果甫佐夫密会。

此时安重根突然窜出,对伊藤博文及其周遭的日本满铁陪同人员连开7枪。伊藤博文中弹三发,虽均未直接命中要害,但由于安重根所使用的子弹均为刻有十字的凹凸形弹头的达姆弹,伊藤博文被救回车厢后仅半个小时便因失血过多而死。

伊藤博文的遇刺在日后变成一出充满阴谋论的罗生门,甚至他死前弥留之际的表现也众说纷纭。日本方面说其颇为从容,在喃喃自语"被刺了啊!"之后还喝了一小杯白兰地,随后便安静地离世了。俄国方面的记述则说伊藤不停破口大骂"混蛋!",在混乱挣扎中死去。刺客安重根则在行刺之后,丢掉手枪向扑来的沙俄军警自首,其在哈尔滨周边接应的15名韩国抗日义兵随即被捕。沙俄方面如此高的行动效率,似乎说明其对安重根等人早有留意。据说伊藤博文也曾在前往哈尔滨的路上对左右说:"被人暗杀,本余望也。"仿佛也早对自己的命运有所预测。

撇去坊间流言的诸多猜测,伊藤博文在哈尔滨的遇刺对日本来说可谓"有百利

◎ 安重根刺杀伊藤博文(油画)。

◎《日韩合并条约》

而无一害"。沙俄方面护卫不周,自然要在与日本达成的瓜分中国满、蒙地区的秘密协定中给予补偿。韩国方面一进会等亲日团体很快便将安重根的行为曲解为恩将仇报,再度高唱日韩合并的高调。本没有半点关系的满清政府也不得不重新审视大量滞留于其国内的韩国义兵的去留问题。

这些影响在1910年3月26日安重根于旅顺监狱被判处绞刑处决后陆续发酵。7月4日,日、俄两国于彼得堡签署密约,在重申尊重日俄战争以来所划定的势力范围和两国在各自的势力范围内的特殊利益之外,还提出如两国特殊利益受到威胁,缔约双方将采取联合行动或提出援助,以捍卫上述利益。日本"联俄拒美"的目的基本达成。8月22日,在经过长期的舆论准备之后,韩国总理李完用与接替6月病故的曾祢荒助的第三任韩国统监寺内正毅正式签署《日韩合并条约》,以韩国皇帝李坧的名义将朝鲜半岛的统治权让予日本。

在李坧黯然退位为日本帝国"昌德宫李王"的同时,李完用、李容九、宋秉畯从日本人手中获得勋爵头衔和

数目不小的赏金，不过一进会等民间团体却被勒令解散。由于一进会的解散费用仅为15万日元，中国政论家王芸生讽刺道："一进会之会员号称百万，以此计之，每人仅得一角五分钱，而贻卖国贼之万世骂名，可谓廉价矣！"随着日韩合并的工作正式启动，韩国统监府也退出了历史舞台，代之以军人出身的寺内正毅所执掌的朝鲜总督府。伊藤博文生前力主的军民分治的殖民理念至此宣告彻底破产，而随着这位维新时代文官集团代言人的故去，日本蓬勃向上的明治时代也即将宣告终结。

浪人野望
辛亥革命与黑龙会的"满蒙独立"思想

北洋新军

日韩合并对于向来奉行社会达尔文主义的西方世界而言,不过是日本和韩国的"事实婚姻"补领了一张证书而已。在其"强权即公理,弱肉强食,优胜劣败,乃社会进化之极则"思潮的影响之下,满清国内也出现了"亡韩国者韩国也,非日本也。在公理上韩国为应亡,在天演上韩国为尤应亡"的论调。认为朝鲜两班贵族只知"卖官鬻爵,朘国剥民,古赋新诗,竞夸风雅",最终在"排外媚外,毫无成算,军事不修,外交不讲"的情况下,可谓自取灭亡。但更多的有识之士在指责日本背信弃义,践踏韩国主权之际,也陷入了对中国前景的深深忧虑之中。

发行于天津的《大公报》披露:"大隈重信有言曰:伊藤为朝鲜统监,吾当为清国统监。伊藤博文有言曰:对韩问题今已解决,此后对于清国,一宜预备军务,二宜预备财政,三宜预备外交人才,有此三者,何难执牛耳于东亚!"同时,满清海军大臣载洵也上奏惊呼:"现查日人将有大不利于我之举动,危急存亡,间不容发。我国庶政若再不加改革,亟为预备,窃恐覆辙之虞,祸在眉睫,不胜恐惧迫切之至。"

但此时的满清政府正处于上下离心的极度混沌之中,仿佛一个瘫痪的巨人,虽然感受到了威胁的日益逼近,但身体机能却全然不听使唤。

之所以出现这样的局面,不得不从1908年11月15日慈禧太后的病逝说起。作为执掌中国长达48年的政治强人,慈禧太后的执政基础并非是老公——清文宗奕詝(咸丰帝)的恩宠,或儿子清穆宗载淳(同治帝)的孝顺,而是太平天国运动以来满清政府内部满蒙贵族势力与汉族士大夫精英的相互制衡。两次鸦片战争和清帝国内部的动荡,虽然证明了满蒙贵族所代表的八旗组织早已落后于时代,形同僵尸,但自满清入关以来长期的思想禁锢还是令其保着封建正统的地位。尽管汉族士大夫精英在镇压太平天国及洋务运动中积累了大量的军事、经济和工业资本,但仍无法在封建帝国的框架中与满蒙贵族抗衡。这也就是为什么曾国藩、李鸿章之流虽有"再造玄黄"之功,但最终仍只能"出将入相",为爱新觉罗家族所驱策。

1901年11月7日,李鸿章病逝于北京。昔日的淮、湘两军系统也完成了向北洋、南洋新军的转化。北洋新军发轫于1895年袁世凯经李鸿章举荐于天津、塘沽之间的小站编练定武军。由于八国联军侵华战争中，满清政府北方各军均遭遇重创，唯独袁世凯所部参加"东南互保"，保存了实力。因此在满清皇室由西安回銮北京之后，袁世凯非但没有受到责难，反而接替李鸿章成为直隶总督兼北洋通商大臣，获准将定武军扩编为下辖三镇（清末兵制，一镇相当于一师）的京旗常备军。

但以慈禧的老辣自然不会允许有太阿倒持的现象出现。定武军时代袁世凯所部的主要兵员仍来自鲁、苏、皖、豫的淮军势力范围，而改组为京旗常备军之后则吸收了大量的八旗子弟。袁世凯也深知慈禧太后对自己的不信任，特意奏请添派内阁学士铁良为京旗练兵翼长。铁良是慈禧爱将荣禄的幕僚出身，自然深得慈禧信赖。有了这样一位旗人亲贵护航，袁世凯的北洋新军迅速发展壮大，至1905年北洋新军已编组为"京旗"、"北洋"两个常备军，下辖六镇，总计7万人马。袁世凯趁势奏请统一全国新军番号，名义上是"以陆军编号通国一贯，脉络相连"，但实质上是希望通过此举将自己的影响力推广到满清全国的陆军之中。为了印证自己的建军思路，袁世凯还于1905年10月末在河北沧州地区举行了满清首次大规模野战演习，史称"河间秋操"。

河间秋操主要在袁世凯的北洋新军中举行，由第二镇统制王英楷率领"南路军"由山东北上进攻，第三镇统制段祺瑞指挥"北路军"由保定南下防御。同属北洋六镇的南北两路人马配合默契，攻守战法演

◎ 河间秋操中的北洋新军。

绎得畅快淋漓。应邀观操的各国驻华武官、中外记者、各省代表无不交口称赞。在各方的吹捧之下，袁世凯不免有些得意忘形，因此于1906年10月在自己的老家河南举行了规模更为空前的彰德会操。

彰德会操与河间秋操，最大的不同之处在于此次扮演"南军"的不再是北洋六镇的部队，而是湖广总督张之洞麾下的湖北新军第八镇及河南新组建的第二十九混成协（清末兵制，一协相当于一旅）。由于参演部队来自不同的系统，演习中状况不断。先是首日北洋军骑兵改变演习计划在战场上强行逼退"南军"马队，第二天又出现两军各自强化一翼的兵力，导致"南军"右翼虽然失利，但左翼明显占据优势，将"北军"部队团团围困的局面。在最后的攻防演练之中，南北两军更是全体出动，一度出现"鏖斗愈酣，势将不可分解"的打红眼了的局面。最终身处阅兵处的袁世凯只能发令停战。

单纯从演习的组织和实战对抗的激烈程度来看，彰德会操显然要比河间秋操更为成功。袁世凯事后所说"仿列邦之成规，创中国所未有"并非全然自我标榜。但彰

军部当国：近代日本军国主义冒险史（从明治到大正）

◎ 河间秋操中的北洋新军。

德会操的成功也极大地刺激了满蒙贵族势力，虽然会操的初衷是"举数省已编之军队，萃集一处而运用之，使皆服从于中央一号令之下系"，但一旦军权旁落，那么发号施令之人便可能仿照彰德会操的模式，通过现代化的铁路运输，将数省的精干新军投送到北京周边。虽然演习之中南方各省新军无论是军容之整肃，还是将校之指挥，与北洋军比有明显差距。但北洋六镇长期为袁世凯马首是瞻，一旦祸起萧墙，紫禁城内的爱新觉罗家族唯有坐以待毙。

因此彰德会操刚刚结束，清廷便公布了酝酿已久的官制改革方案，否定了袁世凯此前提出的废除军机处、改组责任内阁、设立总理大臣的方案。改革规定军机处、内阁依旧，中央行政各部为外务部、吏部、民政部、度支部、礼部、学部、陆军部、邮传部、理藩部、法部、农工商部等11个部。其中原先分管常规军事事务的兵部、负责编练新军的练兵处合并为陆军部，由铁良出任陆军部尚书。眼见满蒙贵族对自己的猜忌日深，袁世凯只能第一时间交出北洋新军中第一、第三、第五、第六的四镇指挥权，仅以尚须训练为理由，留下第二镇

和第四镇由身为直隶总督的自己统辖。

1907年袁世凯与张之洞双双补缺进入军机处。身为中枢重臣的袁世凯虽然依旧掌握着大量的军、政资源，但其政治行情却日益走低。因为此时风烛残年的慈禧太后已经认识到了满蒙贵族与汉族士大夫精英之间的力量失衡，不得不摈弃清圣祖玄烨（康熙帝）以来满清政府所标榜的满汉平等，在帝国中枢大量安插满蒙亲贵。1908年11月清德宗载湉（光绪帝）和慈禧太后的相继去世，更令本就惴惴不安的满蒙贵族们倒行逆施。新皇帝溥仪生父——摄政王载沣很快便在朝中掀起了一股"倒袁"的风潮。

这股风潮的前锋是满清政府传统的清流御史，祭出的无非是"结党营私、贪赃枉法"的传统法宝。但这些指控或明或暗地都牵扯到满清贵族——庆亲王奕劻，反而令幕后部署"倒袁"的摄政王载沣难以

◎ 庆亲王奕劻。

下手。满蒙贵族中少壮派代表良弼可谓是"倒袁"的核心力量。良弼早年留学日本，属于满蒙贵族中少数接受过系统军事教育的知兵之人。良弼在日本学成归国之后，便加入袁世凯所领导的练兵处，对北洋新军内部颇为了解。在他看来，袁世凯在北洋新军中的势力盘根错节，如不痛下杀手，袁氏必将成为曹操、刘裕般的窃国奸雄。

但事实证明良弼的设想还是太过天真。摄政王载沣仍在举棋不定之时，驻守保定的北洋第三镇便爆发所谓"兵变"。虽然事后证明不过是几个士兵酒后斗殴，却也不得不令满清贵族在"倒袁"问题上投鼠忌器。与袁世凯同属汉族官员集团的张之洞此时也以"主少国疑，不可轻于诛戮大臣"明确表示反倒。在多方角力之下，载沣最终以"不意袁世凯现患足疾，步履维艰，难胜职任，着即开缺回籍养疴，以示体恤之至意"为名将袁氏赶出了朝堂。然而袁世凯在北洋军队乃至满清政府的政治影响力不仅依旧存在，且随着满清政府在1910年前后各类危机的层叠爆发而日益加大。

危机叠发

自八国联军侵华战争结束以来，满清政府虽风雨飘摇，但在承认西方列强在华势力范围的前提下，终究暂时免于被瓜分。而一系列所谓的"庚子新政"、"立宪改革"虽最终被证明不过是新瓶旧酒的"遮羞变法"，但在刺激民族资本的发展和缓解国内舆论压力方面仍有着一定的功效。但是伴随着基础教育的普及和各地自治机构的设立，中国民众对满清政府政治体制上的落后日益失落。特别是满清政府于1908年颁布《钦定宪法大纲》之后，迟迟没有正式立宪的具体动作更招致在野人士的非议不断。1909年袁世凯被迫回家养病之后，军机处大臣中仅余张之洞一名汉臣，更被指清廷的立宪已告变质，只是借以集权与排汉。而这一系列的不满情绪伴随着1910年前后满清政府外交、经济、军事危机的爆发，最终掀起了一场翻天覆地的剧变。

自《辛丑条约》缔结以来，满清政府的外交便始终以减少战争赔款，收回沙俄所侵占的东北主权为重点。这两个方面始终给予满清政府最大配合的自然非美国莫属。1907年在满清驻美公使梁诚的不懈努力之下，美国政府退回超收的庚子赔款达2200万美元，同时一度在日俄战争后向试图独霸辽东半岛的日本施压。但满清政府一味仰赖美国的外交倾斜，最终被证明不过是与虎谋皮。1908年，日美签署《路特—高平协定》，以日本承认美国在夏威夷和菲律宾的势力换取美国对中国东北地区日俄分据现状的默认。美国铁路大亨哈里曼一度试图煽动美、英、法、德、俄五国向日本政府施压，提出南满铁路国际共营方案，也在日俄秘密结盟和英、法对东北问题缺乏兴趣的情况下归于流产。

事情发展到这一阶段，应该说满清政府理应意识到远在大西洋彼岸的美国冰山难靠，需在外交举措上改弦易辙。但偏偏此时的满清政府中枢正深陷满汉党争的纷扰之中，对美国新任总统塔夫脱的"金元外交"政策深信不疑，认为可以依赖美国的资本摆脱列强对中国经济的控制。1909

◎ 美国铁路大亨哈里曼。

年湖广铁路借款案正是这一天真想法的最好体现。

湖广铁路本是张之洞于 1896 年提议修建的满清粤汉国营铁路,但由于甲午战争后满清国力虚弱,最终不得不在两年后,因"招募商股,屡次不敷"而将这条铁路的修筑权转卖给美国美华合兴公司。此时美国本土的金融资本方兴未艾,美华合兴公司自然视这条铁路为华尔街的金融炒作项目。因此其在获得路权后的 7 年时间里将工程一拖再拖,倒是吸收了不少华商资本。无奈之下,张之洞只能于 1905 年又花了 670 万美元将粤汉铁路从美国人手中赎回,准备借用湖北、湖南、广东三省绅民的财力,自修该路。

从当时中国民族资本的力量和民众的热情来看,湖广铁路如果采取官督民办的模式修建,虽然有一定的难度,但未必不能成功。但西方列强自然不愿乐见其成事,坐镇北京的满蒙贵族更认为不搞点花样是坐失大利。于是在清政府于 1907 年将张之洞上调军机处的同时,筹备向西方列强借款筑路的工作也悄然启动。最先找到张之

洞的是英国驻汉口总领事法磊斯,但鉴于英国人"于开议后要挟多端",张之洞决议引入足与英抗的德国资本,英国人随即吸收法国东方汇理银行加入。但英、德、法三国名义上是竞争关系,实则沆瀣一气。经过数月的磋商,最终无非是将借款范围扩大,把两湖境内的粤汉铁路和湖北境内的川汉铁路都包括进来,于 1909 年 5 月形成了总额为 550 万英镑的《湖广铁路借款合同》而已。

《湖广铁路借款合同》如能顺利签署,满清政府虽然不免丧失主权,但至少能够顺利开工修路,英、法、德三国各取所需倒也其乐融融。但偏偏此时美国政府从中作梗,认为此举破坏门户开放、机会均等政策的实际运用。一时间美、英、德、法四国从政府首脑到银行财团争议不休,满清朝野更是不堪其扰,湖广铁路的开工更是遥遥无期。直到一年之后,在满清政府批准湖北成立商办铁路公司,筹款招股的情况下,四国集团才停止了争吵。英、法、德三国财团正式接纳美国银行团参加湖广铁路借款,权利平等,同时所涉及项目也并不限于湖广铁路,湖北延伸到四川成都的川汉铁路也全数纳入了借款的范畴。

《湖广铁路借款合同》所引发的纠纷,本是满清政府的外交事务。但由于争议旷日持久,且牵扯湖北、湖南、广东、四川四省诸多民间资本的利益,因此在中国民间也引发了广泛的关注。满蒙权贵最终以牺牲本国民族资本利益以迎合西方列强欢心的行为,引发了铁路沿线各省的强烈反弹。1910 年春季爆发于湖南省会长沙的抢米风

潮，正是当地民众与西方资本的正面冲突。

湖南向有"天下粮仓"的美誉，但1910年前后却因连年天灾而出现粮食短缺，供应不足的局面。长沙当地的外国客商却仍在巡抚岑春蓂的默许之下，竞相携带巨金抢购湘米，导致湖南当地的米价日益攀升。在巨大的生存压力之下，诸多饥民揭竿而起，在冲击巡抚衙门遭到弹压后，饥民将长沙城内800余家米行抢了个干净，随后又火烧日本领事署等涉外机构，引发中外瞩目。长沙抢米风潮虽然遭到了强力镇压，起事饥民被杀，数百人被捕，但也最终倒逼满清政府出资平抑物价。消息传到湖南一处名为韶山的村落，一位名为毛泽东的少年深受鼓舞，并因此而影响了其将来的人生轨迹。

长沙抢米风潮在1910年的中华大地并非个案。根据不完全统计当年各地爆发的民变多达百起。西方列强在不断调集在华炮舰协助满清政府镇压民众的同时，也开始重新审视八国联军侵华战争以来的对华政策。西方列强之所以在攻占北京，威逼山西，鲸吞东北的有利态势下放弃对中国的瓜分，无非是考虑到满清政府仍有能力维持中华大地的社会秩序，有利于其榨取更多的经济利益。而随着各种群体性事件的频发，西方列强开始意识到满清政府已日益失去利用价值，有必要寻找更为合适的代理人。

西方列强的不信任态度，满清政府高层并非全无意识。1909年秋，张之洞在弥留之际，对前来看望的摄政王载沣提出要善抚民众，但后者却扬扬得意道："不怕，有兵在。"身为四朝老臣的张之洞也只能在"国运尽矣"的感叹声中黯然去世。张之洞一生并无领军，但其深知"皇帝难差饿兵"的道理，满清政府在外交领域连遭挫败的同时，自身经济运转如同步失灵，那么再强大的武装力量，最终枪口对准的也将是自身。1910年的满清政府恰恰就处在经济全面崩溃的边缘。春季湖南等地的饥荒尚未终结，当年7月，上海股市又因伦敦橡胶股票狂泻而濒临毁灭，酿成中国近代著名的"橡胶股金融危机"。

19世纪末，20世纪初，随着汽车业的大发展，橡胶的需求量急剧增加。受到生长周期、气候、土壤等因素的制约，橡胶的生产规模在短期内无法扩大，注定了在一定时期内橡胶价格将持续走高。伦敦

◎ 晚年的张之洞。

市场上的橡胶价格，1908年每磅2先令，1909年底猛涨到每磅10先令，1910年4月达到最高峰，每磅12先令5便士。国际金融资本纷纷在适合橡胶生长的南洋地区设立橡胶公司，而总部则设在上海，便于从这个远东最大的金融中心融资。上海富有的华人和外国人，唯恐失去大好的发财机会，纷纷抢购橡胶股票。一时出现"有钱人竞相购买，一些公馆太太小姐换首饰，卖钻戒，转买股票，如痴如狂。有了钱，还要四面八方托人，始能买到股票"的景象。

据上海商务总会估计，在橡胶股灾爆发之前，华人大约买了80%，在上海的外国人抢购了20%。很多华人不满足于在上海抢购，还调集资金到伦敦抢购。华商在上海投入的资金约2600万至3000万两，在伦敦投入的资金约1400万两。结果上海这个远东最大的金融中心已经无资可融，市面上的流动资金，尤其是钱庄的流动资金，都被橡胶股票吸纳殆尽。

面对着全球的橡胶泡沫，作为当时最大橡胶消费国的美国，突然宣布了紧缩政策，从而导致国际橡胶价格大跳水。上海股票市场自然是随着伦敦橡胶概念的大暴跌，而全面崩溃。"橡胶股金融危机"导致无数富豪倾家荡产也就罢了，各类钱庄的纷纷倒闭则令风潮迅速波及富庶的江浙地区以及长江流域、东南沿海的大城市，满清政府的经济引擎随即遭受重创。

上海"橡胶股金融危机"爆发不仅令年财政收入不过一亿两白银的满清政府瞬间蒸发了4500万两的民间资本，更令满清政府一度信心满满的"改银用元"的币制

◎ 湖广铁路债券。

改革无以为继。清政府只能向美国寻求贷款支持，美国政府虽然爽快地开出了5000万美元的空头支票，但随即将借款事宜转包给了此前争夺湖广铁路借款的四国银行财团。不甘人后的日、俄此时也按捺不住而加入，他们的理由是此时的中国东北正在爆发大规模鼠疫，日、俄两国有必要给予满清政府财政上的"支持"。满清政府随即婉拒了自身财政状况也不理想的沙俄，但却不得不以京汉铁路收入为担保向日本横滨正金银行借款一千万日元，作为日本不能参加币制实业借款的补偿。

《湖广铁路借款合同》及《币制实业借款合同》的相继签订，表面上看极大地缓解了满清政府的财政压力，但这些"恶债"是在出卖了大量民族主权的基础之上获得的，因此急剧地激化了满蒙贵族与国内民

众的矛盾。其具体的到账时间又是遥遥无期，因此在湖广铁路沿线士绅、民众拒绝退出民办铁路股份，掀起保路运动之后，四国银行团既不愿按《币制实业借款合同》继续提供垫款，也不肯将已经发行的湖广铁路债款即行交付。结果，满清政府除了四十万镑垫款之外什么也没有得到。在经济手段无法平复民众利益诉求的情况下，满清政府唯有述诸武力，但这种没有任何安抚措施的纯暴力，不仅无法压制群起的民众，更令本就对自己祖国的落后心怀不满的各地新军产生了厌恶情绪。

正是在湖南、四川各地的保路运动逐渐演化为武装冲突，满清政府任命曾在长沙抢米风潮中镇抚无方的守旧官吏岑春煊为四川总督，调集湖南、广东、陕西、甘肃、贵州、云南等省新军入川镇压之际，武昌城外三声枪响，正式敲响了满清政府的丧钟。

新军之变

1911年10月10日晚，驻守武昌的满清新军第八镇工程兵第八营正目（清末军制，相当于班长）——革命党人熊秉坤，串联新军的志同道合者，在击毙营中反动军官之后，以对空连开3枪为号，正式掀开了武昌起义的序幕。客观地说熊秉坤此举并无周密计划，完全是出于自保的无奈之举。因为就在一天之前，他所加入的革命组织——共进会在汉口俄租界宝善里14号的秘密据点，因为制造炸弹时发生事故，而遭到俄国巡捕的搜查。虽然共进会主要领导人悉数逃脱，但组织起义的相关文件却落在了湖广总督瑞澂的手中，一时间武汉三镇全面戒严，形势岌岌可危。身为共进会成员的熊秉坤在这样的情况下，只能率先发难，按照此前共进会内部会议中所拟定的计划，率领40多名部下冲向了楚望台军械库。

楚望台处于武昌城外的梅婷山上，据说为朱元璋第六子——楚王朱桢所建，因其常在此地遥望南京，故名"楚望台"。张之洞主政湖北期间，将军械库由武昌城内的三佛阁搬迁至此，并不断扩建。至起义爆发当天，楚望台军械库中存有5.9万只国产仿毛瑟1898式步枪（即大名鼎鼎的"汉

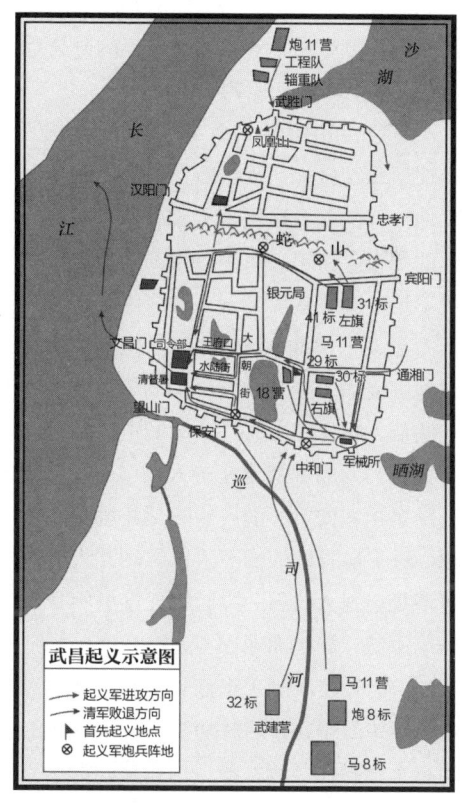

◎ *武昌起义示意图。*

阳造"），124门各型火炮，不仅在国内首屈一指，在整个远东地区也可谓不小。熊秉坤所部人数虽少，但攻占了这座军械库后不断汇聚各方志士。到晚上10点左右，加入起义行列的新军士兵、革命青年已达三千之众，熊秉坤随即推举工程营左队队官吴兆麟为湖北革命军临时总指挥。

吴兆麟接受过湖北参谋学堂的系统军事教育，又参与过1906年的彰德会操，在战术方面可谓颇有心得。在他的指挥之下，起义军兵分三路开始进攻湖广总督署衙门和陆军第八镇司令部。由于起义军有楚望台军械库所缴获的火炮助阵，进攻颇为顺利。至天亮前，湖广总督瑞澂及满清陆军第八镇统制张彪，双双逃出自己的办公地点。武昌全城为革命军所接管。

10月11日中午，革命军召开联席会议，商议组织军政府。紧接着上演的便是国人耳熟能详的黎元洪被逼为都督的戏码。大体的结果是：起义军中诸将都认为自身声望不足，欲推举第二十一混成协协统黎元洪为起义军领袖，黎元洪再三推辞，最终才勉强受命。翻开黎元洪的简历，世人不难发现，此公在当时的武昌城中的确是唯一有能力问鼎都督宝座的人物。一方面黎元洪虽祖籍安徽，但自幼随父迁居湖北黄州，对于当时排外情节浓郁的湖北人而言可谓是自己人；另一方面黎元洪虽然身为陆军协统，却是海军出身，曾在广东水师"广甲"号巡洋舰上担任轮机长，参加过中日甲午战争，日后成功策反赶来镇压的满清水师各艘战舰，多少也有黎元洪本人的人脉因素；当然最关键的是，当时武昌城内最大成建制的新军部队是其所部的第二十一混成协，即便按照"股权关系"，黎元洪这个军政府"董事长"也是实至名归。

黎元洪随后的一些表现更证明此人对新军革命的很多问题早有腹案。在13日晚，其任职后的首次演说中，黎元洪便明确指出："我鄂军出差驻防各部队，闻义帜飘扬江汉，必立时响应，前来归附……长江下游及云贵等省军队中之军官，多为鄂军出身，北洋军中，由吴禄贞统领带去的军官不在少数。东三省的上中级军官由湖北军界调升去的亦有五十余人，下级军官自不待言。这些人平素即有革命志向，也一定能响应革命。因此，革命事业成功，绝无疑问。"

黎元洪的话固然有鼓舞士气的臆想成分，但同时也说明黎元洪对张之洞主政湖北以来，南洋系军官团的力量早有估算。后续的事态也的确如他所预料的那般发展：10月18日，驻守宜昌的湖北新军起义，随即进逼荆州；10月22日，湖南新军及会党武装于长沙起义；10月24日，陕西新军攻占首府西安；10月29日，山西新军标统阎锡山于太原起义；10月30日，云南新军蔡锷、唐继尧等人进军昆明，一天之内便将云贵总督李经羲礼送出境；10月31日，李烈钧为都督的江西军政府于南昌成立。在不到一个月的时间里，起义的满清新军各部队已经控制了六省省会，可谓声势浩大，势如破竹。

留学日本多年的黎元洪更有着自己成型的外交理念。他与美国驻汉口领事会谈之时大谈民主，称："革命就是要推翻帝制，

浪人野望——辛亥革命与黑龙会的"满蒙独立"思想

建立共和民国。"他会见英国驻汉口领事福特及《大陆报》记者埃温德·丹格尔时则大谈:"满族统治者从未公正地对待过汉人,只有镇压屠杀,因而激发了革命。"并承诺共和后中国将更大地对外开放,使外国资本能自由地与中国资本、劳动力结合,以开放中国的资源。黎元洪的承诺,西方列强自然未必全信,但其投其所好的言论,至少也令西方列强对其所领导的湖北军政府并无太大的恶感。

客观地说,满清政府高层早在武昌起义之前,便对各镇新军中的躁动有所警觉。1911年9月,在满清政府启动的最后一次大规模野战演习——永平秋操之中,便以汉族新军为"东军",以良弼所组建的满族禁卫军为"西军"。并拟定了一个"西军"先败后胜的剧本,显然已有意以现代化武器装备武装八旗子弟压制各镇新军。但满蒙贵族显然没有想到这样的演习安排早已挫伤了汉族新军的自尊心。秋操尚未开始,留学日本的湖北籍军官,也就是黎元洪特意提到的北洋军中鄂军名将吴禄贞便与同僚秘议以实弹攻击"西军",扫清禁卫军后整军入京,直取首都。但秋操尚未正式举行便传来了武昌起义的消息,参演各部队只能草草收兵,吴禄贞又鼓动屯兵滦州的第二十镇统制张绍增,发动兵谏。要求清廷"废除内阁,速开国会"。

张绍增发动滦州兵谏之时,正值北洋六镇主力悉数南下镇压武昌起义。如果张绍增能更为坚决地举兵入京,那一举荡平满清禁卫军,控制首都并非难事。但张绍增本身隶属北洋系统,与吴禄贞虽为留日同学,但政治见解未必一致。在得到清廷重新起用袁世凯,并接受其全部兵谏要求后便停军不发了。随后更在袁世凯的利诱之下,放弃军权跑到天津"养病"去了。随后袁世凯暗杀吴禄贞,弹压第二十镇中的异己分子,滦州兵谏归于失败。

武昌起义对于长期雌伏故乡的袁世凯而言,无疑是一次东山再起的良机。10月14日,摄政王载沣便在中外一致认为"非袁不能收拾局面"的呼声中,任命袁世凯为湖广总督,由其代替陆军大臣廕昌指挥北洋军对武昌的围攻。但袁世凯深知北洋虽强,不足以制全国,即便是自己替清廷压制了此轮革命浪潮,最终等待自己的也不过是鸟尽弓藏。因此他一方面挟寇自重,不断从满清政府要官,直至出任内阁总理

◎ 武昌起义时的黎元洪。

War Story·127

大臣，全权在握；另一方面却不断向起义军示好，释放和平空气。毕竟各省起义军之中，虽有会党成员和革命党人参与，但主力仍是北洋、南洋各镇新军，只要价码合适，大家还是可以坐下来一谈的。但令袁世凯没有想到的是，他的竞争者正乘坐着邮轮从美国经欧洲兼程归国，他就是有名无实的同盟会主席——孙文。

早在1906年12月，同盟会便与哥老会联手于江西发动萍浏醴起义。这次起义虽然声势浩大，但起义军多为穷苦百姓，单靠从地方团防局夺来的两三千支枪，自然无法与数万满清正规军交战。起义失败之后，日本政府更迫于压力，将孙文礼送出境。不过黑龙会仍继续对转移至越南的同盟会予以财力和武器上的支持，使得同盟会得以在1907年至1908年间在广东、广西及云南中越边境地区发动五次武装起义。由于同盟会力量偏弱，且组织不够严密，这些起义最终均以失败而告终。屡遭重创的孙文只能避居美国芝加哥，以图东山再起，而新兴革命组织如共进会、光复会则如雨后春笋般出现。

但孙文的淡出并不代表同盟会的衰弱，事实上在黄兴、宋教仁等人的努力之下，1911年的同盟会的影响力仍处于历史的一个高点。1911年4月27日的黄花岗起义，虽然规模上无法与武昌起义相提并论。

但却在彰显同盟会存在的同时，打响了黄兴的招牌。因此就在北洋六镇步步进逼，黎元洪等南洋系将军首鼠两端的情况下，黄兴从上海到达汉口，出任湖北革命军战时司令，与北洋军激战于汉阳前线。与此同时，黄兴请孙文"即刻束装回国"的电报，令正困顿于芝加哥的孙文再度看到了希望。

在孙文拍摄于归国邮轮之上的照片中，我们能看到诸多其"日本友人"的身影：如孙文的多年故交——宫崎滔天，以及长期担任孙文秘书的黑龙会成员——池亨吉。但必须指出的是，宫崎滔天等人此时对中国革命的态度与日本政府甚至玄洋社、黑龙会等诸多右翼团体并不相同。总体来说，当时正值第二次西园寺内阁执政时期的日本政府对中国革命并不支持。

桂太郎内阁第二次执政期间，日本正值日俄战争旧债未偿，无畏舰军备又兴的尴尬之中。1909年英国开工建造装备343毫米主炮的"猎户座"级战列舰和"狮"级战列巡洋舰，宣告了超无畏舰时代的来临。日本海军随即跟进，在向英国订购1艘"金刚"级战列巡洋舰之余，计划在国内仿造3艘同级战列巡洋舰，并开工建造5艘超无畏级战列舰。在为进行日俄战争而发行的外债本息已经超

◎ 摄政王载沣。

◎ 英国"猎户座"级战列舰主炮。

◎ 日本社会主义先驱幸德秋水。

过年度预算2倍，达10亿日元的情况下，海军方面这种"你有我有全都有"的扩军计划，令代表陆军利益的首相桂太郎无法忍受，但萨长同盟的执政基础却令其不能与山本权兵卫等海军萨摩藩大佬正面冲突。于是，桂太郎只能于1911年8月利用日本国内闹得沸沸扬扬的大逆事件宣布总辞职，将球踢回到西园寺公望的脚下。

所谓"大逆事件"指的是1910年5月，日本长野县明科锯木厂的一名工人携带炸弹到厂被查出，桂太郎内阁随即对全国社会主义者进行大肆逮捕，并封闭了所有的工会，禁止出版一切进步书刊，随即诬陷日本社会主义先驱幸德秋水等24人图谋暗杀明治天皇，将其悉数判处死刑。纵观整个事件，幸德秋水等人暗杀天皇的指控，固然属于莫须有，但其长期指责日本天皇是"经济掠夺的首领、政治罪恶的根本、思想迷信的源泉"在日本却早已属于大逆不道。因此此次事件除了西方民主人士为其奔走呼号之外，日本国内大多数民众却没有触动。将诸多大逆之人处决之后，明治天皇还特意拿出内帑金150万日元，扶贫济困。因此一时间日本国内无不感激皇恩浩荡，认为幸德秋水等一干乱臣贼子死有余辜。桂太郎在此时一再以"请罪"之名要求辞职，不仅替天皇背了处死异己的黑锅，更避免日本陆、海两军争夺军费的正面冲突，可谓一箭双雕。

因此当武昌起义的消息传到日本国内之时，正值西园寺公望二度上台组阁初期。面对手中千头万绪的国内事务及日俄战争所遗留下来的巨额财政赤字，西园寺内阁对于中国革命的态度显得格外暧昧。虽然他第一时间批准了满清政府提出的军火应急采购合同，但此举更多的是源于其能为日本政府创收2732640日元，更有助于消化在西园寺公望看来严重过剩的库存军械，因此并不代表日本政府对满清的支持。另一方面，仅在半个月之后，日军军务局长田中义一便通过常年在武昌"打工"的湖广武昌陆军学校日本籍教官寺西秀武向湖北革命军秘密提供军火。

10月24日，西园寺内阁就中国革命形势召开专门会议。最终形成的决议是在"经常保持对该国（中国）之优势地位"的同时"延长满洲租借地之租借期限，解决有关铁路各项问题，更进而确立帝国对该地区之地位，借以达到满洲问题之根本解决"。西园寺公望虽然唱了几句诸如"苟有机可乘则应采取决断之手段"的高调，但基本态度还是在严守中立的同时，趁势巩固日本在中国东北的势力范围。

正所谓"树欲静而风不止"，西园寺公望本人虽然不愿过多介入中国革命，但遍布日本政府和海、陆军的萨长同盟却不愿错失良机。就在西园寺内阁相关会议结束的4天之后，日本驻华公使伊集院彦吉突然提交了一份由其本人起草的对华政策纲领。作为萨摩藩武士的后裔，伊集院彦吉虽然身为外交官，但纸上谈兵的手段比起军部参谋来也不遑多让。在他看来，"盘踞武昌的革命军的军政基础已稍见牢固，为时已非过早。而且广东总督于何时宣告独立亦未可知"，这样一来，则"恰好利用此种形势，至少在华中和华南建立两个独立国家，而华北则应由现朝廷继续统治之"。萨摩藩主导的日本海军也积极配合伊集院彦吉的主张，打着保护日本在华经济利益的旗号，第一时间向长江流域增派战舰，组织海军陆战队驻防各地租界。

萨摩藩控制下的日本海军悄然打破政府所谓的"中立"，在中国腹地大展拳脚，自然令长州藩的陆军技痒难耐。身为朝鲜总督的寺内正毅随即通过满铁方面支持中国革命党人在东北发动起义。

就在新调来的东三省总督赵尔巽所举行的奉天国民保安会召开当天，东北各界革命党人鼓噪而起，局面一度失去控制。值此关键时刻，已经升任为奉天巡防军统领的张作霖行动起来，以武力震慑全场。

张作霖所部虽非北洋新军，但自日俄战争以来连年于东北各地剿平匪患，可谓百战之余。此次东北革命党中的军事领袖蓝天蔚与发动滦州兵谏的吴禄贞、张绍曾并称留学日本士官学校的"三杰"。可他手握驻守奉天城外北大营的新军第二混成协，竟也不敢当面与张作霖冲突。随着张作霖麾下以"快马长刀"著称的巡防军全面接管奉天城内防务，蓝天蔚慌忙逃往日本控制之下的大连，自任关外临时大都督，试图在日本的支持之下夺取东三省，但最终仍以失败而告终。蓝天蔚及其支持者如蒋百里、商震等未来的民国将领不得不由海路退往烟台。

蓝天蔚所主导的东北革命最终以失败而告终，固然有其个人性格上的缺陷和东北革命党人错误预估形势的成分。但更为重要的是此时日本在中国问题上的蠢蠢欲动，已经引起了西方列强的警觉。英、美等国虽也认识到满清政府大势已去，但并不希望富庶的长江流域沦为北洋、南洋军事集团拉锯的战场。因此英国驻华公使朱尔典就在革命军与清政府之间奔走调停，促使双方尽快实现停战。在西方列强在中国革命问题上

◎ 辛亥革命时的张作霖。

严守中立，力促南北和谈的同时，自然也不忘警告雄心勃勃的日本。在这样的情况下，虽然长州藩不惜请出山县有朋于1912年1月14日写下《建议乘中国骚乱出兵满洲》的雄文，最终也不过是被西园寺内阁束之高阁。

与西园寺内阁的保守和暧昧相比，日本在野右翼势力虽然早已渗透入同盟会之中，但在头山满和内田良平眼中，此时的孙文既无军队又无财源，人望甚至不如满清官吏岑春煊和维新派领袖康有为，只是迫于岑春煊不愿与日本合作，康有为远在欧洲，且反对南北分裂，才不得不将孙文推上中华民国临时大总统的宝座。但日本右翼的力量毕竟不能解决孙文所面临的资金和军备上的短缺。随着1912年2月12日，袁世凯接受南方革命党的议和条件，逼迫清帝溥仪退位，中国2000多年的封建帝制就此终结，波澜壮阔的辛亥革命至此也告一段落。

王旗变幻
大正政变幕后的日本朝野角力

满蒙"独立"

就在末代皇帝溥仪以"人心所向，天命可知"宣布退位的第二天，当选不过三个月的中华民国临时大总统孙文也宣布辞职。当时身在南京的日本右翼大佬头山满、内田良平对此颇为不满，随即败兴而去。究其原因，无非是源于袁世凯相较孙文更为强势，在其执掌之下的中华民国，再无日本浪人置喙的余地。孙文当年流亡日本时所许诺的"中国革命后在长城以南建国，满蒙让给日本，作为日本援助中国革命的报酬"云云，更沦为口头支票。

但客观来看，孙文所谓"割让满蒙给日本"的说法，从一开始便是他惯常的"善意谎言"（李燮和等同盟会元老曾批评孙文喜欢"诈术待人"）。不过在长城以南

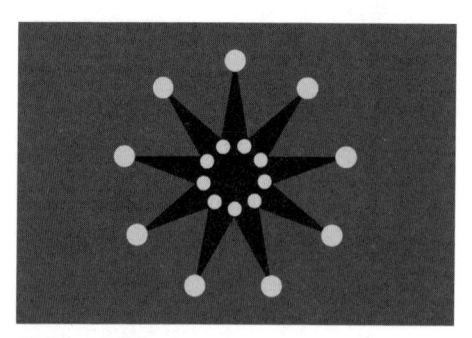

◎ 铁血十八星旗。

恢复汉族对政治的主导权，确实曾是革命的初级目标和最低要求。

武昌起义之中新军打出代表关内十八省的铁血十八星旗，更是对这一理念的最好诠释。不过随着革命形势的发展，革命党人很快便对这一狭隘的民族主义思想进行了自我修正。1912年元旦成立的中华民国临时政府，便以象征"汉、满、蒙、回、藏诸地为一国"及"五族共和"的五色旗为国旗，以期最大限度地团结昔日满清政府治下的各主要民族。

从长远来看，即便孙文没有辞去中华民国临时大总统之位，其当政之后也很难推出向日本割让满蒙的具体举措。毕竟中华民国是一个民主政体，即便贵为总统，也无权视国土为私产随意赠送。同盟会章程中更明确写有："敢有为石敬瑭、吴三桂之所为者，天下共击之！"的字样，作为一名务实、理性的政治家，孙文决计不会冒天下之大不韪。退一万步讲，当真出现满蒙贵族割据关外的局面，中华民国或许会借日本之力予以压制，但真的予以割让却并不现实，毕竟长城内外长期融为一体，只要时机成熟，中华民国依旧会予以收复。比如早在辛亥革命未起之时，同盟会中便

已有人悄然将"十八星"改为"十九星",将新疆纳入中华故土便是最好的证明。

不过割让满蒙的承诺虽一时无法在中华民国临时政府身上兑现,但日本右翼势力仍不甘错失辛亥革命以来中国大陆骚动不安的良机。他们认为,既然无法再煽动大汉族主义抛弃满蒙,那就不妨从失去全国统治权的满蒙贵族身上寻找突破口。而日本右翼在这一方面早已布下了暗桩,他就是八国联军侵华之役中保护了紫禁城及诸多满清贵族府邸的日本浪人川岛浪速。

在满清政府的最后十年里,川岛浪速不仅官运亨通,一度官居北京警务厅总监督之职,更与诸多满蒙贵族关系莫逆,其中最为著名的当属与其义结金兰的肃亲王善耆。作为清太宗皇太极长子豪格的后裔,善耆不仅是世袭罔替的铁帽子王,更在满清政府末年推行的新政之中颇多建树。甚至连行刺摄政王载沣失手而囚于清廷狱中的同盟会骨干汪兆铭,也对负责审讯他的善耆颇为欣赏,认为其是一位了不起的政治家。善耆对汪兆铭也颇为照顾,不仅免其死罪,更在武昌起义后不久便将其释放出狱。但对汪兆铭个人的宽容,并不代表身为宗室贵胄的善耆等人甘心拱手让出政权。1912年1月19日,善耆及满蒙贵族少壮派代表良弼等人联名发表宣言,反对南北议和,是为由满蒙贵族组成的宗社党在中国政坛的初试啼声。

宗社党虽然有心从袁世凯手中夺回总

◎ 肃亲王善耆。　　　　◎ 宗社党骨干良弼。

理大权,由铁良出任清军总司令,与南方革命军决一死战。但随着同盟会京津保支部杀手彭家珍成功以炸弹刺杀良弼,宗社党便人人胆寒,作鸟兽散。善耆本人也通过川岛浪速的关系举家逃往日本控制之下的旅顺。由此可见养尊处优的贵族精英虽可改掉"见小利而忘义"的毛病,但仍难免存在"干大事而惜身"的软肋。

宗社党要员的纷纷外逃,一方面令困坐紫禁城的满清皇室陷入孤立无援的境地,最终只能黯然退位;另一方面却被日本视为奇货可居。川岛浪速所著之《对中国管见》很快便在日本国内发表,其所鼓吹"世界列强之分割中国是必至的,所以日本应在此以前在满蒙制造保护国,如有机会可支援满蒙这一保护国,以统一中国本土的一半左右于日本的势力之下"的思路,也得到了日本军方和内田良平等右翼大佬的认可。可宗社党在旅顺虽然大唱起兵勤王的高调,但真正谈到"出人、出钱、出枪"的问题,却往往只能两手一摊,作望天状。

宗社党虽然个个非富即贵,但出逃仓促,所带不过些许细软。善耆初到旅顺之时只能靠拍卖书画古玩等维持生计,最终还要靠川岛浪速卖掉自己东京的房产予以接济,可见其生活之窘迫。东北虽然号称满清的"龙兴之地",但宗社党的社会影响力却微乎其微,毕竟八旗子弟早已从龙入关,甲午战争以来的山东、河北等地"闯关东"的汉族移民才是东北三省真正的主流群体。倒是数个世纪以来的满蒙联姻令蒙古诸部亲王对满清政府还有几分香火之情——善耆的五妹是蒙古喀喇沁亲王的福晋,善耆的叔伯妹妹则嫁给了图什业图亲王。因此宗社党很自然地便将希望寄托于蒙古牧民身上。

此时的蒙古草原之上也是一片波诡云谲。1912年2月15日,沙俄利用外蒙封建王公、喇嘛活佛对关内革命的畏惧心理,策动外蒙宗教势力领袖——哲布尊丹巴于库伦建立所谓"大蒙古国"。得到沙俄武装支持的库伦独立军很快便控制了外蒙全境,并大举向南扩张。沙俄的这一举措不仅事先照会了日本驻俄大使本野一郎,更希望日本在谅解的同时予以配合。早已对满蒙怀有野心的日本自然不甘沙俄专美于前。1912年6月,日本关东军多贺宗之少佐将一大批军火从大连通过日本控制的南满铁路运送到公主岭,然后再用马车装车,准备穿过吉林、辽宁、内蒙古三省交界点郑家屯,运送至喀喇沁草原。

此次军火运输可谓日本策划的满蒙独立运动关键性的一环。经过相当长一段时间的准备,满清宗社党已于内蒙各地招兵买马,秘密赶制了大批"龙旗",印发各种票面的军用票,刻制各类关防和委任状,可谓万事俱备,只欠军火这股东风。在东北三省的政治中枢沈阳,日本关东军也加紧对驻防北大营的新军第二混成协的渗透。只要宗社党于内蒙顺利举事,北大营内的新军将随即哗变。曾经压制东北革命的奉天巡防军统制张作霖此时也早已为日本所收买,日本一举鲸吞满蒙的时机似乎已然成熟。

6月8日,由日本浪人薄益三所招募的马贼押运着43车伪装成农具的军火送抵郑家屯附近,却突然遭到了奉天后路巡防营统领吴俊升所部的拦截。薄益三麾下马贼多为亡命之徒,公然负隅顽抗,但最终仍寡不敌众。薄益三及其侄子薄白龙沦为吴俊升的阶下囚。虽然日本驻四平领事很快出面,以外交豁免权为由保下薄益三等23名日本浪人,但那43车军火却据说在交战

◎ 奉系将领吴俊升。

中被付之一炬，永远到不了内蒙了。当然以吴俊升的个性来看，这批日本快枪的下落多半是被其假借焚毁之名私吞了。

吴俊升是巡防军系统的军官，其在郑家屯的所作所为似乎与身在奉天的张作霖脱不了关系。日本军方如有所警觉，理应中止煽动北大营的兵变。可此时的宗社党和关东军方面仍沉浸在张作霖此前诸多许诺之中。倒是日本驻奉天总领事馆落合谦太郎建议外务省提醒关东都督府勿使日本军人和宗社党与张作霖来往过于密切，理由是"对于张作霖一伙之漫不负责的鼓唇饶舌，必须慎重对待，恐其背后与袁世凯暗中有勾结故也"。

可是关东军此刻根本听不进外务省的意见。1912年6月19日，北大营驻军中的日本间谍利用当天正值端午，营务管理松弛之机，鼓动士兵于晚间持枪出营哗变。哗变部队迅速抵达了奉天城下，但等待他们的却不是张作霖的接应，而是巡防军无情的子弹。北大营兵变不仅没有成功夺取奉天，反而令张作霖成功驱逐了驻防当地的新军第二混成协。

郑家屯截械、北大营平叛，短短十天时间里，日本关东军所谓的"满手好牌"竟然打砸了。不等对手调整部署，主政东北的赵尔巽便侦骑四出，迅速捣毁了宗社党在开原、公主岭、怀德、宽甸、海城等地的秘密据点，数百宗社党外围成员被捕杀。8月，内蒙古科右前旗郡王乌泰发动武装叛乱，很快便为吴俊升领军剿灭。随着川岛浪速被西园寺内阁召回国内，由日本主导的"第一次满蒙独立"阴谋彻底破产。但张作霖、吴俊升与宗社党、日本关东军以及蒙古分裂王公的较量，此时才刚刚开始。

陆、海罢工

辛亥革命之后的中国政局可谓风云变幻，纷乱丛生。1912年3月南北议和刚刚结束，北京周边便爆发祸及保定、北京、天津的壬子兵变。后世多指此次兵变为袁世凯所策划，但从事态的发展来看也有清帝退位导致人心浮动，北洋各镇官兵自感前途渺茫，军纪涣散的因素。此后外蒙宣布"独立"，身为中华民国大总统的袁世凯一面忙于调集军队抵御库伦独立军的南犯，与沙俄帝国积极斡旋，抵制其分裂外蒙的企图，一面则催促美、英、法、德四国银行团履行此前与清帝国签署的一系列借款协议，是为"善后大借款"。

善后大借款的总额为2500万英镑，不可谓不多。但债券9折出售，扣除6%的佣金，净收入只有2100万英镑，且借款指定用途，扣除偿还到期的庚子赔款和各种外债、遣散各省军队、抵充政府行政费外，仅余760万英镑，而年息5厘，期限长达47年，更令到期所需归还本息高达6789万英镑。但此时的袁世凯政府急需资金去厘清千头万绪的军政关系，也只能饮鸩止渴，硬着头皮背下这笔"恶债"。可借款合同尚未签署，由同盟会改组而成的国民党便在国会中鼓噪反对，不久之后国民党党魁宋教仁更于上海火车站遇刺，北洋政府与国民党等革命团体的关系更趋紧张。

在南方诸省革命政党眼中，由袁世凯

◎ 就任大总统时的袁世凯。

◎ 晚年参观陆军演习的明治天皇。

出任中华民国大总统，不过是招安北洋新军的权宜之计。如今天下已定，那么内阁大权自然应该掌握在于国会占据多数席位的革命政党之手。而以袁世凯为代表的北洋军阀看来，辛亥革命中之所以没有剿灭南方革命党，无非是借其之手逼迫清帝逊位而已，此时给几个议会席位和内阁职位已是仁至义尽。正是这种观念上的相左，最终令1913年的中华大地再度陷入了一场内战之中。这场为期两个月的南北交锋，被称为"二次革命"或"讨袁战争"。但最终的结果却是袁世凯的北洋系大获全胜，国民党被强制解散，孙文再度流亡国外。不过袁世凯赢得了战争却失去了民心，国民党的退席也令北洋、南洋两系军阀的矛盾更趋突出。在扑灭二次革命的烽火之余，袁世凯召集南洋系军阀的代表人物——黎元洪、蔡锷等人入京供职，正是出于担心其尾大不掉的心理。

二次革命发轫之际，孙文正身处日本，而讨袁失败之后，孙文又流亡东瀛。因此有学者以日本政治评价家山浦贯一所著的《森恪传》为依据，提出二次革命前，孙文曾试图通过三井财团负责人森恪向日本政府开出以两千万日元和两个师的武器装备交换中国交割满蒙的建议。不过这一说法不仅属于孤证难立，更兼此时日本国内政坛同样动荡不安，无论是军方还是民间右翼人士，都无心掺和中国内部的纷争。

这场席卷日本列岛的政治风暴被称为"大正政变"。"大正"是明治天皇睦仁继承人——第123代天皇嘉仁的年号。明治时代，日本皇室依旧保持着封建时代的后宫制度。出身公卿的皇后一条美子虽未生育，但明治天皇与其他侍女却生下了六子九女。虽然不可谓不多产，但睦仁天皇膝下的男丁却都颇为短命，唯有第四子嘉仁免于夭折，虽然仍不免早年遭受脑膜炎的折磨，但总算健康地活到了继承大宝的那一天。

1912年7月30日，60岁的明治天皇睦仁因糖尿病引发的尿毒症而去世。纵观睦仁的一生，虽因倒幕、甲午战争、日俄战争的辉煌胜利而显得颇为传奇，甚至成为近代日本崛起的标志。但在这一切的背后却始终游荡着"幕府将军"的幽灵。明治天皇执政的最后几年里，萨长同盟利用军方左右内阁的趋势日益明显。在明治天皇殡葬之日，陆军大将乃木希典携夫人自杀殉主，更被作家夏目漱石称为有"一夜让人回到武士时代"的感觉。而随着明治天皇的生命一并终结的还有第二届西园寺内阁的好日子。

明治天皇逝世之时虽为年中，但根据东方帝制国家改元之际，万象更新的传统，西园寺内阁仍需要重新制定政府各项预算。此举自然又引发了日本陆、海两军的军费争夺战。事实上早在1911年11月，西园寺上台伊始，桂太郎当政时期一直隐忍不发的陆军此时再度鼓噪而起，重提当年扩建至25个师团的"增师案"。陆军方面的理由是辛亥革命以来中国局势不稳，况且自日俄战争以来海军连增巨舰，总吨位已达66万吨，陆军却长期保持原地踏步的态势，于理不合。陆军方面要求增加5000万军费扩充兵力的提案，对于一心想要削减支出的西园寺公望来说当然不能答应。好在身为长州藩外围的陆军大臣石本新六还没来得及据理力争便病死任上，接替他的是日军的"工兵之父"——上原勇作。

上原勇作属于萨摩藩人士，本就对于田中义一等长州藩少壮派提出的"增师案"没有兴趣，对西园寺公望提出1913年财年再考虑增加陆军军费的缓兵之计也不愿多作反对。但他最终仍难敌山县有朋等长州藩元老的压力，被迫行使所谓的"帷幕上奏权"，越过内阁直接向大正天皇嘉仁辞职。作为内阁重要成员的

◎ 大正天皇嘉仁。

陆军大臣空缺，自然导致西园寺内阁无法运作。在陆军上下拒绝指派人员继任，形同"倒阁"的情况下，西园寺公望只能于1912年12月再度宣布内阁总辞职。

长州藩操纵陆军"罢工"，虽然成功扳倒了西园寺内阁，但却再度激化了萨长同盟内部的陆、海军矛盾。1912年12月21日，身为顾命大臣的桂太郎辞去内大臣兼侍从长的宫廷职务，再度上台组阁。萨摩藩主导的海军立即以拒绝指派将领担任海军大臣相回敬。但此时的日本海军早已不是铁板一块，随着桂太郎借大正天皇的名义留任了西园寺内阁中的海军大臣——出身仙台藩的海军中将斋藤实，海军"罢工"的危机便被轻松化解了。但桂太郎没有想到的是，更大的危机才刚刚浮出水面。

1912年12月19日，以西园寺公望为党魁的立宪政友会与立宪国民党等政治团体于东京歌舞伎町召开集会，以"根绝阀族，拥护宪政"为由，掀起了对抗桂太郎及萨长同盟的国民运动。桂太郎起初颇为强硬，在议会压制反对派的同时，假借大正天皇的名义要求西园寺公望匡救时局。但经历了多次"桂园交替"的西园寺公望及其身后的立宪政友会，早已厌倦了与萨长同盟如接力赛跑般的政治交易。1913年1月，立宪政友会议员尾崎行雄等在议会公然提出弹劾桂太郎内阁案，甚至连大正天皇都牵扯进来，指责桂太郎"把天皇当作挡箭牌，把诏

书当作炮弹，攻击政敌"。

可以说形势发展到此时，政友会的矛头已经对准了萨长同盟的执政基础，即明治维新所建立起的天皇权威。对手的步步进逼，令桂太郎不得不以空前的强硬态势面对。他一方面出动军警镇压集会群众，另一方面则试图解散国会。但经历了日比谷烧打事件的洗礼，日本的街头政治早已成熟。在东京遭遇军警镇压之后，政友会的拥护者随即将骚动向广岛、大阪、神户、兵库等地蔓延。在众议会会长大冈育造等人"解散国会，必生内乱"的警告之下，桂太郎只能放低姿态，于1913年2月宣布内阁总辞职。不过萨长同盟并不甘心将权力让渡给政友会的公卿和新兴财阀，1913年2月20日，萨摩藩出身的海军大将山本权兵卫上台组阁。

萨摩藩所代表的海军手握巨舰大炮的订单，在三井、三菱等财阀眼中自然要比长州藩的陆军可爱一些，但政友会既然已经挑明要打倒萨长同盟，自然不会甘心长州、萨摩两藩间如此私相授受，蒙混过关。于是山本权兵卫首相的位置刚坐了不到一年，一场险些令萨摩藩势力被彻底请出日本海军的大风暴便席卷而至。

整个事件的始作俑者是德国西门子集团东京分公司一个名为卡尔·里希特的员工。里希特虽然职务不高，但身为打字员的他却能够接触西门子公司与日本政府各类交易的核心机密。微薄的

◎ 山本权兵卫。

薪水和离乡背井的生活，令里希特逐渐产生了从中渔利的想法。1913年11月，里希特从西门子公司离职，随手便带走了几份文件。而里希特刚刚离开日本，一份索价2.5万日元的勒索信便出现在了西门子东京分公司的邮箱之中。西门子集团方面虽然知道里希特手中这几份文件非同小可，却不甘心花钱消灾。于是里希特刚刚回到国内，便被德意志帝国的秘密警察所控制，不久便被扭送柏林地方法院，以敲诈勒索罪提起公诉。但就在西门子集团高层认为事情已经画上一个句号之时，又一份勒索信接踵而来。

这次来要钱的是英国路透社记者安特鲁·普雷。路透社早就对日本政府与西门子公司的各项交易颇为留心，只是迫于日本政府的压力，才无从展开调查。而里希特一离开西门子公司，普雷便与之展开接触，用250英镑买下了那批西门子公司的秘密文件。普雷身为英国记者，更对文件进行了整理和加工，开价自然要比里希特高一点，西门子公司和日本政府只能与之讨价还价，最后以5万日元买下这些报道。

普雷拿了钱倒是大方地把报道和文件一烧了之，但路透社方面却不愿就此收手。1913年12月23日，伦敦路透社以特别电讯稿的形式大肆报道了里希特在柏林受审的情况。到了此时西门子公司和日本政府才发现自己陷入了一个空前巨大的"新闻碰瓷"事件。

萨长对立

日俄战争以来,日本国内工业体系日趋发达,各型主力战舰不仅完成了自主研发,国产化率也不断提升。但虽然战舰所需之锅炉、主机、主炮,日本均可自行生产,可先进的电气系统却依旧有赖于进口,而德国西门子公司在这一领域不仅是个中翘楚,更对日本没有英、美那般设置技术壁垒,日本海军与之订立巨额采购合同也在情理之中。贿赂、回扣在各国军备采购之中更属约定俗成的"潜规则"。西门子公司与日本军方自然有些猫腻,但其不惜将自己的雇员告上法庭,花重金赎回报道一烧了之的做法,却给了关注此事的西方媒体、日本国民以无限的想象空间。

一时之间各种流言四起,甚至有人说西门子公司曾以箱为单位向山本权兵卫送钱。长州藩也趁势在议会中对萨摩藩发难。一时间山本权兵卫及海相斋藤实似乎陷入了孤立无援的境地之中。但接下来的事态发展,却令人大跌眼镜。日本海军高等军法会议传唤与西门子公司业务往来中的几位关键人物——海军舰政本部造舰部部长藤井光五郎、部员泽崎宽猛、铃木周二,却没有得到海军与西门子公司蝇营狗苟的证据,反倒查出藤井光五郎及其前任松本和均从英国维克斯公司接受过巨额贿赂的情况。

值得注意的是,藤井光五郎出身于长州藩的外围——播磨藩,老婆是陆军大佬土屋光春的千金,二哥藤井茂太是日军的野战炮兵总监。松本和早年则是德川幕府的旗本武士。两人均非萨摩藩在海军的核心成员。因此此次"自查自纠",不仅没有厘清事件真相,反倒有萨摩藩趁势打击异己之嫌。有遭受愚弄之感的日本民众随即于1914年2月10日云集于他们心目中的民主圣地——东京日比谷公园,以"廓清海军"之名要求山本权兵卫下台。日本政府虽然予以镇压,但群情激奋的日本民众早已习惯与警察的冲突。当天愤怒的群众冲破封锁线,在政友会总部和中央新闻社大肆打砸。

从表面上看,廓清海军运动与此前的日比谷烧打事件及一年前逼迫桂太郎下台的护宪运动别无二致,但是民众的矛头却由此前的萨长同盟、长州藩为代表的陆军势力,转向了与政友会同盟的萨摩藩海军寡头。这样的转变固然有隐居幕后的山县有朋等长州藩大佬"以彼之道还施彼身"的推手,但更多的动力来自日俄战争以来,日本国民在沉重的军备压力下对现实的极度不满。在他们的眼中无论是萨长同盟还是以西园寺公望为代表的公卿及立宪政友会,均属于置黎民百姓生计于不顾的政坛门阀,均应予以打倒。

3月24日,迫于舆论和海军军费被大肆削减的双重压力,山本权兵卫内阁倒台了。此时萨长同盟可谓正式撕破脸皮,陆军、海军中弥漫的对立情绪,甚至令以西

◎ 山县有朋。

园寺公望为代表的公卿有了一种重见武士时代的源氏、平氏相争之感。在一片山雨欲来风满楼的压抑气氛中，首相的宝座也成了烫手的山芋。在西园寺公望明确拒绝组阁的情况下，末代幕府将军德川庆喜的养子德川家达一度成为热门人选，隐然有"萨长腐败，人心皆思江户"之感，可谓是对明治维新最大的讽刺。

好在德川家达明哲保身，不愿出面趟这浑水。于是枢密顾问官清浦奎吾又成了下一任首相的热门人选。清浦奎吾是山县有朋的爱将，与白根专一、平田东助、大浦兼武并称为山县派"四大金刚"，加上其本人是萨摩藩重镇熊本县出身，由其上台组阁，似乎同时照顾到了长州、萨摩两藩的利益。但萨摩藩方面此时对山本权兵卫内阁垮台之时，长州藩趁机削减海军军费怀恨在心，便以增加造舰预算为先决条件，才肯指派海军大臣为要挟。清浦奎吾本期左右逢源，不想反倒成了萨、长同盟角力的磨心，只能放弃上台组阁的打算。

清浦奎吾组阁失败固然有民间对萨长同盟敌对情绪的因素，但更多地影射出长州、萨摩两藩在连场恶斗之后，关系已呈现不可调和的趋势。随着向来强横的山县有朋最终决定推举来自佐贺藩的大隈重信出任首相，一场对萨摩藩的海军势力的全面清算由此展开。佐贺藩地处九州北部，从地理上看恰好处于长州、萨摩两股势力

◎ 清浦奎吾。

之间，而以大隈重信为代表的该藩政治人物，在明治维新以来的日本朝野之上也如地形一般，饱受萨长同盟的压制。

由于佐贺藩在"尊皇倒幕"运动中站队较晚，因此大隈重信虽然也曾在明治维新运动中负弩前驱，但始终在明治政府只能算是二流角色。他好不容易在民间鼓动起反对萨长同盟的民权运动，于1898年爬上了首相的宝座，又由于自己党派的内讧而被迫下野，成了日本历史上唯一一位没有在国会议坛上站过一次就被迫挂冠的首相。经此一役之后，大隈重信也不得不改变策略，依附于山县有朋等长州藩大佬的羽翼之下。

既然是山县有朋将大隈重信推上前台，那么在第二次大隈内阁之中长州藩自然不会在陆军大臣的问题上作梗，山县有朋的爱将——第三师团长冈市之助出任陆军大臣。值得一提的是，萨摩藩的山本权兵卫上台组阁之时，曾修订军部大臣的任职资格，删除了仅限于现役将官的规定，废除陆、海军大臣现役武官制，改为编入预备役或退役的武官也有资格可出任陆、海军大臣，以限制长州藩在陆军中的政治影响力。当时的陆军大臣木越安纲因没有明确表示反对，便遭到了以冈市之助为首的长州藩将佐的围攻。此时在海军大臣的人选上，山县有朋干脆越过萨摩藩，直接将原本籍籍无名的舞鹤镇守府司令八代六郎推上了海

军大臣的宝座。

八代六郎出身于明治维新前忠于德川幕府的水户藩。表面上看，日俄战争时仅为"浅间"号装甲巡洋舰舰长的他，无疑属于资历轻薄的小字辈。但偏偏两段意外的工作经历，令其在海军中人脉颇广。1881年从江田岛海军学校毕业之后，八代六郎便在海军学校练习所作为分队长的教育助手。因此在此后数届江田岛毕业生眼中，八代六郎不仅是学长还是老师。1911年八代六郎出任海军大学校长之时，被奉为日本海军战术第一人的秋山真之也只能甘于其下，毕竟在等级观念森严的日本军队中，一日为师便终身为师。

虽然执教时间不长，但八代六郎也算是桃李满天下了。但1913年，他却被山本权兵卫调去当了舞鹤镇守府的司令。这个官职在当时就是给即将退休的老将准备的，年仅53岁的八代心中的郁闷自然可想而知。如今突然时来运转，他自然要好好出口恶气。1914年4月16日，第二次大隈内阁刚刚组成，八代六郎便大刀阔斧对海军省进行改革。他不顾井上良馨和东乡平八郎两位海军元老的忠告，动用海军大臣的人事权，把山本权兵卫和斋藤实两位大将编入预备役。随后又成立以出羽重远为首的西门子事件调查委员会，摆出一副要将事情彻查到底的态度。在一片风声鹤唳之下，以山本权兵卫的大女婿财部彪为首的

◎ 八代六郎。

萨摩藩海军将领或辞职，或被调离要职。整个萨摩藩在海军中的势力呈现土崩瓦解的态势。

八代六郎如此大范围的人事调动，在一些亲萨摩藩海军人士看来："如果不是山本系的加藤（友三郎）和岛村（速雄）的忍让，海军等不到昭和大分裂，在大正时期就分裂了。"但平心而论，日本海军自创建之初便存在着德川幕府海军等多家持股的局面，萨摩藩一家独大的局面自西乡从道1885年担任首任海军大臣方始形成，此后虽经山本权兵卫和斋藤实的苦心经营而保持不坠，可海军内部各种反萨摩藩的势力却也在同步发展壮大，而萨摩藩在海军中却后继无人。被视为山本权兵卫心腹的加藤友三郎和岛村速雄，一个出生于广岛，一个来自土佐藩，均非萨摩藩人士。在地域概念极强的日本，他们未必甘愿为老领导山本权兵卫出面与新贵八代六郎对抗，何况对方手中还握有西门子事件调查委员会这柄利刃，日本海军将佐也不敢担保自己不会被翻出什么陈年老账。

从山县有朋操控陆军"罢工"令西园寺内阁垮台，直到西门子事件后萨摩藩势力在海军中遭遇重创。短短两年多时间里，日本朝野的连场恶斗共同构成了广义上的大正政变。

在这段时间里随着明治天皇的去世，萨长同盟自身的执政合法性受到了质疑。

连年攀升的军费开支也令自感贱如草芥的日本国民视萨长同盟为寇仇。萨摩、长州两藩后备团队人才凋零,更令长期被其排挤于政府、军队管理中枢的外藩人士有了投衅而起的空间。

作为明治时代最后一位"江湖大佬",山县有朋虽然成功将大隈重信扶植为自己操控日本政府的傀儡,但其对萨摩藩和以西园寺公望为首的公卿阶层的打压,对于本就如风烛残年一般的萨长同盟而言犹如饮鸩止渴,后患无穷。明治维新以来渗透入日本政治肌体里的藩阀政治、陆海相争以及穷兵黩武的顽疾,最终将在昭和时代全面爆发,最终将把整个列岛推向毁灭的深渊。

不过自己在海军之中苦心经营的势力有被连根拔起的趋势,萨摩藩心中的愤懑自然难平。如果不是第二次大隈内阁上台仅三个月,一个重磅消息从欧洲大陆传来,山本权兵卫等萨摩藩大佬会采取怎样激烈的反制措施殊难意料。这个消息就是——第一次世界大战爆发了!

浑水摸鱼
第一次世界大战中的日本陆、海军表现

协约阵营

1914年6月28日，年仅19岁的波斯尼亚青年普林西普，于波黑首府萨拉热窝枪杀了来访的奥匈帝国王储斐迪南大公及其妻苏菲。单纯从这起事件本身来看，并无太过出奇之处。当时的欧洲无政府思潮和恐怖主义盛行，无数失意的青年被各派政治力量所蛊惑，作博浪一击的案例不胜枚举。效忠于各种思想和组织的刺客之所以热衷于刺杀王室成员，无非是看重事件所能引发的轰动效应，而奥匈帝国辽阔的疆土和内部纷繁复杂的民族关系，更令其成为各类暗杀活动的重灾区。在萨拉热窝遇刺的斐迪南大公那位著名的婶婶——茜茜公主伊丽莎白·阿马利亚·欧根妮皇后便于1898年也死于来自意大利的刺客之手。

事情发生之后，刺客普林西普当场被捕。但奥匈帝国皇帝弗朗茨·约瑟夫一世却考虑到其未满20周岁而赦免其死罪。约瑟夫一世此举当然不是什么宽宏大量，而是这位已经执掌奥匈帝国67年的老人深知谋害自己侄子的并非是普林西普这颗可怜的棋子，而是其背后的"大塞尔维亚"情节。塞尔维亚对于当时的欧洲而言，是个古老而又年轻的国家，说它古老是因为早在14世纪塞尔维亚人就已经在巴尔干半岛建立了自己的帝国，说它年轻则是因为近代意义的塞尔维亚要等到1878年才正式独立。

19世纪中期以来，随着奥斯曼帝国的衰弱，昔日被其征服的南斯拉夫诸民族纷纷于巴尔干半岛揭竿而起。沙俄帝国趁势于1877年南下，揭开了第十次俄土战争的序幕。此时已经沦为"西亚病夫"的奥斯曼帝国，虽然竭力抵抗，但仍难以遏制兵强马壮的沙俄高加索、多瑙河两大集团军。

◎ 萨拉热窝事件。

如果不是克里米亚战争以来便强烈反感沙俄向南扩张的英、法两国出面干涉，沙俄帝国的军旗很可能直插君士坦丁堡。随着英国皇家海军出现在欧亚交界的土耳其海峡，英、俄两国的矛盾逐渐升温，一度有大打出手的架势。

关键时刻，挟普法战争大胜之威的德意志帝国宰相俾斯麦出面调停，冲突各方最终于柏林签署协议，再度明确了欧洲列强在巴尔干半岛的势力范围：沙俄帝国在当地扶植了保加利亚、塞尔维亚、罗马尼亚和黑山等亲俄国家，英国则获得了地中海东部的岛国塞浦路斯，奥匈帝国则获得了简称"波黑"的波斯尼亚和黑塞哥维那地区控制权。但这一纸《柏林协议》并没有改变巴尔干半岛各方利益纠葛的局面，反而令德意志帝国也深陷其中。

俾斯麦在位期间，德意志帝国通过签署一系列多边秘密协定来维护其在中欧直至巴尔干半岛的利益链条，并成功地维持了俄国和奥匈帝国这对彼此敌对的盟国对柏林的向心力。但这种被称为"五球不落"的外交手腕，看似长袖善舞，实则十分脆弱。随着1890年俾斯麦向德意志帝国新任君主威廉二世递交辞呈，其所构建的外交体系也紧跟着轰然崩塌。1891年，由于不满威廉二世在巴尔干问题上偏向奥匈帝国，沙俄退出俄德奥三国同盟，转而与法国缔结共同防卫协约。但客观地说，此时的法、俄两国，前者军备不振，后者经济疲软，纵然合力也无法对抗国力强盛的德国，法俄同盟与其说是为了夹击德国，不如说是相互取暖，以求自保。而且在此后相当长的一段时间里，法、俄在外交上也依旧唯柏林马首是瞻。

法俄同盟最终成为俾斯麦长期试图避免的两线作战的噩梦，始于1907年《英俄条约》的签署。英国长期在欧洲大陆采取"均势外交"，在竭力避免卷入欧洲大国争端的同时，试图维持法、德、俄、奥等国之间的势均力敌。但随着1900年德国修订《海军法》，开始大肆扩充海军之后，大不列颠终于坐不住了。英德之间一场轰轰烈烈的无畏舰建造竞赛，于1905年正式开锣。

起初英国政府认为德国要维持一支独步欧洲的陆军，在海军军备方面肯定不是自己的对手。但随着时间的推移，英国政府很快便发现，拥有强大军工生产能力的德国，在威廉二世、提尔皮茨等高层的全力推动下，拥有着空前的造舰热情，如果

◎ 协约国阵营的拟人化漫画。

任由这一局面发展下去的话，反倒是有着辽阔海外殖民地需要打理的英国会在这场军备竞赛中落败。基于这一无奈的现实，英国被迫放弃长期标榜的"光荣孤立"，于1904年以牺牲非洲和东南亚部分势力范围为代价与法国结盟，1907年更通过在波斯、阿富汗等问题上大范围让步，换取了与莫斯科的相互谅解。至此以英、法、俄三国为核心的协约国阵营正式组建。

英、法、俄三国正式同盟，对于各国而言均颇有助益。通过实现三国海军联防，英国进一步强化了其海军优势，法国则可以放手扩充陆军，而沙俄帝国则能在日俄战争以来东进受挫的情况下，于巴尔干半岛扩充自己的势力范围。1912年在莫斯科的默许之下，保加利亚、塞尔维亚、黑山与希腊结成巴尔干同盟向奥斯曼帝国宣战，夺取了除君士坦丁堡及其周边以外的整个巴尔干半岛南部地区。但奥匈帝国不愿看到巴尔干地区出现一个强大的南斯拉夫国家，随即鼓动亚得里亚海东岸的阿尔巴尼亚独立，在塞尔维亚的侧翼打入了一个自己的楔子。奥匈帝国与塞尔维亚之间的矛盾随即升温。

单纯从巴尔干半岛的角度出发，塞尔维亚及其南斯拉夫盟友即便合力对抗奥匈帝国仍毫无胜算，何况试图恢复"大保加利亚"荣光的保加利亚人对塞尔维亚人也缺乏好感。但塞尔维亚背后站着鼓吹"斯拉夫兄弟同气连枝"的莫斯科，而沙俄帝国安全又有英、法两强的背书，因此塞尔维亚人不仅没有在奥匈帝国的压力下屈服，反而不断在波黑地区进行反奥宣传，策动

◎ 以推翻奥斯曼帝国统治为目标的巴尔干同盟。

当地的南斯拉夫同胞起来反抗维也纳的暴政。在这样的情况下，萨拉热窝事件的出现并非偶然。而斐迪南大公的遇刺，更成为奥匈帝国一举解决塞尔维亚威胁的最佳借口。毕竟在维也纳的贵族们眼中，为王室成员复仇所发动的战争是不应该受到指责的，但事实证明古老的游戏规则早已在全新的国际形势下不再适用。

1914年7月28日奥匈帝国对塞尔维亚宣战。此举宛如第一块倒下的多米诺骨牌，很快便在整个欧洲引发了剧烈的连锁反应。7月30日，沙俄出兵援助塞尔维亚；8月1日，德国向俄国宣战，并向法国提出最后通牒，要求其在德俄发生战争时保持中立，法国拒绝并进入总动员；8月3日，德国向法国宣战；8月4日，德国入侵宣布保持永久中立的比利时，同日英国向德国宣战。几乎在转瞬之间战争的主角便从奥匈帝国和塞尔维亚，转为了英、法、俄的协约阵营对德国的围攻。

欧洲列强全面开战的消息传到日本国内，有识之士无不击节叫好。海军元老井

上馨写信给身为首相的大隈重信及其幕后的山县有朋,认为"此次欧洲的大祸乱,是对大正时代日本国运的天佑",呼吁"举国一致,停止政争"。长州藩出身的井上馨此时早已淡出政坛,但身后却是日本邮船、三井会社等财阀的鼎力支持。由其出面转圜,西门子事件以来长州、萨摩两藩剑拔弩张的局面得以暂时缓解。各派政治力量开始全力投身日本参战的相关决议中去。

◎ 三菱女婿加藤高明。

从战前的外交态势来看,英日之间早在 1902 年便签署了同盟协定,日本加入协约国阵营似乎无可厚非。但《英日同盟协定》并非如英法、英俄协定那样明确了两国的参战义务,仅规定了"双方承诺战事发生时将保持中立,但当第三方国家加入战事,另一成员国必需予以支援"而已。因此日本国内也不妨有暂缓参战、待价而沽的思潮。

8月7日,英国正式向日本政府发出外交照会,希望日本能出动海军协助英国在西太平洋驱逐以中国青岛为主要据点的德国远东舰队。当晚,大隈重信通宵召开会议,最终决定加入协约国阵营,对德宣战。身为元老的山县有朋虽然现身内阁,呼吁慎重决定,却不想遭到了身为外相的加藤高明当面抵制。加藤高明之所以敢于如此牛气,主要还是仰赖着身为自己岳父的三菱株式会社创始人岩崎弥太郎。日俄战争以来,日本国内的各大财阀在强化陆海军备和东亚市场拓展的双重滋养之下茁壮成长,其在政坛的话语权自然也水涨船高。

如果说甲午战争前后,日本对英国对其的支持颇有几分感恩之情的话,那么日俄战争以来,随着沙俄威胁的日益减退,英国在布尔战争后表现出来的国力衰弱,日本国内逐渐出现了打倒英美,夺取亚洲霸权的呼声。而德国作为与日本同属后进的新兴帝国,其尚武好斗的军官团,严谨刻板的官僚集团均与日本有着先天的精神契合,因此与德国联手对抗英、美、法、俄等老牌列强的思潮在日本国内也不乏市场。如果不是德国战前轻视日本的存在,未与其有过正面的外交接触,井上馨、加藤高明等财阀代言人又看重加入协约阵营所能带来的经济利益而急于推动对德宣战的话,那么日本很可能受到 1914 年欧洲战场上德国陆军初期势如破竹的胜势所影响,而暂缓加入战团甚至站到以德国、奥匈帝国为首的同盟阵营。而日军和国民内心深处对德国的莫名好感,更没有随着两国的兵戎相见而有所淡化,反而愈演愈烈,最终直接导致数十年后,日本妄图与德国联手成为地球的"轴心",倒行逆施最终奔向毁灭的末路。

青岛攻防

1914 年 8 月 15 日,日本政府向德国发出最后通牒,要求所有在日本及中国海域的德国军舰和武装船只解除武装,并在一

浑水摸鱼——第一次世界大战中的日本陆、海军表现

个月内将其所租借的中国胶州湾及青岛港移交给日本。要对敌对国船只解除武装倒也算是国际社会约定俗成的惯例，但德国对青岛的控制名义上仍属于租借，如此私相授受却与国际法不合。因此日本对自己的行为给出了"战时托管"的解释，也就是说随着战争的结束，仍应将青岛交还给对其拥有完全主权的中国政府。

◎ 德国驻华公使辛慈。

最后通牒虽然是发出去了，但日本政府也深知向来强横的德意志帝国不可能乖乖就范。于是日俄战争以来便始终无所事事的日本陆、海两军，迅速站在各自的立场上开始所谓"青岛攻略"的准备工作。但就在此时北京方面却传来了消息：德国驻华公使辛慈正在与袁世凯政府秘密接触，准备将青岛及胶州湾直接归还给中国政府。这个消息对于踌躇满志的日本政府而言无异于晴天霹雳，外相加藤高明随即指示日本在华使领馆迅速向中国政府施加压力。

事实证明，加藤高明这个老牌外交官完全是落入了德国全权驻华公使辛慈的算计之中。自1898年强租胶州湾以来，德国在青岛盘踞已达17年之久，仅兴建各类军用、民用码头便累计投入5000万德国金马克，而为了连通青岛与山东腹地的联系，更不惜重金修建了全长394公里的胶济铁路及其多条支线。德意志帝国在胶州湾所倾注的心血，别人可能不清楚，但远东舰队出身的辛慈岂能不知？即便要送还中国，

也不可能是一个区区外交官所能做主的。因此辛慈与中华民国政府所展开的非正式谈判，不过是故作姿态。日本政府强势地跳出来阻挠，不仅令袁世凯颇为不满，更令向来主张门户开放的美国政府对日本更趋敌视。而辛慈的这一手"二桃杀三士"仅仅是他在华工作的开端。在此后的3年时间里，这位半路出家的外交官将凭着其翻手为云、覆手为雨的手段，极大地减缓中华民国政府加入协约国阵营的脚步。

辛慈于外交舞台上牵制日本的同时，东亚地区的德国海、陆两军也全线进入一级战备。由俾斯麦所缔造的德意志第二帝国拥有着87万常备陆军，海军总吨位近115万吨。如果单打独斗，仅有25万陆军、67.9万吨海军舰艇的日本自然不是对手。但雄厚如江海的德国军事力量投射到远东的不过是涓涓溪流，以青岛为主要基地的德国东亚舰队仅有2艘"沙恩霍斯特"级装甲巡洋舰及4艘轻型巡洋舰，以及八国联军侵华战争中缴获的满清政府"海青"号在内的2艘驱逐舰可用于公海决战，其余老旧战舰及炮艇均不过港口和河川内的浮动炮台，对日本海军难以构成威胁。

身为东亚舰队的指挥官，53岁的德国海军中将施佩深知自己的舰队无力与可以得到日本、澳大利亚等盟友支持的英国海军正面交锋，而困守胶州湾虽可苟延残喘一段时间，但最终不过是重蹈旅顺口沙俄

War Story·147

◎ 德国远东舰队司令施佩。

太平洋舰队的覆辙而已。因此萨拉热窝事件刚一爆发，施佩便率舰队主力从青岛起航，驶向回旋余地更大的马里亚纳群岛。

19世纪末期，德国海军秉承着捡漏的精神，通过军事占领和强行购买的方式在西南太平洋揽收了大量欧洲列强尚未控制的岛屿，形成了合称德属太平洋群岛的德属新几内亚、德属萨摩亚、德属太平洋保护国三块海洋殖民地。德国东亚舰队抵达当地之时，战争全面爆发的消息也接踵而至。施佩随即召集舰队主要负责人开会，商讨下一步的行动计划。在返回青岛已不可能，德属太平洋群岛又无险可守且无煤炭弹药补给的情况下，德国东亚舰队最终决定冒险东进，经南美洲最南端的合恩角进入大西洋，返回德国本土。应该说这个目标以德国东亚舰队当时的舰艇状况和燃煤储备而言并不难以实现，但能否突破英国皇家海军的层层封锁却是未知之数。因此当"埃姆登"号轻型巡洋舰舰长缪勒中校提出由其单舰向西进入印度洋对英国海上运输线进行袭扰时，施佩并没有反对。

"埃姆登"号轻型巡洋舰怀着有去无回的悲壮离开舰队之后，于印度洋上大开杀戒。不仅一举击沉了18艘协约国阵营的商船，更伪装成英国战舰冲入英属马来西亚的槟城港，一举击沉了驻防当地的沙俄海军"珍珠"号巡洋舰和法国海军的"燧发枪"号驱逐舰。一时之间，被视为"英国湖"的印度洋上波诡云谲，协约国方面不得不调集大批战舰对"埃姆登"号展开围剿。由于需要集中兵力以封堵驻守德国本土的德意志海军公海舰队，英国政府不得不向日本发出邀请，希望其能出兵印度洋，参与协约国的护航行动。

日本海军的全面备战始于1914年8月上旬，除了投入第一舰队警戒中国黄海海域，第二舰队封锁胶州湾之外，日本海军还盯上了德属太平洋群岛这块肥肉。随着大批新锐战舰从日本海军第一舰队中抽调出来组成第一、第二南遣支队，日本第一次突破西太平洋沿岸的羁绊，伸向碧波万顷的赤道海域。9月29日，日本海军第一南遣支队旗舰"鞍马"号装甲巡洋舰控制了马绍尔群岛。随后该舰队其余2艘主力舰——装甲巡洋舰"浅间"号和"筑波"号又分别控制了马里亚纳群岛的北部及中部地区。

日本海军第二南遣支队自然也不甘人后。10月7日，该分遣舰队旗舰"萨摩"

◎ 离开青岛前的"埃姆登"号轻型巡洋舰。

号战列舰控制了加罗林群岛首府——雅浦岛。隶属该舰队的"矢矧"号巡洋舰则控制了帕劳群岛。日本海军原本还担心会在德属太平洋群岛遭遇德国东亚舰队主力，因此才调集了大批新锐战舰，却不想一路攻城略地。10月10日，连担任通讯中继任务的战列舰"香取"号都按捺不住，将舰上水兵编组成特别陆战队冲上了塞班岛的滩头。同一天第一南遣支队旗舰"鞍马"号装甲巡洋舰控制了风景宜人的特鲁克岛。随着10月21日马里亚纳群岛最南端的罗塔岛升起旭日旗，日本海军对德属太平洋群岛的攻略暂时告一段落。

从地图上看，日本海军仅完成了整个德属太平洋群岛约三分之一区域的侵占。之所以戛然而止，并非力有不逮，而是源于外交上英、美所施加压力。不过有趣的是在指责日本方面趁火打劫的同时，英国也操控澳大利亚和新西兰侵占了德属新几内亚、德属萨摩亚地区，可谓"只许州官放火、不许百姓点灯"。不过鉴于仍需日本海军前往印度洋助战，英、美还不至于马上要求日本吐出非法所得。而一下子将

◎ "鞍马"号装甲巡洋舰。

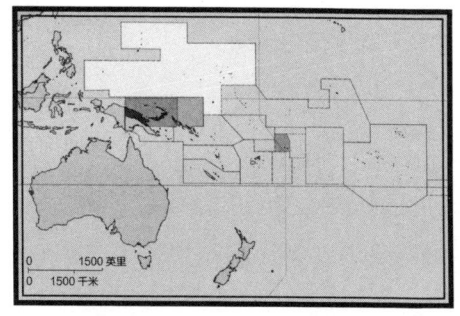

◎ 德属太平洋地区。

赤道以北623座岛礁收入囊中的日本，也自然地被捆绑在协约国的战车之上。第一、第二南遣支队的战舰在完成前期作战任务后，仍需追派战舰进入印度洋追击德国海军"埃姆登"号及在澳大利亚周边替英国商船护航，甚至还要尾随德国东亚舰队主力前往东太平洋部署，可见天下从来没有白吃的午餐。

鲸吞德属太平洋群岛的同时，日本陆、海两军对青岛的围攻也全面展开。有鉴于德国东亚舰队的主力已然撤离，日本海军方面用于胶州湾方向的战舰数量虽多，但质量却并不高。担当主力的是日俄战争中俘获的"周防"号、"石见"号、"丹后"号3艘战列舰和"冲岛"号、"见岛"号2艘海防舰，巡洋舰也多为日俄战争甚至甲午战争中的"功勋元老"。但即便如此，相对于困守胶州湾的德国东亚舰队剩余舰艇而言，日本海军可谓摆出了狮子扑兔的架势。况且此次日本海军阵中还有一艘特殊战舰——水上飞机母舰"若宫"丸。有了其所携带的4架法曼式水上飞机，日军再也不需要用尸山血海去争夺一个可以观测港内的制高点了。

军部当国：近代日本军国主义冒险史（从明治到大正）

◎ 缴获的沙俄战舰"周防"号。

德国在中国大陆的驻军有限，青岛方面地面部队仅有3个营的海军陆战队及4个连的要塞炮兵，总计不过2500人。因此日本陆军方面认为出动一个师团便足以解决问题。但是究竟动用哪个师团，日军内部却少不了一番权衡。毕竟甲午、日俄两役以来，日军各师团大多是功勋卓著的精锐王牌部队，这个仅有的一个名额给谁都不合适。好在日俄战争之后，日军还组建了两个师团，于是围攻青岛的使命也就只好由日军之中资历最嫩的第18师团担纲。

第18师团此时的师团长是来自甲州诹访藩的神尾光臣，此公从西南战争开始在日本历次内战、外战中无役不与。但可能是因为出身"贼藩"的关系，神尾的仕途一直不算太顺，直到1908年才终于混到了师团长的位置。此时统军出征青岛，可谓

时来运转。不过，考虑到德国在青岛经营多年，构筑有完备的要塞系统，第18师团此次出兵，除强化1个步兵旅团之外，还配备1个独立工兵联队及4个独立攻城重炮兵大队。正是有了这些自诩充足的准备，日军才放出豪言，宣称4个小时便可攻占青岛。

8月27日，日本海军在英国驱逐舰"凯内特"号先行突入破坏德军布雷的情况下，完成了对胶州湾的全面封锁。随着英国远东舰队旗舰"凯旋"号的到来，协约国方面的海军优势更得到了进一步的加强。蠢蠢欲动的日本海军随即决定不等陆军部队的到来，便出动"若宫"丸所装载的水上飞机对青岛港实行侦查和轰炸。9月5日，日本海军航空兵首次在实战中执行飞行任务。日军飞机除了在青岛港上空盘旋2个小时，摸清了港内德军舰艇的情况之外，还尝试以150毫米炮弹改装成的炸弹轰炸对手，此举也被日本方面吹嘘为世界范围内舰载航空兵的首次出击。

不过日本海军航空兵并没有得意太久，德国方面很快便出动由海军中尉普勒斯乔所驾驶的战机起飞拦截。虽然青岛上空双方所使用的均为侦察机，但德国方面所使用的奥地利"鸽"式军用飞机为单人单翼，

◎ 水上飞机母舰"若宫"丸。

浑水摸鱼——第一次世界大战中的日本陆、海军表现

较之日本方面法曼式水上飞机操控更为灵活。因此虽然数量上处于绝对劣势，德国方面却一度占据着空战的主动权。在1927年出版的普勒斯乔个人回忆录《来自青岛的飞行员》中，他不仅自称用手枪击落了一架日方战机，更宣称投弹重创日方的水上飞机母舰"若宫"丸。这其中是否存在水分，世人不得而知。但日本海军依为耳目的"若宫"丸的确在9月30日退出了战列，日方的解释是该舰于当天在崂山湾触雷。此时更需要空中侦察的日军才刚刚在青岛侧后方完成登陆和集结。

日军最初选择的登陆地点是山东半岛北部的龙口。日前之所以选择这座距离青岛上百公里的港湾登陆，一方面固然是为了避免被德军逆袭于半渡滩头，另一方面则打着躲避西方列强视线，在中国境内以战养战的如意算盘。根据中国史料记载，日军登陆之后随即向当地居民横征暴敛。仅在平度一地，就逼迫当地人民5天内交猪、羊各1000头，鸡2000只，粮食500万斤，小推车500辆。至今当地仍有民谣唱道："心焦了鸡，心焦了猪，心焦了谷草给马吃。"据说其中"心焦"是日语音译，意为"送给我"。由此可见被日本称为"日独（德）战争"的青岛之役，与日俄战争一样给普通中国民众带来了深刻的苦痛回忆。而当时中国政府无力与列强为敌，只能宣布在这场于自己国土上展开的战争中采取中立立场。

于龙口登陆虽然解决了日军的后勤问题，但9月初一场横扫渤海湾的季风却令依赖舢板换乘的日军登陆行动极为缓慢。因登陆之后又遭暴雨和洪水阻隔，等到第

◎ 日军登陆山东半岛。

18师团第一批部队抵达青岛外围时已是9月下旬。如此缓慢的进军速度自然令军方高层无法忍受，于是后续出发的第二批次部队被勒令于崂山东麓的仰口海湾配合英国陆军第2南威尔士营及第36锡克团第2连登陆，至此青岛战役才正式打响。不过此时青岛方面的德国守军已由战前的不足2500人，增至近万人。德国人之所以能在如此短的时间内，平增如此多的兵力。除了有赖于德国青岛总督麦尔瓦德抢在协约国方面展开全面封锁之前，将八国联军侵华后驻守天津的1200名德国陆军由海路运抵青岛，更要归功于德国常年以来所推行的动员体制。战争爆发伊始，滞留于中国各地的德国侨民便第一时间向青岛集中，加上从各艘战舰上抽调出来的海军士兵，青岛方面的德军虽谈不上兵力雄厚，但凭借着坚固的工事群也堪堪一战。

自从满清政府手中强租胶州湾以来，为了保护远东舰队和青岛港口的安全，德国方面规划建设了规模庞大的军事防卫工程。其中沿市区东部的太平山麓和海泊河中下游一线，构筑了南起浮山湾小湛山，北抵胶州湾内海泊河口全长六公里的步兵

War Story · 151

堡垒防御工事。其中小湛山、小湛山北、中央、台东镇、海岸五大堡垒群，全部由一处大堡垒、二至四处中小堡垒组成，每处堡垒均有地下通道连接。在大堡垒周围另有九至十三个不等的战时小堡垒，用以驻兵、贮存给养和弹药，及当作作战指挥处与掩体。步兵防御线居高临下，设计周密，易守难攻。在堡垒线外侧，开挖了一道深约5米、宽约6米的壕沟，沟底和堡垒周围架设了通上电流的铁丝网，一直连接南北海滨。在壕沟两侧，沿壕沟修筑了一长串步兵掩体和火炮、机枪掩体（地堡），配置了轻型火炮、机枪、步枪等武器，构成了长达6公里的坚固防线。德军还在浮山—孤山—楼山一线修筑了外围警戒防线。

在对海防御方面，德国海军部在规划青岛要塞时，除将原清军的炮台设施予以扩建、安设新式火炮外，又先后规划建设了一批永久性大型炮台以及步兵堡垒等防御工事。经过长达十余年的三期规划建设，到1914年第一次世界大战爆发前夕，青岛要塞已基本建成。在前海一线，修筑了团岛炮台、台西镇炮台、青岛炮台、俾斯麦南炮台、汇泉角炮台等五大海防炮台；在市区主要山头上，修筑了俾斯麦北炮台、伊尔底斯北炮台、伊尔底斯东炮台和台镇炮台。除上述永久性海陆炮台外，德军还在战前突击建设了一批临时炮台，比如在面对要塞的陆地正面的毛奇山（贮水山）、台东镇和面海的伊尔底斯山（太平山）等地的30余座安装有中小型口径火炮的临时炮台。

德军在青岛的防御体系虽然完备，但如果日本海、陆两军能协调一致的话，仍有希望迅速打开局面。但"协调"两字在日本军队中恰恰是最难做到的。9月26日，德军主动放弃浮山—孤山—楼山一线的外围警戒防线。这本是日军乘胜追击的良机，但海军方面却不愿在清除德军岸防炮群之前对陆军的行动予以火力支援。第18师团只能占领前进阵地后，以工兵和野战炮兵对德军核心工事群展开缓慢的蚕食。

整个10月份，青岛海陆两线始终笼罩在隆隆的炮火声中。日本海军方面拥有火炮口径和射程方面的压倒性优势，且有英国战列舰助阵。陆军方面却发现己方所拥有的绝大多数野战炮，包括最新锐的四式240毫米榴弹炮，对德国工事群均难以构成毁灭性的打击。就在日本陆、海两军终日以炮击彰显存在感之际，10月17日夜，德国东亚舰队S-90号驱逐舰于青岛港内突围。一片黑暗之中，S-90号驱逐舰迎面撞上了日本海军甲午战争中的功臣——防护巡洋舰"高千穗"号。

此时的"高千穗"号已从联合舰队新锐沦落为跛足老舰，只能担负切断青岛德国人所铺设的海底电缆的杂务工作。在S-90号驱逐舰所释放的鱼雷面前，"高千穗"

◎ 轰击青岛的日本炮兵。

号来不及挣扎便在自身弹药的殉爆中沉没。不过S-90号驱逐舰在被围困于青岛港区的岁月中早已多数受创，因此虽然成功突围，但最终仍因自身的机械故障而被迫于中国沿海搁浅，随后由舰上水兵自行炸毁。

"高千穗"号的沉没，虽然导致舰长伊东祐保以下数百人死亡，但是没有影响日军围攻青岛的进程。日本陆、海军依然继续按照自己的节奏按部就班地瓦解德军的防御。10月31日，秉承着"天长节"（大正天皇嘉仁的生日）献礼的心理，日本军队才第一次海陆并举，向青岛要塞发动总攻。海军方面，日本舰队已基本完成了对德军岸防炮台的前期压制，当时各型战舰进抵至平射距离，放肆地轰击德军各主要军事设施。陆军方面用重炮轰开德军的外围铁丝网，然后凭借工兵挖掘的坑道冲入德军的堡垒，以白刃战的形式将对手逐出工事，进展依旧缓慢。直到11月6日晚，日军方攻占德军最后的制高点——鸡貂山，次日凌晨德军宣布投降，历时67天的青岛战役至此画上了一个句号。

不过，日本陆、海两军以超出对手数倍之武器和兵力，在这样一场毫无悬念的战役之中仍付出了2399人的伤亡，损失了包括巡洋舰"高千穗"号在内的5艘舰艇，实在不能说是赢得如何漂亮。

◎ 被日军炸毁的德军炮台。

1914年11月9日，流窜于印度洋的德国海军"埃姆登"号巡洋舰为澳大利亚海军的"悉尼"号巡洋舰击毁。12月8日，施佩所统率的德国东亚舰队主力在南美洲英属福克兰群岛（即著名的马尔维纳斯群岛）为英国海军"无敌"号和"不屈"号战列巡洋舰所截杀。因此日本接下来的目标，自然是寻找一种合适的方式，以便在欧洲列强忙于争斗之际，扩张其在亚洲的影响力。此时袁世凯政府内部所弥漫的躁动情绪，也令日本政府倍受鼓舞。因此在罔顾中国民众意愿的情况下，一场惊天豪赌悄然开盘。

五九国耻

第一次世界大战的爆发，对于深受西方列强欺凌的中国而言，可谓是"天赐良机"。身为中华民国大总统的袁世凯，虽然怀着作壁上观的心理，并没有第一时间选择投身战团，但却与同样宣布中立的美国积极接触，希望能借美国之手实现列强在华租借地和租界的中立化。但这一美好意愿很快便由于日本的从中作梗而归于流产。反倒是德国驻华公使辛慈主动表示愿意将青岛交还中国。此举虽然无法改变中华民国在外交上依旧倒向协约国阵营，但多少为德国在袁世凯及其政府内部赢得了一些感情分，为其日后在中国政府及北洋军系统中的活动打下了基础。

随着日本出兵青岛，将战火蔓延到中国的领土之上，中华民国政界高层之中一度出现了与日本绝交开战的呼声，据说袁世凯本人也曾亲自向时任陆军总长的段祺瑞问询对日作战是否可行，但在段祺瑞"毫无胜算"的回答面前，袁世凯也只能效仿日俄战争的先例，宣布山东潍县车站以东为交战区，在日德交战中保持局外中立的态势。但中华民国的外交照会，在向来独断专行的日本军队眼中毫无权威。9月25日，日军占领潍县车站，随后又将部队派往青州、济南，于10月6日宣布接管德国所建造的胶济铁路全线。

对于日本方面的强横和贪婪，在甲午战争前曾担任满清政府驻扎朝鲜总理交涉通商事宜大臣的袁世凯可谓早有领教。但此时的中国依旧处于晚清以来积贫积弱的状态，因此袁世凯所能想到的对策也唯有"挟西方以制东瀛"而已。青岛战役期间，袁世凯向其所熟识的英国驻华公使朱尔典求计。站在英国的立场之上，朱尔典自然鼓动中国对德、奥宣战，宣传唯有加入协约国阵营，英国才好出面调停中日矛盾。以袁氏之老辣，自然不难看出朱尔典的意思。于是开出三项条件作为加入协约国的前提：甲、协约国垫款整顿中国兵工厂，英法派专家指导中国军火工业；乙、各协约国没经中国同意不得签订与中国有关的条约；丙、各国在中国之租界不得包庇中国政治犯。

应该说袁世凯所列的这三项条件开价不高，且颇具可操作性，如果真能达成，对于当时的中国均颇为有利。但在当时的国际形势之下，协约国阵营在东亚问题上必须征求日本的意见，"袁氏三条"虽得到英、法、俄三国政府一致同意，但却在日本的明确反对之下，只得再度作罢。而利用中国政府此时在外交上摇摆不定，尚未正式加入协约国阵营之际，日本也决心趁势解决所谓的"中日外交悬案"，于是乎中华民国外交史上最为著名的不平等条约——"二十一条"在日本外相加藤高明的运作之下正式出炉。

所谓"二十一条"其实是日本方面向中国提出的《中日新议定书》的简称。这份议定书最初于1914年8月21日披露于向来反对萨长同盟的《朝日新闻》之上。当时日本国内的各主流刊物都在鼓吹日本参战和趁势扩张在华权益，因此《朝日新闻》的这篇以时政评论面目出现的报道并没有引发国际社会太多的关注，反倒是在日本国内成为外相加藤高明等财阀代表向山县有朋等政坛元老施压的有力武器。

自日本加入协约国阵营以来，加藤高明与山县有朋的关系便势如水火。山县有朋等元老除了反对急于对德宣战之外，在对华问题上也主张持重，认为日本应该"怀柔统一中国之人物（指袁世凯）"。但在加藤高明看来，在西方列强无暇东顾的情况下，袁世凯政权根本无力对抗日本，完全可以通过武力威压达成全面的对华控制。这一思路显然与二次革命中指责桂太郎内阁软弱，青岛战役时鼓吹"以山东为根据地，谋求向扬子江两岸的中原地区进行扩张"的日本民间右翼势力不谋而合。

1915年1月，在中国政府宣布废除山东交战区，要求日本从青岛和胶济铁路沿线全面撤军的情况下，加藤高明授意驻华公使日置益面见袁世凯，递交修订版《中日新议定书》。这一版的议定书由五大部分、二十一条组成。其中第一部分所涉四条，主要是关于日本接收山东省内旧德国权利，并扩展筑路权、定居权和通商权的要求。第二部分的七条内容要求将日本在关东州租借地、南满铁路、安奉和吉长铁路的权益再展期99年，以及扩张日本人在内蒙东部和南满的开矿、定居、通商权利。第三部分有两条，要求日本独占汉阳、大冶、萍乡的煤铁事业。第四部分要求中国不将沿海口岸和岛屿割让他国。

如果说前面四部分总计14条内容仍属于日本将在华非法所得扩大化和条约化的话，那么第五部分所涉及的七条内容却是赤裸裸地将中国视为被吞并前的大韩帝国那样的"被保护国"。条约要求中国政府聘用日本人担任军事和财政顾问，且日本顾问需多于他国顾问的总数；中国警察由中日合办或聘用日本顾问；中国军队所需的军械器材由日华合办的军械厂供应，或向日本采购；湖南、湖北、浙江、江西、福建等省铁路建造权利交与日本；承认日本在中国各地医院、寺院、学校的土地所有权，并承认日本的布教权。

以加藤高明的外交经验，自然知道这些条款不仅中国政府难以接受，西方列强更将出面干涉。因此其在要求驻华公使日置益当面提交"二十一条"之时，不仅希望袁世凯予以保密，更开出了"日本政府支持大总统高升一步"的回扣。此时的袁世凯已操纵国会颁布了《修正大总统选举法》，规定总统任期十年，且可连选连任。以袁世凯当时55岁的年纪及其健康状况而言，此举已等同于获得了终身制大总统的权限。日本政府所谓"高升一步"的暗示，自然指的是此时袁世凯正悄然运作的称帝计划。

袁世凯谋求称帝，固然有其个人成为"九五至尊"的野心图谋，以及其子袁克定"父传子、家天下"的鼓动煽动，但最为根本的动机和推力来自于当时中国的政治生态。辛亥革命以来中国虽然进入了共和时代，但掌握军政大权的依旧是满清政府的旧官僚和大小军阀。他们之所以拥护袁世凯，逼迫清帝逊位，无非是基于对满蒙贵族独揽朝政的不满。随着中华民国的建立，这些并不习惯于西方议会、党派政治的旧时代人物，自然将封妻荫子、富贵永享的梦想，寄托于重建封建秩序之上。这种诉求很快便形成一股"劝进"的风潮。袁世凯与其说是这股风潮的引领者，不如说是被其推向改元建制的浪尖之上。

以牺牲中国的主权去换取日本政府所谓的"支持"，以袁世凯的政治眼光不难看出其中的利弊关系。如果全盘接受"二十一条"，那么即便成功称帝，袁氏

◎ 袁世凯签署的同意《中日民四条约》的授权书。

家族做的也不过是日本羽翼之下的儿皇帝，早晚难逃大韩帝国李氏王族的悲惨命运。不过在政坛混迹多年的袁世凯也不可能当面拒绝对方的"美意"，于是这位大总统只是粗略地看了一下条约便让日置益去找中华民国外交部商谈去了。

此时主管中华民国外交部的名义上是部长陆征祥，但实权却掌握在次长曹汝霖的手中。毕竟早在1905年，中日双方就日俄战争结束后的东三省主权问题展开谈判之时，曾留学日本的曹汝霖便以翻译兼顾问的身份在袁世凯身边工作。袁氏问鼎总统宝座之后，曹汝霖自然水涨船高，坐上了外交部的第二把交椅。1915年2月2日，中日双方就"二十一条"的相关内容于北京外交部迎宾馆正式展开秘密谈判。虽然后世对陆征祥、曹汝霖颇多苛责，认为其参与该项谈判本身就是卖国。但从中日谈判漫长的拉锯过程来看，曹汝霖事后在回忆录中所说"此次会议，我与陆总长，殚精竭虑，谋定后动……会议结果，虽不能自满，然我与陆总长已尽最大努力矣"的说法也并非全盘自我开脱。

在与中方的外交谈判始终无法取得突破的情况下，本属机密的"二十一条"的全文又通过各种渠道流向新闻媒体。一时间各大中外报纸争相转载，中国民众固然群情激奋，于各地掀起排日风潮。英、法、俄、美驻日公使也纷纷向日本政府提出质询。加藤高明起初只承认"二十一条"中的第一、第二部分，在美国方面的高压之下，才又追加承认了第三、第四部分。但对于最为关键的第五部分，日本外务省却始终予以隐瞒，甚至在美方所提供的真凭实据面前，加藤高明仍狡辩说这部分内容仅为日方的"希望"而非"要求"。

西方列强的介入，固然对日本政府有所牵制，但此时欧洲大陆激战正酣。美国政府虽然宣布中立，但也不得不密切关注大西洋彼岸的战事。因此"二十一条"内容的披露，虽然令日本政府一度焦头烂额，但也令其更为疯狂地向中国施压。3月，日本向中国大陆的旅顺、天津、青岛、汉口等地增派驻军，俨然有逼迫袁世凯政府签署城下之盟的意味。4月26日，日本代表提出最后修正案，做出一些小让步。5月1日中国方面提出修正案，仍坚持自己的立场。最后在西方列强的压力之下，日本政府删削了对中国最为不利的第五部分要求，但态度更趋强硬。5月6日，日本方面以最后通牒的形式，要求中国政府于5月9日午后六时前答复，否则将执行必要之手段。英国公使朱尔典此时也不得不提醒袁世凯："中国政府除接受日本条件外，别无自全之道。"

◎ 近代史上两度被指为卖国贼的曹汝霖。

无奈之下，袁世凯政府于5月9日被迫接受日方所提出的最终修正案。此后，双方分别准备签约事宜。1915年5月25日，双方在北京签署《关于山东省之条约》、《关于南满洲及东部内蒙古之条约》及13件换文，总称《中日民四条约》。《中日民四条约》和"二十一条"相比较，除了删除了最为关键的第五部分之外，在很多具体的条款上也作了相应的修正。但即便如此，曹汝霖仍感叹："余心感凄凉，若有亲递降表之感。"

纵观"二十一条"从提出到签署，整个事件堪称是与日本军方独断专行相对应的一次"外交暴走"。加藤高明依赖日本财阀和右翼势力，悍然摒弃山县有朋等元老的意见，以空前强硬的姿态推行自己的外交路线，虽然最终涉险过关，但除了全面激化中日、美日矛盾之外，日本所获之实惠其实并不多。也正因如此，加藤高明本人在"二十一条"签署后不久即在日本政坛的斗争中失势，被请出大隈内阁，开始了其本人长达8年的在野生涯。

条约签订后，中华民国全国教育联合会随即决定，各学校每年以5月9日为"国耻纪念日"举行纪念，借此警励国人毋忘此日，誓雪国耻。袁世凯本人也宣称要："埋头十年，与日本抬头相见。"但所有秉承美好愿景的炎黄子孙都没有想到苦难深重的中国要等到30年之后，才能真正在日本面前抬起高昂的头颅。

西伯利亚风暴
日本对苏俄革命的干涉

洪宪帝国

　　由日方提出"二十一条"所引发的五九国耻,本是袁世凯政府凝聚民心、实干兴邦的良机。但就在国人翘首期盼这位大总统拿出实际行动之际,等来的却是一场所谓"共和不适于中国国情"的大讨论。挑起这一话题的,是中华民国的美籍宪法顾问——弗兰克·古德诺教授。1915年8月3日,一篇由其撰写的英文政论《共和与君主论》被发表于《北京每日新闻》之上,随即引发了中国国内一片关于政治体制的大讨论。不过古德诺教授名头虽大,但《北京每日新闻》毕竟是一份英文报纸,之所以能在如此短时间内造成这番轰动效应,其背后自然不乏炒作和推手。

　　事实上共和政体不适用于中国的言论,早在辛亥革命之前便早已有之。康有为为首的保皇党正是打着唯有君主立宪才是王道的旗子,对抗孙文等革命党人。但自末代皇帝溥仪逊位以来,民主共和的思想早已深入人心。此时重启共和制与君主立宪制的大讨论,有识之士自然会产生大总统袁世凯有称帝图谋的联想。果不其然,就在古德诺所著的《共和与君主论》发表后不久,1915年8月14日,深受袁世凯信赖的参政院参政杨度,串联晚清名流孙毓筠、李燮和、胡瑛、刘师培及严复等人,打着"纠集同志,以筹一国之安"的名义组建筹安会,公开宣称"我国拨乱之法莫如废民主而立君主;求治之法,莫如废民主专制而行君主立宪",为袁世凯称帝张目。

　　杨度出生于湖南湘潭,由于其参与科举之时恰逢康有为、梁启超等人发起的公车上书运动,且积极响应,因此在戊戌变法失败后一度被满清政府打入另册,被迫长期避祸日本。不过杨度虽然对梁启超持弟子礼,又频繁参与孙文领导的革命党人在东京的各项活动,但究其思想,却更接近于晚清名士王闿运的帝王之术。

　　王闿运是杨度的同乡,杨度1895年便拜入其门下。王闿运可谓是其政治上的启蒙老师。杨度曾

◎ 以帝师自诩的杨度。

对孙文表示："吾主君主立宪，吾事成，愿先生助我；先生号召民族革命，先生成，度当尽弃其主张，以助先生。"但从戊戌变法到辛亥革命，杨度始终没有任何践行自己的理想的举措，倒是频频替满清贵族捉刀，撰写各类"不谈革命，只言宪政"的政治论文，由此可见其早年和友人所说的"余诚不足为帝王师，然有王者起，必来取法，道或然与？"的玩笑话才是其真正的人生目标。辛亥革命爆发之后，杨度也未遵循当年向孙文许下的"尽弃主张，以助先生"的许诺，而是加入了袁世凯的幕僚行列。显然在奉行"金铁主义"的杨度眼中，既无金以发饷，又无铁以炼兵的孙文并非是其能够依附的王者。

1914年袁世凯借镇压二次革命之机解散国会，杨度自认时机成熟，随即写了一篇《君宪救国论》呈上。从日后形势的发展来看，杨度所谓"中国如不废共和，立君主，则强国无望，富国无望，立宪无望，终归于亡国而已"的预见，可谓危言耸听，但其"以专制之权，行立宪之业，乃圣君英辟建立大功大业之极好机会"的主张，却正挠中了袁世凯的痒处。

自辛亥革命以来，袁世凯虽然名义上是权力无可复加的民国大总统，但内有国会及各类约法牵制，外有诸省督军掣肘，常感于有心无力，放不开手脚。如果说袁世凯所谓中枢内部"疏通动需数月，求才则几熏丹穴，共事则若抚娇儿，稍相责难，动言引退"，外省"上自诸司，下逮州县，皆恃党籍为奥授，胁长官而自署"的局面，随着国民党人势力在二次革命失败后被驱逐出政治舞台而有所改善的话，那么由北洋六镇将佐所演化而成的北洋各派军阀却是袁世凯始终无法治愈的顽疾。一方面袁世凯需要仰赖这些强兵悍将压制异己、维护威权，另一方面却又对其不断扩张势力，尾大不掉心怀忧虑。

成功镇压二次革命以来，袁世凯在北洋军中的心腹已经稳居中枢要员和各省督军的位置。这方面的代表人物是陆军总长段祺瑞、江苏都督冯国璋以及长江巡阅使张勋。袁世凯对于以上三人虽然均有知遇之恩，但随着三人羽翼渐丰，他们对袁世凯的态度也日渐产生了变化。根据袁世凯秘书夏寿田的说法，段祺瑞不仅"素性刚愎，有主见，平时对项城（袁世凯）不事趋承"，执掌陆军之后"所识拔者，多半为其学生部署，隐然成一势力"。

冯国璋虽然性格相对宽厚，但听闻袁世凯有称帝图谋之后，也主动从南京跑来问询。袁世凯虽然当面表示："所贵乎为皇帝者，无非为子孙计耳。我的大儿子身有残疾，二儿子想做名士，三儿以下都年幼，岂能付以天下之重？"但袁世凯心里却知道冯国璋此举无非是求财求爵，毕竟当年在镇压武昌起义的前线，冯国璋听到清廷加封自己为二等男爵竟然感激流涕。

驻守徐州的张勋向来我行我素，其所部不仅拒绝剪掉辫子，更在公署之中拒不悬挂民国国旗，只弄个写有"张"字的大红旗高高挂上。袁世凯有事与其相商，也不得不放低姿态，以"我弟素明大义，洞察时局"夸奖一番，才能开口谈事。而这些问题在杨度看来，随着中华民国的政治体制由民主共和制转为君主立宪制，均可迎刃而解。

一方面国体既然改变，那么此前所颁布的各项法律法规自然全部作废，袁世凯可以按照自己的理念重新颁布宪法、组织国会、任命内阁。另一方面民主共和体制之下，大总统和陆军总长并无从属关系，而一旦转为君主立宪，中华帝国皇帝便是三军最高统帅，段祺瑞在陆军中的势力随即不攻自破。而君主立宪制之下，冯国璋、张勋之辈也必须向袁世凯家族输诚，才能换取封公加爵的世袭荣华。正是基于以上的考量，袁世凯才敢于放手让杨度等人制造舆论，谋求称帝。

在杨度所主导的筹安会的运作之下，一时间中国各地诸多要求改变国体的请愿团如雨后春笋般集体涌现，甚至出现了"乞丐请愿团"、"妓女请愿团"、"人力车夫请愿团"等不伦不类的组织。1915年9月1日，代行立法院权限的参政院举行开幕典礼，又有诸多政府要员请愿改变国体，一时间推行君主立宪风潮可谓甚嚣尘上。此时的袁世凯却没有趁势而为，反倒是出面呼吁："改革国体，经纬万端，极应审慎，如急遽轻举，恐多窒碍。本大总统有保持大局之责，认为不合事宜。"此举固然是袁世凯三辞而受的政治手腕，但同时也折射出他本人在称帝问题上依旧有所顾虑。

9月19日，以梁士诒为首的全国请愿联合会取代筹安会，向参政院呈上第二次请愿书，要求召开国民会议，由全国选出代表决定国体问题。至此袁世凯的称帝问题正式进入"民主"程序。1915年12月7日，北京及各省投票推戴一律告竣，上报参政院，并推定参政院为国民代表大会总代表。12月11日上午9时，参政院举行总开票。各省国民代表共1993人，其中赞成君主立宪票1993张，无一票反对，更无一张弃权。各省的推戴书上一致写着："恭戴今大总统袁世凯为中华帝国皇帝，并以国家最上完全主权奉之于皇帝，承天建极，传之万世。"

接到推戴书之后，袁世凯依旧不可能接受。表示自己"上无裨于国计，下无济于生民，追怀故君，已多惭疚，今若骤跻大位，于心何安"。其中的弦外之音，杨度等人岂能听不出来。参政院秘书厅仅用15分钟就拟成2600余字长文，称颂袁大总统有经武、匡国、开化、靖难、定乱、交邻等六大功烈，固请袁世凯称帝。第二天一早，袁世凯才最终表示："天下兴亡，匹夫有责，予之爱国，讵在人后？但亿兆推戴，责任重大，应如何厚利民生，应如何振兴国势，应如何刷新政治，跻进文明，种种措置，岂于薄德鲜能所克负荷！前次掬诚陈述，本非故为谦让，实因惴惕文萦，有不能自己者也。乃国民责备愈严，期望愈切，竟使予无以自解，并无可诿避。"俨然是一副为了救国救民，只能责无旁贷地去当皇帝的委屈样子。随后，他们开始拟定1916年为洪宪元年，行君主立宪政体，把总统府改为新华宫，并拟定《新皇室规范》，其中包括"亲王、郡王可以为海陆军官，但不得组织政党并担任重要政治官员；永废太监制度；永废宫女采选制度；永废各方进呈贡品制度；凡皇室亲属不得经营商业，与庶民争利"。

就在称帝闹剧一幕幕上演的时候，前云南督军蔡锷，已在"全民公投"结束前夕潜回云南。他与下属唐继尧一起通电谴责袁世凯违背昔日拥护共和的誓言，要求其立刻取消帝制，惩办祸首，否则便宣布云南独立，出师讨袁。此后蔡锷、唐继尧更与经越南回国的国民党籍前江西都督李烈钧联名通电，宣布云南独立，同时组建护国军，北上讨袁。袁世凯随即成立征滇临时军务处，调动江西省赣北镇守使马继增、南昌镇守使张敬尧、广惠镇守使龙觐光，兵分三路围攻云南。

马继增和张敬尧均为北洋六镇出身的悍将，是昔日镇压二次革命的急先锋。龙觐光虽非北洋系出身，但也是粤军中的实力派，加上居后接应的征滇军总司令曹锟所部，仅从纸面兵力上看，袁世凯方面对蔡锷等人所组建的护国军可谓形成了绝对优势。但从战场态势来看，却不难发现袁世凯所调遣的三路人马均不与云南直接接壤。马继增所部由江西出发需经湖南，才能进入川贵一线布防。张敬尧所统领的第7师刚刚完成了对白朗领导的农民起义军的镇压，驻守于河南一线，需通过陕西或湖北才能进入四川主战场。龙觐光率领的粤军相对距离云南较近，但也仍需通过广西全境，才能逼近昆明。那么袁世凯为什么不就近调动四川、贵州、广西三省军队用于征滇呢？在调动张敬尧所部入川的同时，又为何跳过了同为北洋系的陕西督军陆建章呢？

日后袁世凯称帝失败，时人写了一副"起病六君子，送命二陈汤"的对联讥讽其用人。所谓"六君子"，在中药中指的人参、白术、茯苓、炙甘草、半夏、陈皮，此处则既可指死于袁世凯告密的谭嗣同等戊戌六君子，也可指杨度等筹安六君子。"二陈汤"本是用半夏、陈皮熬制，主治咳嗽的一味饮剂，此处说的却是四川督军陈宧、陕西镇守使陈树藩以及湖南督军汤芗铭。

"二陈汤"并非北洋嫡系，不过此前在拥戴袁世凯称帝的问题上颇为积极。陈宧更是在出任四川督军之时，对袁世凯伏地九叩首，大呼："大总统如明年还不登基，我陈宧此去到死都不回来了。"可谓丑态百出。但以袁世凯的老辣应该不难看出这些肉麻的行为艺术，背后无非是蝇营狗苟的利益算计。何况陈宧本是湖北新军出身，在四川全无根基，指望他能统率地域观念极强的川军镇压护国军也并不现实。

二次革命之后，袁世凯虽派遣自己的亲信陆建章出任陕西都督，但强龙难压地头蛇，陕西本土势力"反袁逐陆"的暗流始终汹涌。在这样的情况下，袁世凯虽然厚待陕西出身的当地军阀陈树藩，但对其

◎ 护国军出征前夕蔡锷等人的合影。

仍有所防范。至于汤芗铭本就是一个反复无常的小人。其早年加入孙文领导的兴中会后不久便突然取走入会盟书，向清廷告发革命同志。武昌起义后，时为满清海军参谋长的汤芗铭又率舰队于九江起义，在孙文组建的中华民国临时政府中出任海军部长之职。二次革命爆发，本应属于国民党阵营的汤芗铭又率舰队于江西湖口炮击李烈钧所部，主政湖南期间更大肆屠戮爱国群众，人称"汤屠夫"。对于这样一个"政治变色龙"的忠诚，袁世凯很难有所期待。至于广西督军陆荣廷、贵州督军刘显世，本就是独霸一方的土皇帝，袁世凯对其本就诸多猜忌和防范，而事态的发展也基本在袁世凯的预料之中。

蔡锷等人宣布云南独立之后，贵州的刘显世随即响应。其所部黔军在配合蔡锷的滇军北上四川的同时，分兵进入湘西。国民党籍湖南军事厅长程潜随即于靖县发动起义。但随着马继增所部第六师抵达战场，1916年初湖南的局势仍属于可控的状态。蔡锷的滇黔联军进入四川之后，虽然得到了川军第二师的响应，但护国军在围攻重镇泸州不克的情况下，于2月23日退守纳溪，据险而守，以游击战不断消耗对手。蔡锷此举战术上无可厚非，但战略上却远离川滇主要通道，让本就后勤不继的护国军更显颓势。与此同时，龙觐光的粤军

于2月进抵滇桂边境，与护国军李烈钧部形成对峙的状态。如果这样的局面继续下去，以一隅而抵全国的护国军的失败只是时间问题。但偏偏3月22日，袁世凯却通电全国，宣布取消帝制。那么在这短短的一个月时间里究竟发生了什么？

满蒙"再独立"

长期以来关于袁世凯称帝的问题，有一个故事总为人所津津乐道，那就是袁克定伪造《顺天日报》案。事情的经过并不复杂。大体上说的是，袁世凯习惯通过日本人发行的《顺天日报》了解日本方面对自己称帝事件的相关态度，于是一心想要爬上太子宝座的袁克定便伪造了一份满是拥护帝制的假《顺天日报》专供袁世凯阅读，袁世凯被这份假报纸"忽悠"，误认为日本及中国民众拥护帝制，才最终贸然决定推行帝制。直到某日一个偶然的机会看到真的《顺天日报》才恍然大悟，自己长期以来都被爱子蒙在鼓里。

伪《顺天日报》事件流传很广，究其原因无非是袁氏子弟借此事以证明自己的父亲在称帝事件中属于被蒙蔽的受害者，而反袁各派势力则通过此事来证明袁世凯的昏聩无能。在这样双重因素的影响之下，伪《顺天日报》事件便成了中国近代史上一桩铁案。虽然人证很多，但仔细分析之下仍不难发现

◎ "二陈汤"之一的陈树藩。

其中疑点颇多。袁世凯身为一国元首，即便受人蒙蔽，也不太可能仅仅凭一份报纸去揣测日本政府的外交态度。

事实上早在正式启动称帝流程之前，袁世凯便通过各种渠道寻求包括日本在内的各国列强的支持。此时的西方各国正沉浸于一战的烽火硝烟之中，自然无心过问中国的内政。因此日本的态度便成了影响袁世凯能否成功称帝的主要外部因素。恰在此时（1915年9月），日本首相大隈重信发表谈话，宣称君主政体更适合中国，而袁世凯则是胜任未来中华帝国君主的极佳人选，但前提是中国的政治发展不妨碍日本的利益。在袁世凯看来，自己虽然在"二十一条"事件中并未完全遵照日方的要求，但《中日民四条约》的签署也算照顾了日本在华利益。因此袁世凯对日本的支持一度信以为真。

其实1915年上半年，大隈内阁的日子也并不好过。面对西园寺公望引退后，立宪政友会新任党魁原敬咄咄逼人的政治攻势，大隈内阁虽然依赖财阀和萨长同盟的支持，在当年举行的大选中保住了政权，但也付出了外相加藤高明、海相八代六郎等人被迫辞职的代价，因此在对华外交干涉方面多少有些自顾不暇。随着欧洲方面的战争愈演愈烈，日本国内经济因出口的急剧增长而进入了所谓的"大战景气"的繁荣之中，外交上日本也成了交战双方都争相招揽的香饽饽。加上自1915年夏季开始，德国便积极地谋求与日本和沙俄改善关系。担心日、俄退出战争的英国政府慌忙召集协约各国于伦敦发布宣言。这份《伦敦宣言》表面上是约束各国不得单独对德媾和，但为了实现这一目的，英、法不得不在经济和殖民地范围上对日、俄做出更多的让步。

或许正是有了西方列强的背书，日本政府在1915年10月加入《伦敦宣言》之后随即改变对华政策。10月14日，大隈内阁通过反对袁世凯称帝的相关草案。10月23日，日本驻华公使日置益更伙同英、法、俄三国外交特使前往中华民国外交部，提出袁世凯称帝可能引发局势不稳，并正式提出"希望帝制暂缓进行"的外交照会。不过西方列强虽然替日本的对华干涉站台，但英、法、俄三国向袁世凯施加压力的目的，仍是希望中华民国能尽快摆明态度，加入协约国阵营。日本则不希望中国战后获得与自己相同的话语权，因此竭力反对中国参战。因此大隈内阁从一开始便将"反帝"与"倒袁"联系在一起。

于是1916年1月12日，日本政府在蔡锷等人于云南起兵的同时，高调宣布承认护国军与中华民国的征滇军为对等的交战双方，其潜台词无疑是认可护国军的合法性。与此同时，大隈内阁也正式确立默许和支持中国民间人士"倒袁"运动政策。其中所指的"民间人士"，除了从日本出发经越南抵达云南、广州的李烈钧、梁启超等人之外，其实还包括盘踞旅顺，由满清遗老组成的宗社党以及与其沆瀣一气的蒙古贵族巴布扎布。

1915年6月，中华民国政府利用沙俄忙于欧洲战事之际，与之签署《中俄蒙协约》，在法律层面遏制了外蒙宗教领袖和王公贵族的独立企图。但树欲静而风不止,醉心于将呼伦贝尔草原打造成自己独立王国的蒙古贵族巴布扎布依旧率部呼啸于内蒙锡林郭勒盟一带。在"第一次满蒙独立运动"中遭遇重创的满清宗社党人,也在袁世凯称帝过程中投衅而起。既然袁世凯可以"称帝",那么溥仪为什么不能"复辟"?1916年1月下旬,肃亲王善耆委派第七子宪奎,伙同日本预备役骑兵大尉青柳胜敏,前往巴布扎布驻地,联络共同举事。

与此同时,日军参谋次长田中义一和刚从关东都督府参谋长调任参谋本部第二部长的福田雅太郎,也在紧锣密鼓地推动其"经略满蒙"的计划。3月,陆军方面派出了土井市之进大佐、小矶国昭少佐、松井清助大尉、铃木晟太郎四人,前往中国东北。田中义一给予他们的任务是指导满蒙独立运动,至少要牵制北方势力,以帮助南方势力的继续发展,如有可能,则使满蒙派与南方派互相呼应,逼近北京;并负责起事所需资金的筹措及武器的购买和运送。

但此时的日本政府内部虽然对策动满蒙独立的意见一致,但在具体措施上,以驻中国公使伊集院彦吉为代表的外务省官员却与军方产生了分歧。在伊集院彦吉眼中,川岛浪速等浪人的计划无非是"日本军宪威力掩护之下,试图掀起不成体统之

◎ 伊集院彦吉。

掠夺性小暴动",不仅成功概率较小,更可能导致满蒙地区持久的动荡。与之相比,不如对于中国军队中有实力的势力进行内部策反。而令伊集院彦吉青睐的,正是被袁世凯封为盛武将军,督理奉天军务兼巡按使的张作霖。伊集院彦吉认为:"张作霖态度如何对东北三省今后形势关系极大……值此之际,进一步表达日本的真意,使彼独立,此乃一捷径。"日本驻奉天总领馆接到日本政府的指示后,加紧对张作霖的策反,甚至连东北三省的独立宣言都代为起草好了。

在南北两线都部署停当的情况之下,3月7日,日本内阁正式通过了"倒袁方案"。两天之后,长期称病不出的江苏督军冯国璋正式公开露面,随即与江西督军李纯、浙江督军朱瑞、山东督军靳云鹏、湖南督军汤芗茗于1916年3月20日联名密电袁世凯要求取消帝制,是为著名的"五将军密电"。以冯国璋为代表的这五省督军之中,除了汤芗茗之外,均为北洋嫡系,且掌握着富庶的东南沿海诸省。他们的突然倒戈,加上此前3月15日,广西督军陆荣廷响应护国军宣布独立,顿时令袁世凯方寸大乱,只能于3月22日宣布取消帝制。

袁世凯在尚未举行登基大典的情况下便草草收回成命,宣布取消帝制,可谓急踩刹车,自打耳光。所谓的"中华帝国"在"洪宪元年"便胎死腹中,令诸多一心

从龙的地方军阀大失所望,从而加快了袁世凯政权的崩溃。4月19日,张作霖与部下大唱双簧,逼走奉天督军段芝贵。内忧外患之下的袁世凯只能趁势任命张作霖为奉天督军兼省长。此时在日本方面看来,策动张作霖宣布独立的时机已经成熟,但日本外务省和军方的意见却仍未统一。这种政治上的反复角力最终演变为驻奉天代理总领事矢田七太郎和关东都督中村觉各行其是。

1916年5月27日,日本皇室成员载仁亲王访问莫斯科后经中国东北回国。日本驻奉天代理总领事矢田七太郎认为这是一次拉拢张作霖的好机会,他随即邀请载仁亲王的专列停靠于奉天火车站,并安排其与张作霖进行会晤。但就在张作霖志得意满地带着5辆豪华俄式马车,由骑兵卫队护卫,大张旗鼓地赶往车站,与载仁亲王进行会谈之后的归途中,他却遭到了关东军方面秘密组建的满蒙决死队的炸弹袭击。

张作霖及其亲信汤玉麟等人虽然侥幸未受重伤,但赶来慰问的矢田七太郎却深知"东北王"不会善罢甘休。而随着关东军方面对张作霖展开暗杀活动,由其支持的宗社党及巴布扎布所部蒙古骑匪发动的武装叛乱也随即揭开了序幕。

1916年5月28日,巴布扎布在阿木古郎图祭告天地,聚众发誓,扶立大清。此时中华民国正处于袁世凯病危,各派势力争权夺利之际,因此巴布扎布所部进展顺利。至7月中旬,打着"勤王复国军"旗号的数千蒙古骑匪已经逼近奉天。巴布扎布自称"统率蒙古军司令大臣",到处张贴"恢复社稷"布告。日本军方也极力宣扬巴布扎布为"成吉思汗再来"、"蒙古独立的英雄"。但事实上自进入火器时代以来,蒙古骑兵在军事上便再无优势可言。张作霖之所以迟迟没有放手与其一搏,无非是不愿轻离奉天,以免被虎视眈眈的日本关东军占了老巢。

8月13日,张作霖调动奉军主力于四平附近的郭家店围攻巴布扎布麾下的勤王复国军。被日本方面寄予厚望的蒙古骑兵在战场一触即溃,令本来准备配合其夹攻奉天的日本关东军大失所望。后者只能以"恐遭到流弹危险"为由,要求在距满铁沿线12里之内不许发生战事。即便如此,巴布扎布也已兵败如山倒,只能向蒙古草原溃退。一路纵兵骚扰的蒙古骑匪,在热河林西被张作霖用重兵包围,巴布扎布被打死,余部作鸟兽散。"第二次满蒙独立运动"再告失败。就在张作霖部大败巴布扎布之时,日军方面却悍然滋事,再度令东北陷入了战争的边缘。

◎ 载仁亲王。

军部当国：近代日本军国主义冒险史（从明治到大正）

◎ 日本方面发行的郑家屯明信片，可见"满蒙咽喉"字样。

　　1916年8月13日，郑家屯日商广济堂药房店员吉本无理殴打中国卖鱼儿童，引起驻该地奉军28师55旅士兵的不平，大家出面劝阻。吉本故意扩大事态，引来日军20余人，闯入中国驻军团部，公然开枪射击，打死奉军4人，伤数人，奉军被迫还击，打死日军7人，伤9人。事发后，辽源县知事前往日军营表示慰问，竟然被扣。两天后，大批日军开至郑家屯，占据辽源镇守使署和奉军兵营，是为轰动一时的"郑家屯事件"。

　　8月15日，张作霖致电日本关东都督，就郑家屯事件表示歉意。其实日军制造此事件的真正用意在于借此牵制奉军兵力，缓解巴布扎布的军事压力，同时日本自己也想借机扩张势力，于是他们根本不理睬张作霖，径直向北京政府提出一系列侵害中国主权的无理要求：惩办肇事官兵；日本在南满及东部内蒙设立警察署；聘用日本人做军事顾问及教官；奉天督军要亲往

关东都督府和奉天日本总领事馆谢罪；对死伤的日军士兵及家属提供相当的抚恤金等。张作霖于1917年3月7日竟亲赴日本驻奉天总领事馆道歉，同时付给日商吉本抚恤金500元，并惩办了与郑家屯事件有关的官兵，以此博得日本政府的好感。从此，日本停止了对宗社党的支持，转而支持张作霖。

　　郑家屯事件对张作霖而言虽有失面子，但日本政府在蒙古王公冰山难靠，满清宗社徒付呼呼的情况下，将扶植张作霖变成了巩固满蒙地区权益的唯一选择。更何况此时北京方面所爆发的"府院之争"也令日本政府对华干涉呈现失控的状态，以张作霖为代理人稳住东北，也不失为一个万全之策。

干涉苏俄

　　1916年6月6日，一代枭雄袁世凯在进退失据之中，因尿毒症病逝于北京。杨

度以"共和误民国,民国不误共和;千载而还,再评此狱。明公负洪宪,洪宪不负明公;九原可作,三复斯言"的挽联表达了袁世凯在称帝问题上的首鼠两端。但不可否认的是,袁世凯在关键时刻的悬崖勒马,至少保全了中华民国形式上的统一。此后,按照相关法律,副总统黎元洪继任中华民国大总统,而在袁世凯病危之际出任国务总理的段祺瑞以北洋正统的名义,秉持国政。

袁世凯逝世前后,正值欧洲战场列强撕咬的高潮。1916年2月21日,德国集中兵力于西线发动了著名的凡尔登战役。德国海军也精锐尽出,试图于北海战场寻机歼灭英国本土舰队一部,改变被其封锁的态势。1916年5月31日,第一次世界大战中规模最大的海上交兵——日德兰海战正式打响。为了缓解德军对巴黎的威胁,俄军于当年夏季在东线发动了声势浩大的勃鲁西洛夫攻势,7月1日英军于凡尔登以北发动了索姆河战役。但这几场规模空前的海、陆大会战,并未改变双方僵持不下的战略态势,反而令欧洲列强在战争中精疲力竭,不得不寻求外交上的突破。始终没有明确表态的中、美两国,便成了双方争夺的焦点。

中华民国虽然军备不振,但却拥有着庞大的人口储备。因此早在战争爆发之初,法国便设立了惠民公司招募大批华工送到欧洲服务。中华民国方面也积极促成此事,是为"以工代兵"。在日本迟迟不肯派遣陆军前往欧洲大陆参战的情况下,几个师的中国队伍对于已经承受了巨大人员伤亡

的英、法,也可谓是雪中送炭。此时长期以来作为中国参战最大障碍的日本,也积极扶植段祺瑞,力促中华民国向德宣战。毕竟在协约国阵营内部强大的压力下,日本政府已经被迫同意派遣"明石"号装甲巡洋舰及8艘新锐驱逐舰前往遥远的地中海护航。如果中国方面再不向欧洲提供支援的话,日本将不得不用自己的陆军士兵去填那似乎永远得不到满足的"凡尔登绞肉机"。

在日本方面愿意慷慨地出钱、出枪的情况下,中华民国对德宣战,派兵欧洲似乎毫无阻力,但偏偏此时大总统黎元洪却操纵国会公然反对参战。黎元洪此举于私自然是为了避免段祺瑞等北洋军阀借参战之机操控政权,于公则是受到了美国政府的授意。因为在美国国务卿蓝辛看来,中国一旦参战,其军事指挥权便将被制于日本之下。面对黎元洪的阻挠,力主参战的段祺瑞以辞职相要挟,黎元洪随即免去段祺瑞的相关职务,是为"第一次府院之争"。

◎ 辫帅张勋。

段祺瑞虽然通电下野，但背后却是北洋系各路军阀的鼎力拥戴。1917年5月26日，安徽督军倪嗣冲率先通电称不承认罢免段祺瑞，宣布本省独立。之后陆续有七省宣布独立，脱离中央。黎元洪无奈之下，只能邀请在北洋军阀中颇有声望的张勋由徐州北上调停。而张勋率其所部"辫子军"进入北京之后，随即宣布解散国会，拥戴溥仪复辟。张勋此举的背后除了个人的野心之外，据说还有德国驻华公使辛慈的推波助澜。

后世论证张勋的复辟，往往认为其行事鲁莽、自不量力。但事实上以几千精兵控制中枢、左右朝纲，古今中外均不乏成功的先例，何况张勋的行动还得到北洋元勋王士珍等人的支持。如果不是段祺瑞第一时间于天津组织讨逆军，以曹锟所部为前锋迅速攻入北京的话，张勋复辟未必不会成为一场中国版的雾月政变。

张勋复辟虽然很快便在段祺瑞的武力镇压下归于失败，但却给中华民国政府留下了无法弥合的裂痕。长期流亡海外的孙文，于第一次府院之争全面爆发之际，悄然回到上海。张勋复辟之时，孙文呼吁国会议员南下，各省革命党人出师讨逆。而段祺瑞驱逐张勋后，解散国会，扶植冯国璋为大总统时，孙文更进一步南下广州，以拥护《临时约法》恢复国会为名，展开轰轰烈烈的护法运动。孙文此时的幕后金主，已经由长期予以其资助的日本换成了一心想要牵制中国参战的德国。德国驻华公使辛慈特命德国驻上海总领事克里平竭力联络孙文，表明德国愿支持中华革命党人运动并同盟对抗日本。

可随着南方诸省反北洋系军阀与段祺瑞达成南北和议，不满被架空的孙文离开广东，避居上海。对于段祺瑞所操控的北京政府而言，护法运动虽对参与欧战产生了一定的影响，但也正因为护法运动的阻挠，中华民国避过欧洲大陆最为血腥的战事。而随着十月革命的爆发，武装干涉苏俄内战成为协约国阵营赋予中、日的新使命。

1917年11月7日的苏俄十月革命，标志着人类第一个无产阶级政权的诞生，但在各路反革命武装的围攻之下，其成长的道路依旧漫长而艰辛。

首先是在辽阔的俄罗斯大地之上，各类大小军阀打着反布尔什维克的旗号割据一方。其次，德国与奥匈帝国为了解除东线的威胁，于1918年2月18日集结53个师发动了代号"冲床"的全线猛攻，在不到一周的时间里便攻占了从波罗的海到黑海之间的大片沙俄固有领土。无奈之下列宁只得与德国签署割让126万平方公里领土、赔款60亿马克的《布列斯特条约》。苏俄单方面退出战争的行为也招致了协约国方面的不满，不过此时英、法两国正全力应对德军可能在西线发动的雷霆一击。因此，英法两国除了派出少量几艘老式战舰掩护海军陆战队于俄罗斯北部港口摩尔曼斯克登陆，控制当地堆积的两国曾经运

◎ 乔装潜回俄国的列宁。

来援助沙俄帝国的物资之外，对苏俄政权组建红军征讨各地割据势力暂时只能作壁上观。

日本虽然既有利用苏俄内战扩张其东北亚势力范围的野心，又有实力将其实现，但却偏偏受制于此时国内外复杂的政治局势。1916年10月6日，大隈重信"圆满完成"了长州藩代理人的历史使命后，为山县有朋操控的贵族院弹劾下台。继任首相的是长州藩第三代大佬——朝鲜总督寺内正毅。长期仇视藩阀政治的立宪政友会随即鼓噪而起。不过此时日本国内正沉浸于"大战景气"的经济繁荣之中，各行各业都忙着埋头赚钱，因此在野政客们除了利用寺内正毅秃顶形，似美国人阿迪斯特设计的福神"比利肯"，揶揄其政权为"妖怪内阁"外，也掀不起什么风浪。长州藩方面也采取怀柔政策，以所谓"将外交、国防置于政争之外"的名义，设立了直属于天皇的顾问机构——临时外交调查委员会，邀请立宪政友会党魁原敬、在野反对党领袖犬养毅等人加入，起到招安的作用。

在长州藩眼中，临时外交调查委员会无非是一个均衡国内各派力量的政治花瓶。但原敬、犬养毅均是记者出身，除深谙操控舆论之道外，更富有外交经验。面对十月革命爆发后空前复杂的外交局面，临时外交调查委员会的作用日益加大，原敬、犬养毅的影响力自然也水

◎ 被称为"妖怪首相"的寺内正毅。

涨船高。1917年12月，十月革命的风潮席卷以哈尔滨为中心的北满地区。消息传到日本国内，以田中义一为首的长州藩少壮派随即摩拳擦掌。但临时外交调查委员会却力主持重，理由是北满虽是沙俄势力范围，但法理上仍属于中国领土，不宜直接出兵。

与日本政府内部的朝野两派角力的局面相比，同期的中华民国内部也不安宁。段祺瑞虽以"四哥快来"的电报请冯国璋出任大总统，但自古权力便没有分享之道。1917年11月，冯国璋和段祺瑞两人因各自所代表的直系、皖系军阀分赃不均而对立，是为"第二次府院之争"。身为国务总理的段祺瑞虽然在行政职权上弱于大总统冯国璋，最终不得不再度通电辞职，但他下野之后却迅速调集包括曹锟、张作霖、阎锡山在内的北方十省督军，试图以武力逼宫。恰恰就在此时十月革命的消息传来，一时之间北洋大小军阀均将此时视为外逞国威、内强军备的不二良机。冯国璋第一时间命令吉林督军孟恩远出兵哈尔滨，将中东路沿途的所谓"哗变俄军"悉数缴械礼送出境。段祺瑞也不甘人后，怂恿奉天督军张作霖遣部进驻图们江中俄口岸，就近护侨。

中国方面的积极举措随即引来协约国方面的交口称赞，冯国璋趁势以中华民国陆军部的名义向日本订购价值1700万日元

◎ 中国海军"海容"号巡洋舰。

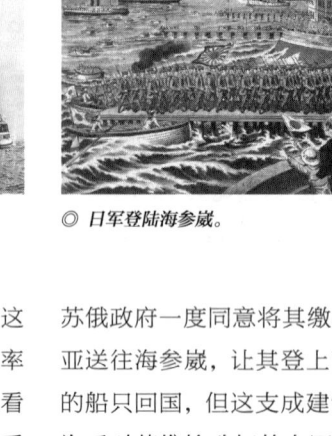

◎ 日军登陆海参崴。

的军火,准备大举武装孟恩远所部。但这批军火运抵秦皇岛之后,随即为张作霖率部夺取。这起秦皇岛劫械事件,表面上看是张作霖的个人行为,但背后却有着皖系军阀二号人物——陆军次长徐树铮和日军参谋次长田中义一的推波助澜。正是有了这批军火的支撑,张作霖于1918年3月将奉军由原来的3个师,扩充为4师5旅,之后率师入关兵谏,逼迫冯国璋同意段祺瑞复职。与此同时,中华民国海军出动"海容"号巡洋舰,运载陆军第9师第33团先遣部队以护侨名义进驻海参崴,由此正式开启了中华民国对苏俄革命的干涉之旅。

"海容"号抵达海参崴之时,港内已经停泊了英、美两国海军的"萨福克"号装甲巡洋舰、"布鲁克林"号巡洋舰。日本海军也派出了以"肥前"号战列舰为首的4艘军舰。英、美、日三国之所以如此大张旗鼓地进军海参崴,打的是拯救捷克斯洛伐克军团的旗号。所谓的"捷克斯洛伐克军团"指的是沙俄帝国在一战进程中将奥匈帝国战俘中的捷克族和斯洛伐克族士兵抽调出来所组成的部队。十月革命后,苏俄政府一度同意将其缴械之后经西伯利亚送往海参崴,让其登上西方列强所提供的船只回国,但这支成建制的部队很快便为反对苏维埃政权的白军所利用,成了苏俄内战中的一颗棋子。

协约国阵营认为,捷克斯洛伐克军团既然已经同意继续对德作战,那么就属于必须拯救的战友。不过此时德国正集结最后的力量在西线发动号称"皇帝之役"的连续进攻,1917年4月对德宣战的美国此时也不得不全力以赴地向欧洲战场输出陆军,因此协约国阵营中唯一有力量深入苏俄领土的似乎就只有日本了。

但当机会真的摆在日本眼前之时,具体的实施过程却显得异常缓慢。究其原因,主要是由于临时外交调查委员会中的原敬等人竭力反对日本单独出兵,认为拯救捷克斯洛伐克军团的任务理应由协约国共同承担。经过一番外交上的扯皮之后,才最终确定了美国组建西伯利亚远征军与日军协同行动的方案。此刻时间已经无情地走到了1918年的7月下旬。

8月2日日本政府发布出兵声明,被日

本史料称为"西伯利亚干涉战争"的军事行动由此展开。首先从日本本土出动的是驻守九州岛北部第12师团。之所以挑选这支毫无高纬度作战经验，士兵大多来自温暖的九州岛沿海地区的部队，显然是田中义一等陆军长州藩人士对时任师团长的老乡大井成元的照顾。随着8月中旬第12师团于海参崴登陆完毕，并无出色战功的大井成元顺理成章地坐上了海参崴派遣军司令官，至于普通士兵的感受则不是那些上层人士所考虑的。当然那些日军并不孤独，8月上旬来自菲律宾的美国陆军2个步兵团、驻守香港的英军1个营、法国从印度中国殖民地抽调的一个半营陆续到来，加上陆续抵达海参崴的中华民国陆军，一时间海参崴呈现13国干涉军云集的局面。但这样的盛况没有维持太久，随着夏天的逐渐过去，在未来几年的严寒之中，日军将悲哀地发现他们的盟军日益减少，最终只剩下他们在独自挨冻。

第三卷
欲壑难填

德谟克拉西
原敬内阁和日本民粹运动的发轫

躁动年代

1918年10月29日，当驻守基尔港内的德国公海舰队水兵发动哗变，以抵制自杀式的出击任务之时，各方面战争潜力均已消耗殆尽的德意志第二帝国随即进入了其生命的倒数计时。声势浩大的"皇帝之役"在1918年5月30日达到顶峰，德军前锋进抵至离巴黎仅60公里处，但随后数量庞大的美国远征军源源不断地投入战场，强弩之末的德军不得不全线后撤。至当年9月，战火已经烧到了德国境内。不甘心为帝国陪葬的德国各阶层精英纷纷开始寻找生存之道。苏俄十月革命的胜利，更令同样饱受压迫的德国民众满怀憧憬地发起了推翻帝制，终结战争的"十一月革命"。但以容克贵族为首的德意志军官团仍拥有着强大的武装，德国国内资产阶级的力量也远非沙俄帝国所能比拟。

1919年5月1日，随着共产党人所建立的巴伐利亚苏维埃共和国在反革命武装的围攻下陷落，德国"十一月革命"以失败而告终。与此同时，在巴黎郊外的凡尔赛宫内，一场关于重建战后国际秩序的谈判也逐渐进入了尾声。虽然在整个战争期间协约国阵营已经扩大为13个参战国、18个支援国组成的庞大阵营，但真正拥有话语权的依旧是英、法、美三强，意大利和日本的政府首脑和外长虽然一度被邀请加

◎ 巴黎和会的日本代表团。

入主持会议的所谓"十人委员会",但很快便因各自的诉求难以得到满足而退出。

意大利之所以退出十人委员会,主要源于此时其已经出兵攻占了本应属于南斯拉夫王国的亚得里亚海东岸港城——里耶卡。日本不愿继续担任会议的主持工作,则是因为其在战时对青岛及德属太平洋群岛的占领受到西方列强的诟病。以支援国名义参与本次巴黎和会的中华民国代表团首先提出了日本应将青岛主权归还中国的提案,中华民国特使顾维钧以"中国不能放弃山东如同基督教徒不能放弃耶路撒冷"的精彩演讲折服了与会的欧洲列强。美国总统威尔逊则随即跟进,提出已由日本事实控制的德属太平洋群岛应交由国际共管。面对加入协约国阵营以来所获取的利益可能全部丧失的局面,作为日本代表团名义首席代表的西园寺公望随即宣布退出十人委员会以表示抗议,将剩余的谈判交给自己的副手——维新功臣大久保利通之子牧野伸显去周旋。

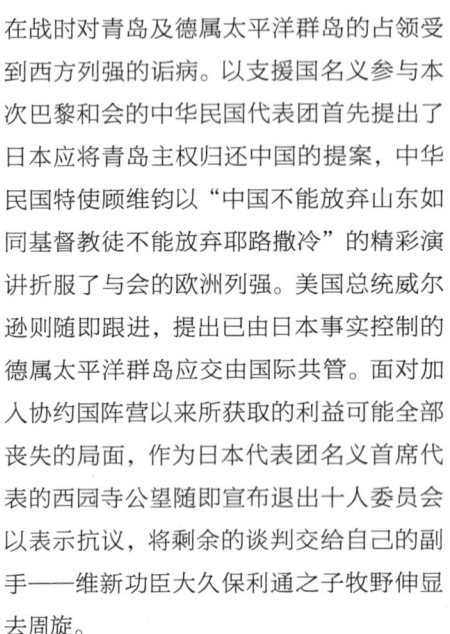

牧野伸显深知把持巴黎和会的英、法两国重心在于惩治德国以及重新构建欧洲秩序,美国总统威尔逊则一心想要推动欧洲列强主导世界的"国际联盟"计划。因此日本一方面在欧洲问题上谨言慎行,向英、法示好,一方面则高唱"种族平等"的高调,在美国起草的《国联章程》签署中制造阻力。

牧野伸显的这种外交策略很快便起到

◎ 牧野伸显。

了效果,英、法在青岛问题上对日本这个"沉默的小伙伴"投桃报李,支持其继续维持在中国山东的既得利益。美国政府虽然拒绝将种族平等条款写入《国联章程》,但也不得不在德属太平洋群岛的归属问题上向日本做出让步,提出只要日本不将这些岛屿用作军事用途,美国同意维持德属太平洋群岛的现状。至此,牧野伸显在巴黎和会的外交斡旋可谓成功收场。值得一提的是,在参与巴黎和会的诸多日本年轻一代政治家中,作为公卿贵族后起之秀的近卫文麿和牧野伸显的女婿吉田茂开始崭露头角。

巴黎和会无视中国的正当诉求,坚持将青岛继续交由日本统治的消息传回亚洲,日本方面自然弹冠相庆,激愤的中国民众却掀起了一场抵制不平等条约的抗议运动。1919年5月4日下午,北京多所高校的学生高呼"外争主权,内除国贼"等口号,冲破军警的阻挠,火烧了交通总长曹汝霖的私人官邸,掀起了中国近代史上著名的五四运动的高潮。在巨大的民愤面前,时任中华民国大总统的徐世昌将曹汝霖、驻日公使章宗祥等人免职,并授意参加巴黎和会的中国代表团拒绝在当年6月28日所达成的《凡尔赛和约》上签字。

《凡尔赛和约》虽然终结了第一次世界大战以来列强在欧洲的纷争,但保留了强大工业基础和容克军官团系统的德国却依旧存在着东山再起的资本,法国元帅福

德谟克拉西——原敬内阁和日本民粹运动的发轫

煦事后说:"这不是和平,这是二十年休战。"可谓一语成谶。在更为辽阔的世界范围之内,德国和苏俄仍深陷持久的社会动荡,无暇他顾;英、法为战争所削弱,难以维持其庞大的海外殖民地体系;在战争中韬光养晦的日、美矛盾逐渐凸显,两国在第一次世界大战之前便已悄然开始的海军军备竞赛,更令整个太平洋战云密布。

大战爆发前的1914年7月10日,时任大隈内阁海军大臣的八代六郎提出基于"八八舰队"的修正案《八四舰队大纲》。在维持日本海军保有8艘舰龄未满8年的战列舰的同时,将8艘装甲巡洋舰替换为4艘更为先进的战列巡洋舰。此时把持政权的长州藩刚刚通过西门子事件将山本权兵卫等萨摩藩元老请出现役,自然要给人心浮动的海军一点甜头。于是当年召开的首相、国会议长、陆海军大臣、陆军参谋总长和海军军令部长共同参与的防务会议上,这一方案被顺利地通过了。但随着第一次世界大战的爆发,直到1916年《八四舰队大纲》才真正得以实施。

根据日本海军的计划,未来的"八四舰队"将包括正在建造之中的4艘超无畏级战列舰:"扶桑"号、"山城"号、"伊势"号、"日向"号,以及即将开工的4艘"长门"级战列舰:"长门"号、"陆奥"号、"加贺"号、"土佐"号。4艘战列巡洋舰则除了由英国进口的"金刚"号及其在日本国内仿造的姊妹舰"比睿"号之外,计划再开工建造2艘同级舰:"榛名"号、"雾岛"号。考虑到"金刚"号和"比睿"号舰龄即将达到8年,日本海军另以替代战舰的名义,将2艘战列巡洋舰纳入建造计划,暂定名为:"天城"号、"赤城"号。从这一点来看,日本海军名曰"八四舰队"的方案,其实最终仍是通往"八六舰队"甚至"八八舰队"的曲线迂回。

1916年5月31日爆发的日德兰海战,无论是在英、德两国参战的舰队规模还是舰艇性能上均给予其日本同行以极大的震撼。抓住这一有利的契机,1917年日本海军提出追加建造2艘战列巡洋舰,同时建造一批新型轻巡洋舰及增加舰艇改良费的总计3亿零54万日元的海军预算案。由于此时的日本经济正处于"大战景气"之中,因此这批明显带有水分的宏大预算竟也顺利获批。至此日本海军名正言顺地进入"八六舰队"时代。

就在日本海军不断增建大型战舰的同时,它的主要假想敌——美国,却正以其望尘莫及的速度扩充着其两洋海军的规模。早在第一次世界大战之前,美国海军便已启动起规模宏大的造舰计划。随着战争的全面爆发,美国人表面上倾向于协约国阵营,但却始终以英国海军为假想敌,全力追赶与这个昔日宗主国的主力舰差距。至战争结束时,美国海军已拥有舰龄不满8年的战列舰11艘,在建新型战列舰9艘。另有10艘战列舰和6艘战列巡洋舰即将开工。若两国均不新增战舰建造计划的话,在并不遥远的未来,日本海军主力舰数量将仅为美国的六成。一旦日美发生冲突,美国海军将通过1914年8月15日完成试航,即将全面通航的巴拿马运河集结于太平洋战场,以泰山压顶之势摧垮任何对手。

时不我待的紧迫感，令日本海军开始谋划如何继续向防务会议伸手要钱，而就在此时一场声势浩大的米骚动席卷日本全国。所谓"米骚动"指的是在日本民众纷起抢粮的暴动。在农业并不发达的日本，历史上伴随着饥荒、战乱所发生的米骚动不胜枚举，但参与者多达百万、持续数月之久的此次大正米骚动却可谓空前绝后。

大正米骚动发轫于富山县西水桥町地区。1918年7月23日，300余名渔民妻女从四面八方走上街道，包围了米店，要求米商廉价出售大米。富山县地处本州岛中北部，其三面环绕险山峻岭、环抱深水湾的广阔平原地形，长期以来都是日本岛内少数农业、渔业均颇为发达的鱼米之乡。这样一个与世隔绝、温饱无虞的地区之所以会爆发米骚动，不得不说是拜西伯利亚干涉战争所赐。

富山县比邻日本海，与苏俄滨海州隔海相望。日军于海参崴登陆之后自然就近将富山县作为后勤枢纽，从当地购买大批军粮供应前线。当地的无良商贾更是借此机会囤货居奇。早在出兵西伯利亚的风声传来之时，富山县当地米价就疯狂上涨。

◎ 米骚动中被焚毁的铃木商店本部。

1917年底，米每升的价格是1角2分；到了1918年8月3日为3角8分，5日为4角1分，7日为4角7分，9日为5角3分，可谓节节攀升。在家中男丁忙于在外捕鱼的情况下，没有其他收入来源的渔民妻子在米价高涨之下的生活压力自然可想而知。面对围困米店的一干妇孺，西水桥町米商高松长太郎非但不愿低价抛售自家的存货，还叫来了警察。冲突随即全面爆发，并在8月3日至9日蔓延至富山县全境。

面对国内爆发的骚乱或暴动，日本政府在调集军警前往弹压的同时，往往都会第一时间封锁消息。但此时日本媒体人刚刚因为出兵西伯利亚的争议而与首相寺内正毅交恶。之前站在长州藩所代表的陆军立场之上，寺内内阁禁止报刊刊载反对出兵的内容，对发表这类文章的报纸实行禁止发行的处分。在宣布出兵命令前的7月30日，全国被禁止发行的报纸竟达50种以上。心怀不满的日本新闻从业者，自然不会放过这个还以颜色的好机会。一时间各路展示渔民妻女的生活贫苦，揭露无良米商丑恶嘴脸的报道相继出炉，在这样的舆论引导之下富山米骚动便成为富有正面意义的"越中（富山县古国名）妇女起义"。

在舆论的引导下，从8月10日开始，从东北到西南，日本全国各地均出现了要求降低米价的游行示威。入夜之后，各地市区和郊区到处都是暴动的群众，多的几千人一伙，少的百人左右。他们或冲入米店抢米，或者抓住米商，强迫他们按半价售米。在日本国内主要的大米集散地大阪，数千民众甚至攻占火车站，强行将已装运上火车的大米抢下分给贫苦民众。

更为激烈的对抗发生在新兴工商业城市——神户。8月12日下午，神户5万余市民在凑川公园集会，工人出身的社会主义者纷纷在会上热烈地发表讲话，指控"米价腾贵是由于像铃木那样的坏资本家疯狂抢购的结果"。于是在一片"打倒铃木"的口号声中，愤怒的民众冲向东川崎町的铃木总商店，在与前来镇压的警察和铃木商店雇佣的流氓激烈冲突的过程中，三层楼的铃木总商店及老板娘铃木米的住所被付之一炬。

铃木商店于1874年由下级武士铃木岩太郎创立。1894年铃木岩太郎病逝后，由其遗孀铃木米与职业经理人金子直吉共同经营。通过垄断日本占据下的中国台湾岛所出产的樟脑和砂糖，铃木商店的规模日益扩大。1905年收购了神户钢铁厂的前身，从此步入重工业领域。第一次世界大战的爆发，更令铃木商店在造船、染料、水电、铁路、能源领域大展拳脚。这段商业神话及老板娘铃木米的感情生活于2014年被日本人搬上了电视荧屏，即由天海佑希主演的《铃木商店的当家娘》。

铃木商店的成功，在当时的日本并非特例。在西方列强暂时无力东顾的情况下，"日本制造"不仅独占亚太市场，军需品和轻工业产品更行销欧美市场。1917年日本出口总值高达10.88亿日元。与此同时，日本各主要行业的利润率也高达20.9%。各类一夜暴富的行业奇迹，被日本人借用将棋游戏中的术语称为"成金"（即最为普通的棋子步兵在抵达敌阵最底线后自动升级为最高级的金将，类似于国际象棋中的同类规则）。但是在一片"铁成金"、"船成金"、"株（股票）成金"、"丝成金"的背后，日本经济在"大战景气"背后也预埋下了可怕的隐患。

出口的激增所带来的巨大财富对器小易溢的日本经济而言可谓是一剂甜美的毒药。就在"大战景气"处于巅峰的1917年，日本经济的增速却出现放缓的迹象，毕竟此时日本国内的工业扩张规模已经达到了顶峰，而各类物价飞涨的现象却已经悄然呈现。日本政府虽然采取了相应的措施，但效果却并不尽如人意。在城市人口和产业工人激增，农村人口外流，产量下降的情况下，大米的短缺更是"大战景气"的必然产物。

面对全国范围的米骚动，军人出身的寺内正毅首先想到的自然是武力镇压。虽然下达戒严令的计划由于内务大臣水野炼太郎的反对而作罢，但寺内正毅还是绕过内阁，调动陆军各师团部队前往各地镇压骚动。对于幕后煽风点火的新闻媒体，寺内正毅也自然不会放过。8月25日，日本

◎《铃木商店的当家娘》海报。

全国84家报刊的新闻记者代表召开了全关西记者大会，要求当时的寺内正毅内阁下台。大阪的《朝日新闻》做报道时，把这次集会描述为"白虹贯日"。这一汉字成语自古以来便有气势如虹和灾难之兆两种理解。寺内内阁则故意将"贯日"与天皇嘉仁联系在一起，

最终《朝日新闻》被以"这一消息是暗示革命"和"大不敬"为由起诉，该报的发行人和有关记者被判刑，社长和总编辑被迫辞职。但这一出文字狱并不能改变寺内正毅此时在舆论上被千夫所指的局面。因为和日比谷烧打事件以及大正政变一样，在纷涌的民众和难驯的媒体背后矗立着的是以西园寺公望为首的公卿阶层及其领导的立宪政友会。

庶民首相

9月21日，在西园寺公望和长州、萨摩两藩元老山县有朋、松方正义的磋商之下，寺内正毅以身体欠佳为由，宣布辞职。9月27日，西园寺公望的爱徒——立宪政友会党魁原敬受命组阁。一时间日本民间欢欣鼓舞，似乎原敬上台之后，所有的社会问题都将迎刃而解。这一切美好期待的依据，无非是原敬出身卑微，而由其所组建的内阁之中，要员也大多来自立宪政友会，不复昔日萨长同盟把持高位的局面。

事实上原敬出生于江户时代日本东北部盛冈藩，祖父原直记也曾是参与藩政的"家老"级武士。原敬之所以给人以自幼清贫的印象，无非是其父原直治早丧，盛冈藩又在明治维新中站在了萨长同盟的对立面而已。或许是因为"贼藩"的出身以及幼年的困难，原敬长期以来都对萨长同盟报以敌视的态度。在辗转于日本各大报纸，以笔为枪阐释自身看法的时代，原敬最惯用的观点就是："维新的元勋只不过擅长革命，但是缺乏建设的智慧，建设应委任懂得制法的才学之士。"而当其真正站到权力的顶点之时，这位"懂得制法的才学之士"又将交出怎样的答卷呢？

原敬内阁中的绝大多数职位均由立宪政友会的成员担任，但陆、海两军却依旧不得不交由萨长同盟打理。新任陆军大臣是长州藩的后起之秀田中义一。海军大臣则是山本权兵卫的心腹加藤友三郎。因此原敬所组织的名义上是"政党内阁"，在军事上仍难逃萨长同盟的实质控制。甚至因为无须再顾及影响，日本陆、海军在原敬内阁执政时期表现得更为跋扈。

长期以来，原敬及立宪政友会均反对出兵西伯利亚，但在其接手政权之前，日军已将进入战区的部队扩大至3个师团。除了登陆海参崴的第12师团之外，驻守旅

◎ "庶民首相"原敬。

顺的第7师团派出一个混成旅团的兵力，由长州藩出身的师团长藤井幸槌亲自率领，以"藤井支队"的名义进入满洲里地区布防。

随后陆军参谋本部又以增援为名，派出驻守名古屋的第3师团向贝加尔湖方向前进。第7师团编组于北海道地区，属于日军中少数擅长寒带作战的部队。而之所以挑选第3师团参战，除了该师团长官大庭二郎同样为长州藩人士之外，很大的因素在于这个师团从1918年6月7日完成了新型武器的换装，属于日军中吸收第一次世界大战经验进行武器、战术改革的试点部队。

日军3个师团近5万大军在辽阔的东北区地区狼奔豕突。9月5日第12师团进驻黑龙江、乌苏里江交汇处的重镇——伯力。9月8日第7师团藤井支队占领赤塔，与自称外贝加尔地方临时政府首领的沙俄哥萨克将领谢苗诺夫合流。9月18日，西进的第12师团与北进的第7师团会师于海兰泡。与此同时第12师团两个步兵中队抵达扼守黑龙江入海口的港口城市——庙街。在日军眼中，仅仅一个半月的时间便完成了对北满地区和俄罗斯滨海州的军事控制，无疑是名垂青史的赫赫武功。因此在第3师团的主力于9月21日越过贝加尔湖之时，日军已经在讨论是否应该进一步向西进击，鲸吞整个西伯利亚。

日军之所以能在苏俄远东地区如入无人之境，无非是因为此时保卫苏维埃政权的工农红军正在顿河、伏尔加河流域与前沙俄帝国基辅驻军司令邓尼金缠斗。就在斯大林、伏罗希洛夫、布琼尼等一干未来

◎ 日军于西伯利亚各地受降和缴械。

的苏联军政要员于伏尔加河畔的要冲察里津格勒（即日后的斯大林格勒）与白军殊死较量之际。英、法等国所支持的前沙俄海军中将高尔察克接掌了位于鄂木斯克的所谓"全俄临时政府"。

全俄临时政府由原沙俄帝国东部各地政府和驻军首脑联合组建，名义上掌握着乌拉尔山以东辽阔疆域之上的雄厚资源，因此英、法等国一度对其颇为看好，认为在捷克斯洛伐克军团及西方的支持之下，全俄临时政府有能力向西进击，彻底颠覆新生的红色政权。正是基于这一预判，英国规劝日本不要向西伯利亚西部进军，而美国政府则以单方面撤军相威胁，要求日本与之分享苏俄中东路铁路的控制权。在西方各国的压力之下，10月15日日本政府宣布尊重各方的意见，不将武装部队部署于鄂木斯克或更远的地区，但同时对乌拉尔山以西的军事行动，也不予任何形式的援助。

1919年春天，高尔察克纠集15万大军大举西进。但经过一个冬天的准备，全俄临时政府的实力并未有所增强，反而由于

失败的货币、土地改革而民怨沸腾。西方国家对其所许诺的种种支持也始终停留在口惠而实不至的阶段。看似兵强马壮的协约国干涉军，大多停留在海参崴裹足不前，真正抵达鄂木斯克的只有1500名英军士兵，而且仅仅提供协助训练的帮助。在这样的情况下，高尔察克的此轮攻势，与其说是胸有成竹的进取之道，不如说是死中求活的放手一搏。此时苏俄政府在南线的察里津保卫战已经接近尾声，腾出手来的列宁以"一切为了东线"之名调集托洛茨基、图哈切夫斯基等精兵强将迎战高尔察克。

1919年4月28日至6月20日，苏俄红军连续发动三场反攻，重创对手，将战线推进到乌拉尔山一线。至此高尔察克与邓尼金等南俄白军会师伏尔加河的战略计划彻底破产。8月20日，高尔察克调动最后的预备队，试图于托博尔河流域歼灭图哈切夫斯基所指挥的红军第5集团军。仅从纸面兵力来看，高尔察克此举不失为集中优势兵力围攻前出之敌的高招，但此时其麾下的各股白卫军武装在屡败之下，早已士气低迷，不堪一击。红军方面虽然也因连续挺进了1000公里，人困马乏，但仍保持着旺盛的战斗意志。根据时任红军步兵第43团团长的崔可夫回忆，他的团往往只要展开散兵线高呼"乌拉"发动冲锋，对面呆若木鸡的敌人便乖乖地举起了双手。因此托博尔河战役的最终结果是兵力占据优势的高尔察克所部反而溃不成军，从此一蹶不振。

面对整个乌拉尔山战线的摇摇欲坠，原本对日本诸多防范的西方列强和全俄临时政府不得不向东京方面求援。早在7月18日，高尔察克便提出希望日军抽调2个师团的兵力东进，以帮助其稳定战局。但日军其实早已无力西进，因为此时驻守苏俄远东地区的日军3个师团正深陷当地游击队的袭扰之中。自进入1918年冬季以来，苏俄政府的影响力便深入远东，放手发动群众、组织游击队四面出击。在漫天的飞雪和严寒之中，苏俄游击队四面出击，破坏铁路、切断电话线，甚至主动攻击日军据点，设伏围歼日军小股巡逻队。

为了解除苏俄游击队的威胁，1919年2月日军增调驻守仙台的第2师团前往海参崴地区，配合第12师团集中兵力在海兰泡以北地区对苏俄游击队进行了清剿。但在大小几十次的战斗之中，日军并未占到什么太大的便宜。甚至在2月25日的行动中，步兵第72联队第1大队在斯沃博德内一带执行清剿任务时为苏俄游击队围攻，几乎被全歼。步兵第72联队第1大队此战上百人的伤亡，只能说是日军在西伯利亚地区巨大战斗及非战斗减员的冰山一角。

好不容易熬到1919年的夏季，原先驻守苏俄远东和西伯利亚地区的3个师团均

◎ 全俄执政高尔察克。

已无力再战，不得不进行轮换。3月底，第14师团抵达海参崴接替第12师团，5月第16师团接替第7师团驻守满洲里，8月第5师团开赴贝加尔湖接替第3师团。值得注意的是此时调入战区的3个师团指挥官均非长州藩的嫡系人马，身为陆军大臣的田中义一此番调派颇有几分拉人顶缸的意味。

1919年11月11日，高尔察克所领导的全俄临时政府在苏俄红军的威胁之下被迫放弃鄂木斯克，开始被西方渲染得无比悲惨的"西伯利亚冰原之旅"。在高尔察克看来，自己在远东地区仍有广袤的半壁江山可供依托，一旦抵达贝加尔湖畔的伊尔库茨克，自己仍有资本东山再起。但在协约国眼中，这位败军之将已无利用价值。早在1919年10月，英国便已从西伯利亚撤军，而美国随即宣布将于1920年1月全面撤出远东地区。日本政府虽然没有制定相应的撤军时间表，但其主要扶植的白卫军武装仍是哥萨克将军谢苗诺夫。1920年1月高尔察克好不容易抵达伊尔库茨克，却随即被捷克斯洛伐克军团软禁，用于向苏俄政府交换回家的船票。

1920年2月7日，高尔察克被苏俄政府秘密枪决。他的死不仅标志着全俄临时政府的崩溃，也宣告了协约国阵营对苏俄干涉行动的破产。在英、美陆续撤军的情况下，日本虽然增派了第13师团前往苏俄远东地区，但也不得不极大限度地收缩战线，将兵力集中于海参崴、伯力、庙街及满洲里之间的铁路干线地区。日本政府本以为凭借4个师团的雄厚兵力，至少可以维持对苏俄远东地区的实质性占领。2月中旬，庙街却传来了守军遭遇苏俄游击队围困的消息。

当时庙街城内的日本驻军以第14师团第2步兵联队第3大队为主，加上宪兵队和当地日本领事馆内的海军通讯队，现役兵力约345人。计算上逗留于庙街的沙俄白卫军以及日本侨民中的所谓"在乡军人"。庙街方向日方可以动员的兵力不下千人。最为关键的是庙街港内还驻守有中华民国海军第二舰队中的"江亨"号、"利捷"号、"利绥"号和"利川"号4艘炮舰。因此在日本方面看来，围攻庙街的苏俄游击队虽然多达4000多人，但己方守军在中国海军舰炮的掩护下仍可以长期坚守下去，救援行动大可以等到春暖花开之后再全面展开。于是由第7师团1个步兵大队和炮兵、工兵各1个中队组成的庙街派遣队被要求在北海道待命。

事实证明，日本方面太过高看所谓的"日中友谊"和己方陆军的战斗意志了。自感孤立无援的庙街守备队指挥官石川正雅少佐根本没有长期坚守的决心。2月24日，庙街守军放弃抵抗，允许苏俄游击队入城。但面对苏俄游击队指挥官德里皮京要求日

◎ 庙街日本领事馆。

军解除武装的要求，石川正雅却又表示无法接受。这种首鼠两端的态度，最终于 3 月 12 日引发了双方的全面冲突。停泊于庙街港内的中华民国海军不仅无心援助日军，更将舰炮借给苏俄游击队使用。一时间被日本方面依为要塞的兵营和使领馆很快便在炮击中沦陷。本就对日本方面缺乏信任的苏俄游击队随即在庙街大开杀戒。不仅石川正雅以下的日本陆、海军士兵悉数被屠戮，连当地的日本侨民也多数遇害。日本方面称之为"庙街事件"或"尼港事件"（庙街俄文名为"尼古拉耶夫斯克"）。

庙街事件发生之后，日本一方面通过外交渠道向苏俄政府及中华民国提出抗议，一方面调集第三舰队旗舰"三笠"号等战舰运送陆军庙街派遣队前往战场。苏俄方面本就对率部攻占庙街的德里皮京所信奉的无政府主义心怀不满，随即将其投入监狱。中国方面则拒绝承认己方军舰有参与战斗。8 月上旬，中日双方组成调查委员会，对庙街事件进行调查。中方 4 舰的舰长和副舰长逐一接受委员会的审问，历时两个星期。日方没能找到中国海军帮助苏俄红军的确凿证据，只在庙街找到了几枚苏俄红军发射的日本炮弹弹壳。尽管舰队司令陈世英等中国官兵一口咬定与此事无关，使日本方面无法获得更进一步的证据。但因为"江亨"舰是 1907 年在日本川崎船厂订造的，舰炮和炮弹也都是从日本购买，日本方面仍认定中国海军帮助了苏俄红军对日本领事馆的进攻，不肯善罢甘休。日本方面提出了四项要求：一、中国政府向日本政府道歉；二、中国吉黑江防司令向海参崴日军司令道歉；三、惩罚事件中的中方肇事者；四、抚恤被炮击死亡的日本人的家属。北洋政府先是表示"二、三两项要求可以协商，一、四两项不能接受"，并派特使赴日本谈判，后迫于日本政府的压力，中国政府最终组织军事法庭对陈世英进行了审判，并判决将陈世英革职，永不叙用。由于陈世英率舰远航北上，历尽困苦，不畏艰难，功绩卓著，在庙街事件中又表现出了民族气节，受到舆论的高度评价和海军官兵的钦佩，因此海军部对于此法庭判决根本就没有执行。事件之后，陈世英改名"陈季良"，继续在海军服役，还被授予文虎勋章。庙街事件之后，中华民国也开启了在苏俄远东地区的全面撤侨工作。随着 1921 年春，接替"海容"号驻守海参崴的"永健"号炮艇启程返航。日本已经成为在苏俄国境上唯一一支协约国干涉力量。

庙街事件的发生已经证明了在辽阔的苏俄远东地区，少数孤立的日军据点无力抵抗苏俄游击队的围攻。而在严寒的冬季，日本陆、海军更无法及时抵达战斗发生的

◎ 庙街事件中的苏俄游击队指挥官德里皮京。

◎ "江亨"号炮舰。

地点。因此从理性的角度出发，结束对苏俄内战的武装干涉，撤军回国无疑是最优的解决方案。但偏偏庙街事件的发生，对此时民族情绪爆棚的日本国民而言是无法忍受的奇耻大辱。因此不仅撤军的议案无人敢提，日军还出动第13旅团攻占苏俄所控制的库页岛北部以示惩戒。不过利用庙街事件前后陆军大臣田中义一的应对失当，身为首相的原敬也成功迫使田中义一于1920年6月辞职，代之以来自相模的旧幕府武士后裔山梨半造，算是暂时中止了长州藩把持陆军的局面。

如果说在田中义一及其背后的长州藩主导之下，日军在出兵西伯利亚的问题上一意孤行，导致巨额军费开支，那么至少日军在登陆海参崴初期还缴获了包括270列火车、30艘舰艇在内的大批军费物资。而在原敬内阁中以萨摩藩外围身份主持海军的加藤友三郎所提出的宏大扩军计划，才是未来吞噬日本的无底洞。

1919年6月海军方面向防务会议提出新建4艘战列舰、4艘战列巡洋舰，加上12艘轻型巡洋舰、32艘驱逐舰以及其他辅助舰艇的建造计划。海军方面的造舰预算高达6亿8036万日元，如果再算上物价上涨等方面因素，在实际拨付时将超过7亿，而此时日本每年财政预算也不过14亿日元。偏偏海军此番订购案背后是一千等米下锅的大小财阀，原敬本人也不便当面拒绝，只能利用拖延战术，将这一议案推迟到1920年再由国内表决。原敬的如意算盘是1920年将是自己扩大日本民众选举权的"普选元年"。原敬将选民的资格从纳税十日元降低到二日元，以便有更多的普通民众投身到国家政治中来，届时立宪政友会在国会中的优势将进一步扩大。

从日后的形势发展来看，在日本国内米价依旧居高不下，社会主义思潮泛滥，各种工会运动、工人罢工此起彼伏的情况之下，原敬内阁最终还是会向萨长同盟把持的贵族院作更多的妥协和退让。而就在海军方面雄心勃勃的扩军方案即将提交国会审批的前夜，一场金融海啸从太平洋彼岸席卷而来。

宫中某事

1920年初，美国宣布恢复战时中止的"金本位"制度并暂停向英、法提供贷款。作为第一次世界大战以来的世界债主，此时的美国已经向西方各国政府提供了高达40亿美元的财政援助，而其中还不包括英、法等国通过华尔街以各种名目向美国私人放贷者进行的融资。在这样的情况下，美国政府不得不提有朝一日欧洲会说："我们已无力同时支付欠美国财政部的债务和欠美国投资者的私人债务，你们希望我们先还哪个？"美国政府的这一波财政紧缩

◎ "五个珍品"案主角内田信也。

政策无异于一脚急刹车，不仅令正处于经济恢复期的欧洲各国大呼吃不消，连太平洋彼岸的日本也被殃及池鱼。

尽管第一次世界大战中，日本与美国同样奉行韬光养晦的政策，并取得了经济的长足发展，但两国的经济增长模式却完全不同。与拥有得天独厚的地理环境，在第一次世界大战中大力发展农业，同时构筑起新兴工业帝国的美国相比，日本在战争中的经济增长主要建立在对外贸易额的节节攀升之上。高度对外依赖的日本经济，在西方世界普遍的紧缩政策下瞬间遭遇重创。

1920年3月，东京、大阪股市暴跌；4月生丝、棉花等大宗商品的国际期货价暴跌；5月危机进一步扩大到银行业，日本金融重镇横滨有74家银行歇业。原敬内阁虽然迅速出面救市，向濒临破产的日本工商业提供政府贷款，但这种举措对于日本经济而言不过是饮鸩止渴。大量在一战中靠投机而壮大的工商业巨头依赖着政府救济而苟延残喘，其维持低价对外倾销所产生的成本压力则通过物价转移到了普通日本国民的头上。1920年的金融危机虽然很快过去，甚至于第二年出现了所谓的"中间景气"，但是日本社会自一战以来延续的经济繁荣却永远成了昨日黄花，贯穿整个20年代的日本经济慢性萧条就此拉开了帷幕。

国内经济下行的压力，和陆军维持在西伯利亚驻屯4个师团，海军梦想组建"八八舰队"的庞大军费开支，令原敬内阁不胜其扰。在野党又趁势提出针对原敬内阁增资满铁、在关东厅专卖鸦片以及造船暴发户内田信也的"五个珍品"案来攻击立宪政友会上台以来的贪污腐化。

所谓"五个珍品案"指的是1920年内田将自己经营的造船厂新造的船，以每吨325日元的价格卖给了日本政府。当时战争已经结束，船价正在暴跌，内田卖出了这个好价钱让同行们羡慕不已，吃惊不小，引起了种种猜测。同为造船业者的在野宪政党议员桥本喜造，在众议院大会上公开质问："内田向原首相贿赠，在其荫庇下才成功卖出这种不正当价格。"在宪政党穷追猛打式的质问下，政友会不能有力地辩解。而后又爆出前宪政党总裁加藤高明向内田信也要求政治捐款，内田便托人给加藤送去5万日元，加藤收到后在答谢信中写道："珍品五个。"此事一出，立宪政友会和原敬本人顿时威信扫地。原敬本人也不得不于1920年秋季向山县有朋等元老试探自己辞职的可能。

原敬将田中义一从陆军大臣的位置撤下，虽然触怒了以山县有朋为首的长州藩，

德谟克拉西——原敬内阁和日本民粹运动的发轫

但在此时日本国内波诡云谲的政治气氛中，萨长同盟一致认为原敬和立宪政友会不失为"一堵挡风的墙"。因此在山县有朋等元老的力挺之下，原敬只能硬着头皮继续留任下去。事态的发展，也的确如山县有朋等元老所预料的那样，随着日本国内不满情绪的累积，失去了"庶民首相"光环的原敬最终只能沦为民怨"血祭"的牺牲品。

1921年9月28日，一手缔造了日本第三国立银行、安田银行的大财阀安田善次郎，在其别墅内为退伍军人朝日平吾刺杀。这一起本应是骇人听闻的事件在日本国内却是一片叫好之声，无数看不到希望的日本底层青年对社会现状的不满情绪在无力撼动日本国家政治体制的情况下，只能转化为行凶后当场自杀的朝日平吾所留的遗书《死亡呐喊》："清除君侧之奸、诛杀奸富乃实现日本繁荣昌盛之手段，乃为大多数国民造福之举。"

事件发生一周之后，朝日平吾的葬礼在东京的一家佛教寺院举行，据说参加者达千人以上。与此同时，日本国人对安田善次郎的家人却表现冷漠。安田家族注意到了这一现象，随即捐资修建了东京大学讲堂、日比谷公会堂等设施。

安田善次郎的遇刺以及朝日平吾遗书

◎ 今天的安田讲堂。

《死亡呐喊》所产生的社会效应，当然并非只简单地体现在安田财阀捐建几栋大型建筑之上。在朝日平吾的身后，更多自诩为日本列岛救世主的青年，怀揣着"一人杀一人的警世天诛"的利刃，踏上了他们人生的不归路。在他们的眼中，至高无上的天皇是仁慈友爱的"现人神"，是不允许质疑和反对的。造成日本国民苦难的是那些元老、重臣、新旧华族、军阀、财阀、政党首脑等明治维新以来把持政权的"国贼"，必须逐一剪除。恰恰就在这种情绪加速弥漫之际，一场被含糊地称为"宫中某重大事件"的政治风波悄然从宫闱之中传播到了日本社会的各个角落。

所谓"宫中某重大事件"其实无非是皇太子裕仁婚配对象的纷争。这样的"宫斗剧"本是帝王家庭的内部事务，但是由于大正天皇嘉仁健康状况欠佳，特别是1919年突发脑血栓之后，行为举止日益乖张，不得不于1921年由其长子裕仁代为摄政。因此宫中某重大事件名为太子妃的争夺，但其实质则是影响未来皇后人选的角逐。事实上，按照日本皇室只能在王族、公卿中挑选伴侣的惯例，裕仁的妻子早已内定为久迩宫邦彦亲王的长女良子。

久迩宫邦彦亲王早年迎娶了萨摩藩末代大名岛津忠义的女儿俔子，若婚约正常履行，那么无疑预示着萨摩藩的势力将重新抬头。这一点自然是长州藩首领山县有朋不愿看到的。而由于嘉仁执政以来，日本天皇便奉行一夫一妻制，身为公卿势力代表的西园寺公望也不愿意看到久迩宫亲王一系挤占掉本属于"五摄政"家族的皇后名额，因此对这桩婚事也表示反对。

有趣的是身为"明治九元老"中唯一一位在世的萨摩藩人物，内阁大臣松方正义对有一半岛津血统的久迩良子也并不看好。究其原因，除了松方正义明哲保身不与长州藩和公卿势力正面冲突之外，更可能是出于其敏锐的政治嗅觉。

裕仁自幼体弱多病，曾一度寄养在萨摩藩出身的海军中将川村纯义的家中，此后又被送入专门为皇族和华族子弟设立的贵族学校——位于东京四谷的学习院就读，而当时的学习院院长正是"入赘萨摩"的乃木希典。

裕仁入学之时，乃木希典刚刚在日俄战争中失去了2个儿子，对年幼的裕仁百般呵护，甚至亲自教习他相扑和游泳。其对武士道精神的传承更是无孔不入，据说乃木希典最喜欢听裕仁演唱《楠木正成之歌》，每次听到都会不禁连连点头，感动得流下热泪。而裕仁对乃木希典也奉为偶像，对其所教导的一言一行都铭记在心，甚至有"敬为神灵，尊为严父"的趋势。

◎ 裕仁的未婚妻良子。

但也有了解内情的人士表示，乃木希典晚年曾表示反对立裕仁为未来的皇位继承人，而其最终选择在明治天皇病逝时自杀殉主，也有以死谢罪的愧疚成分。无论如何，在此时年仅20岁的裕仁身上已经积累了太多所谓的"武士精神"和死打硬拼的"愚将血统"，如果再为其选择久迩宫邦彦这样一位热衷军事的岳父，的确并非日本之福。

不过即便纠集了在世三大元老的政治势力，要反对未来天皇的婚姻问题也并非易事。毕竟裕仁和久迩良子青梅竹马，早在幼儿园时代就认识，婚约更早在1917年便已经确立。当时为了彰显公正和透明，还特意组织了规模宏大的"海选"，热心的国民也争相购买《皇室画报》，试图从中找到符合自己心目中标准的皇太子妃。如此大张旗鼓选出的人选，自然不能说不行就不行。

1920年夏天，山县有朋鼓动日本前红十字医院院长在东京的一份医学杂志上发表文章，从遗传学的角度追溯了萨摩藩岛津家族历代色盲的遗传史，之后又制造舆论说久迩良子虽然视力正常，但她两个兄弟的辨色能力却都很弱。由于良子担负着养育未来天皇的重任，因此这一问题非同小可。如此严重的遗传疾病竟然调查不清，那么宫内大臣波多野敬直自然理应下台。山县有朋随即调来前任陆军中将中村雄次郎以新任宫内大臣的身份，挑选5名医学专家对久迩良子的视力进行了详细的调查，最终得出其后代出现色弱、色盲的概率在50%左右的结论。事态进展到这一步，在山县有朋看来，久迩宫邦彦如果识相的话，应该主动退婚。但这位亲王却强硬地表示："提出要娶我家姑娘的可是皇室方面，既然要解除婚约，那就该由皇室来履行。我顺便奉告一句，如果硬要这样做，我首先杀死良子，然后我和我的全家都将因受辱而剖腹！"

久迩宫邦彦虽然以死相抗，但面对萨长同盟及公卿贵族联合阻挠，年轻的裕仁及其母亲贞明皇后依旧承受着巨大的压力。关键时刻以"帝师"自居的学者杉浦重刚决定出面联络黑龙会首脑头山满等右翼社团，以民间的力量反制萨长同盟。杉浦重刚是裕仁亲王从学习院初等科毕业，进入东宫学问所学习的老师。虽然曾经留学英国，但此人却满脑子都是"忠君爱国"、"权谋腹黑"的帝王心术。在杉浦重刚的操盘之下，头山满首先让手下干将五百木良三撰写《呈山县公书》向报社和知名人士广为散发，同时由盲动青年眼中的精神领袖北一辉出面煽动刺杀山县有朋。

这一手先礼后兵的手段果然奏效。日本宫内省于1921年2月10日发表文告称："关于良子殿下内

◎ 久迩宫邦彦。

定为东宫王妃一事，尽管世上有种种传闻，但以上决定并无任何变更。"自知彻底得罪了裕仁的山县有朋随即宣布归隐，他的亲信中村雄次郎也被免去了宫内大臣的职务。自西门子事件以来，一家独大的长州藩势力由盛转衰，而一度雌伏的萨摩藩领袖山本权兵卫却借此机会重新出现在了公众的视野之中。就在这场复杂的权力斗争逐渐落幕之际，始终保持中立的原敬却莫名地为日本国营铁路员工中冈艮一刺杀。

原敬之死至今仍疑点重重，根据凶手中冈艮一的供述，他是在参加玄洋社组织的政治活动中听到上级桥本荣五郎说："现在政治家已经没什么武士道精神了，犯了错说要切腹，结果却从没人切！"而在日语之中"腹"与"原"同音，所以他便以为是领受了刺杀原敬的任务。这种说法当然站不住脚，但是偏偏受理此案的东京法院却采信了这一供述，以教唆杀人罪逮捕了桥本荣五郎。最终桥本荣五郎以理解有误被判处无罪，而中冈艮一虽然被判处无期徒刑，但仅仅坐了13年牢便被特赦出狱，在头山满的引荐之下竟然还混进了关东军，担任司令部的勤务工作。

或许身为黑龙会、玄洋社等日本右翼团体外围的中冈艮一，的确是因为一时的

◎ 原敬遇刺现场。

理解有误而做出了过激的行动。但刺杀原敬即便是一起误会，也足以向位高权重的萨长同盟元老们证明激进青年博浪一击的威力。对于年轻的裕仁而言，他的权力之路不能始终依靠社会底层青年来保驾护航，为了谋求日本未来的全球战略，更为在军队中扶植自己的势力，裕仁必须组建有别于萨长同盟的日本陆、海军领导核心。随着"庶民首相"原敬的离世，被后世称为"大正德谟克拉西"的日本民主趋势，也无可避免地转向了以暴力移除"腐败精英"的民粹主义。

关东地震
大正时代黯然谢幕及日本裁军低潮

弭兵之会

1921年3月3日，在宫中某重大事件尘埃落定的情况下，日本皇太子裕仁乘坐"香取"号战列舰从横滨出发，开始了其长达半年之久的欧洲之行。在日本海军已经装备了多艘国产战列舰的情况下，裕仁选择英国出产的"香取"号为自己的御召舰，同级战列舰"鹿岛"号为护航的供奉舰，除了有意向日本在欧洲最主要的盟友——英国示好之外，也不排除对日本国产战舰的质量仍缺乏信心的意味在其中。毕竟就在裕仁出访之前，日本自行研制生产的第一款战列巡洋舰"筑波"号、战列舰"河内"号先后于横须贺港、德山港内自爆沉没。有着远大前程和抱负的裕仁自然不愿拿自己的生命开玩笑。

在途经香港、新加坡、科伦坡、亚丁、苏伊士、塞得港、马耳他、直布罗陀等地之后，裕仁一行最终于5月7日抵达英国朴次茅斯港。英国皇室给予了这位来自远东的太子以最高规格的礼遇，一度令年轻的裕仁受宠若惊。日后他在回忆录中仍感叹说："当时英国王室中，大都与我同辈，处其中，简直令我有'第二家庭'的感觉。"

如此良好的开端，自然令裕仁对自己心目中所谋划的"英日对美同盟"充满了信心。在裕仁看来，第一次世界大战结束以来，日本羽翼未丰，英国则力有不逮，如果单独对抗美国均没有十足的胜算。但如果两家联手，却可以取长补短，进可击败美国瓜分世界，退仍能各自巩固自己的势力范围。因此强化甲午战争以来的英日同盟关系，共同将矛头对准美国，对英国和日本来说是互惠互利的必然选择。

但裕仁的计划尚未正式提出，美国政府便先发制人。裕仁刚刚抵达英国，美国国务卿休斯警告英国驻美大使格迪斯称："英日同盟会继续助长日本在远东进一步扩张的野心，而且任何美国反对日本谋取新优势的行动都会导致美英之间的冲突。"在美国政府的高压之下，解剖学教授出身格迪斯完全失去了英国外交官昔日长袖善舞的淡定。他慌忙在《泰晤士报》上撰文指出："日本在满洲扩展势力，不仅有害于美国，而且也不利于英国。"格迪斯的此番言论虽然不能代表英国政府的态度，但也给雄心勃勃的裕仁当头浇了一盆冷水。

5月31日，在完成了参加各种欢迎仪式、游览名胜古迹的既定日程安排之后，裕仁怀着忐忑和失落的心情离开了不列颠群岛。

在之前他与英国首相劳合·乔治的会晤过程中，对方已经明确表示了对维持和强化英日同盟的不好看。当然乔治首相此举并非单纯迫于美国的压力。日本工商业在第一次世界大战中的成长，令其从英国在亚洲的主要军火市场和贸易伙伴变成了竞争对手，而在战争中遭遇重创的英国最需要重建资金，日本却无力提供。因此站在英国的立场上，与其选择与日本抱团取暖，远不如投入大西洋彼岸同属盎格鲁—撒克逊民族的美国怀抱。

7月11日，就在失意的裕仁游览了法国、比利时、荷兰，在土伦港重新登上"香取"号战列舰启程回国后的第四天，英国首相劳合·乔治发表长篇演讲，宣布英国未来外交政策的第一原则是要保持与美国的友好合作。向来在内政方面以懒惰著称的美国总统哈定随即给予了回应，邀请英国、日本、法国、意大利、比利时、荷兰、葡萄牙及中华民国八国代表前往华盛顿共同商讨海军军备及构建亚太新秩序的问题。

在巴黎和会上便自感倍受西方列强排挤的日本，对这场在美国主场召开的会议自然抱有抵触情绪。接替遇刺的原敬出任内阁首相的高桥是清，早年更有过被美国人卖了还替对方数钱的悲惨经历，深知美国人表面和善背后奸诈。但如果拒绝与会，又难逃"阻挠世界和平"的罪名。因此权衡再三之后，日本方面决定派出海军大臣加藤友三郎前往华盛顿，准备以强硬的姿态应对美国可能提出的苛刻条件。

但令怀着拼死力争的准备抵达美国的加藤友三郎等一行人没有想到的是，在

◎ *高桥是清。*

1921年11月21日华盛顿会议召开的首日，美国国务卿休斯便提出了美、英、日、法、意五强共同削减海军军备，除了全面废弃老旧战舰、拆除在建主力舰之外，五国应在未来十年停止建造主力舰的爆炸性提案。身为日本海军大臣的加藤友三郎对美、英、日海军的战备情况心中自然有一本账，经过简单的测算之后，加藤友三郎很快便得出了此项决议有利于日本的结论。

此时英国海军拥有48艘战列舰、8艘战列舰巡洋舰，虽然英国本土的船坞之中并没有更多的新型战舰在建造，但按照美国国务卿休斯所提出的废弃老旧战舰的标准，英国海军至少要削减四分之三的现役主力舰。美国海军不仅在现役舰艇的规模上仅次于英国，拥有41艘战列舰，而且还有4艘战列舰即将建成，10艘战列舰和6艘战列巡洋舰纳入建造计划。因此全面裁军对美国海军的影响也将不弱于英国。与之相比，日本海军受到的影响反倒较小，

仅需要废弃10艘老旧战列舰，停止建造1艘"长门"级、2艘"加贺"级战列舰、4艘"天城"级战列巡洋舰而已。因此加藤友三郎代表日本欣然接受美国国务卿休斯的主张，与其说是迫于会场上"谁反对就是反对正义"的舆论压力，不如说是建立在经过精密算计之后的结果上。

当然美国方面之所以提出这样的建议也并非缘于热爱和平。在掌握着当时世界最为强大的工业制造能力的前提下，美国自认为没有必要维护一支强大的海军常备舰队。何况美国虽强，但不足以分制英、日；英、日虽弱，但一旦东西两线同时发难，仍将令美国海军疲于奔命。毕竟德国皇帝威廉二世组建公海舰队触怒英国海权，从而导致英德海军军备竞赛的前车之鉴就摆在眼前。而在华盛顿会议之前，英美两国的关系也一度充斥着火药味。英国首相劳合·乔治曾宣称："大不列颠宁愿花尽最后一分钱，也要保持海军对美国或其他任何一个国家的优势。"

在美国军方一系列以颜色为代表的战争计划中，对英作战的"红色计划"和对日作战的"橘色计划"在20世纪初曾长期占据着首要的位置。根据美国军方最为悲观的预测，一旦与英、日同时交锋，美国很可能在战争初期会失去大西洋及太平洋西岸的制海权，最终只能通过陆军的优势占领英属加拿大，与英国媾和，随后再集中优势兵力反攻日本。正是基于这样的推演结果，美国才向英国伸出橄榄枝，主动退出军备竞赛。对于英国而言，随着德意志帝国的崩溃，由诸多前无畏和无畏型战舰组成的本土舰队也成了拖累财政的吞金兽，能够淘汰其老旧舰只，保留少数新锐也不失为上策。

在英、日两国对裁减主力舰的大方针没有表示异议的情况下，美国国务卿休斯接着提出了未来各种海军规模的吨位比例。美、英两国为基准的情况下，日本海军总吨位应为美、英两国的六成。应该说这一提议，日本方面早有预料，根据明治时代末期秋山真之"对美七成论"的基调，日本海军认为只有保持相当于美国海军70%规模的海军才能在战时有50%胜算，因此美国方面的各国总吨位比例一经提出，日本方面随即提出反建议，认为当时英、美、日三国现役及在建主力舰吨位为10.6∶10∶8.7，日本保持仅相当于英、美海军七成的吨位数已经是底线了。但美国方面随即以

◎ 加藤友三郎。

己方海军需要分布在太平洋和大西洋两个战区为由，认为日本拥有相当于美国六成的海军实力已经占了很大的便宜。早已有心抛弃日本的英国方面更出面帮腔，提出英国海军分散在世界各地，要想真正实现各国海军力量均衡，日本应该保有相当于英、美海军55%的规模才合理。

海军出身的加藤友三郎当然清楚吨位就意味着力量，但他更深知同时与英、美两强展开军备竞赛，日本将毫无胜算。与其冒谈判破裂的风险，不如暂且同意美国所提出的海军总吨位比例，力争保留已经接近完工的"长门"级战列舰"陆奥"号，提升日本海军总吨位数中的含金量。"陆奥"号在华盛顿会议召开前已经完成了95%的建造进度，被当成在建主力舰而报废固然可惜。但从长远的角度来看，日本海军为了力争保留"陆奥"号所付出的代价却得不偿失。一方面日本海军必须报废现役的"河内"级战列舰"摄津"号作为等价交换，另一方面英、美两国海军也由此获得了建造和完工2艘新型战舰的配额。

经过这样一番交换之后，日本海军吞下了总吨位仅为英、美六成的苦果的同时，保存了2艘新锐的"长门"级战列舰："长门"号、"陆奥"号。英国海军则开工建造了2艘"纳尔逊"级战列舰，美国海军加紧完工了3艘"科罗拉多"级战列舰。这7艘当时世界上吨位、主炮口径最大的战舰被称为"Big 7"。有趣的是这7艘战舰之中，美国在数量上维持了对日本3比2的优势，英国则在主炮数量上以18比16略胜一等。法国和意大利所能保持的海军总吨位仅为英、美的35%。

海军吨位上吃了亏的日本代表团，随即以要求美国在其全部控制的太平洋岛屿上停止新建军事设施作为回敬。美国国务卿休斯有备而来，答应除了夏威夷群岛之外，美国冻结包括菲律宾在内所有太平洋岛屿之上的军事工程。不过出于对等条件，日本也应该停止在本土之外的所有其他殖民地上的类似工程。关于何为"日本本土"双方又展开了一番争执，最终日本只能接受美国方面将台湾、澎湖、琉球以及第一次世界大战期间占领的德属太平洋地区全部划出本土范围之外的提法，可谓"输人又输阵"。唯一令日本感到欣慰的是，美国同样限制了英国在香港等远东殖民地新建军事设施。

在海军军备和太平洋地区安全事务上连挫两阵的日本代表团，心中的郁闷自然可想而知。好在此时英国外交大臣贝尔福突然提出保留英日同盟，并将美国纳入其中的方案，令加藤友三郎等人为之一振。不过事实证明，英国方面的提案不过是与

◎ *日本努力争取下的"陆奥"号。*

◎ 加藤宽治。

美国人早已串通好的双簧。美国国务卿休斯提出重新组建联盟的前提是废止英日同盟，同时为了防止日后同盟中出现英、日联合反对美国的局面，美国必须将法国也引入这一同盟之中。

1921年12月13日，美、英、法、日四国代表在华盛顿签署《关于太平洋区域岛屿属地及领地条约》，即通常所说的《四强条约》。根据条约的相关规定，当《四强条约》于1923年8月17日生效之时，《英日同盟协定》正式废止。至此日本用尚有几分利用价值的"英日同盟"交换了有名无实的"四国同盟"，可谓得不偿失。

完成了中止海军军备竞赛和剥离英日同盟两项基本使命之后，美国正式将中华民国代表团引入华盛顿会议，要求中日两国在英、美调停之下，完成山东悬案的解决。所谓"山东悬案"指的是巴黎和会上中国不满协约国阵营将青岛及胶济铁路由德国所有转为日本治理，愤而拒绝签署《凡尔赛条约》所产生的外交纠纷。

在美、英的联合施压之下，在与会各国于1922年2月6日所签署的《九国公约》之中，日本不仅被迫吐出了青岛和胶济铁路沿线，还正式废除了此前逼迫袁世凯政府签署的《民四条约》，甚至还被迫做出承诺将尽快从苏俄远东地区撤军，这才最终保留了在中国东北地区的所谓"特殊利益"。第一次世界大战期间日本在东亚大陆所窃取的权力，一夜被打回到了日俄战争时期。

1922年2月6日，随着签订了一系列统称《华盛顿条约》的各类公约、决议的华盛顿会议圆满闭幕，美国凭借其经济、军事双重优势重新调整亚太地区势力范围的目的基本达成。但讽刺的是，这一场秉承着"弭兵消战"目标的和平大会，却埋下了未来日本发动全面战争的导火索。早在巴黎和会期间，作为日本公卿阶层新生代代表的近卫文麿便对西方列强对日本的压制愤而提出："我国为了自己生存上的需要，也不得不像战前的德国那样，采取打破现状的举动。"在华盛顿会议上接受美、英提出的海军吨位比例的当晚，日本代表团中的海军将领加藤宽治甚至挥泪狂呼："对美国的战争开始于今日！我们一定要报仇！"

客观地说，第一次世界大战结束后，以英、美为首的西方列强对于在战争中悄然崛起的日本所设下的诸多限制和外交陷阱，可谓是白人主导世界的种族强权。日本国内产生民族主义的情绪反弹也在情理之中，但是这种情绪并没有成为近代日本在产业革命中奋起直追的动力，反而刺激了其在军国主义和对外战争的道路上越走越远，最终更将矛头对准了同为后进民族的亚洲友邻。

山梨裁军

1922年2月，按照华盛顿会议的相关精神，日本海军所订购的2艘"加贺"级战列舰、4艘"天城"级战列巡洋舰悉数停工。这种半途而废的做法固然是一种浪费，但从长远来看，《华盛顿条约》的签署却给日本经济带来了难得的轻松时光，毕竟自明治维新以来，日本先以满清政府为假想敌展开军备竞赛，随后又为筹备与沙俄的决战而卧薪尝胆，第一次世界大战前后又以美国为假想敌展开海军建设。现在至少在主力舰领域，日本和英、美一样拥有了一段长达10年的"海军假日"。

日本海军方面缩减舰队规模、大幅度下调军费开支的举措，自然使长期以来坚持与海军并驾齐驱的陆军方面倍感压力。同时随着长期视陆军为私产的元老山县有朋于1922年1月去世，长州藩的势力也暂时失去了对陆军事务的掌控权。结束了华盛顿会议后归国接任首相的加藤友三郎，一方面继续以海军大臣的身份裁减海军，一方面责令陆军大臣山梨半造拿出裁减陆军的相关草案。

作为岛国的日本，之所以自明治维新以来，长期维持着一支规模庞大的陆军，无非是借口中、俄两国对其在朝鲜半岛及中国东北地区的所谓"大陆利益"的威胁。但此时中华民国内部正深陷军阀混战的泥潭之中，十月革命以来席卷原沙俄帝国版图的苏俄内战，也令列宁领导下的新兴政权极度虚弱。在这样的外部条件之下，日本的确无须维持甚至扩充陆军的规模。而在干涉中国和苏俄内战过程中，日军及由其调教出的皖系、奉系军队诸多糟糕的表现更令山梨半造等高层人士痛定思痛，谋求改革之道。

在护法战争导致南北各省督军割据独立的同时，直隶督军曹锟取代1919年12月病逝的冯国璋而成为直系军阀领袖。他从湖南前线调回麾下悍将吴佩孚，于1920年7月联合奉系军阀张作霖对控制中枢的段祺瑞政府发难，史称"直皖战争"。

以段祺瑞为首的皖系军阀假借参与第一次世界大战之际，组建了全副日械武装的参战军，因此实力较强。驻防天津的日军中国驻屯军也以"护路"为名直接参战。直系军队一度被逼迫得全线后撤。但关键时刻吴佩孚亲率精锐突袭皖系前敌指挥部，一举俘虏了皖系前敌司令曲同丰，从而扭转了战局。与此同时，一度表示中立的张作霖率部入关。在两线夹击的不利情况之下，皖系诸部全线崩溃。段祺瑞被迫通电下野，麾下徐树铮等人则避祸于日本公使馆之中。

自己全力给予资金和军火支持的皖系段祺瑞政府竟然在短短五天时间里便土崩瓦解，令日本政府百思不得其解。亲日派官僚曹汝霖不得不出面解释说："皖方以新锐的武器与陈旧之直军相争，正如以石投卵，决无败理。岂知有石而不能用，则卵虽软弱，亦可淋漓尽致，使你无能为力。"

可知无将兵之才，虽有坚甲利兵，亦是徒然。此次皖方之败，即由于此。"言下之意，并非是日本所提供的武器装备不够先进，完全是段祺瑞政府用人不当，上下失和才自取灭亡。

不管日本政府是否愿意采信曹汝霖的说法，段祺瑞政府的倒台对日本而言都是其试图左右中国政局的一次重挫。毕竟为了对抗日本扶植的段祺瑞政府，直系军阀的曹锟和吴佩孚等人在外交上倒向英、美，入主北京之后更随即释放了大批在五四运动后因排日而被捕的青年学生，一时间中国国内针对日本的民族情绪再度高涨。1920年9月到10月间，一批身份不明的武装人员冲入日俄战争前后日本非法窃取的所谓"间岛"地区首府珲春大肆烧杀掳掠，造成日本方面领事馆被焚毁，数十人伤亡，是为"珲春事件"。

关于制造珲春事件的这伙武装人员的身份，长期以来史学家们一直争持不休。其中不乏阴谋论者，认为其为日本政府长期以来在中国东北所收买的马贼所为。而联系当时日本控制下的朝鲜及苏联远东局势，日本政府也的确需要在这一地区挑起事端，以镇压当时活跃于中朝边境之上的韩国独立军。1919年1月22日，早已退位幽居的朝鲜高宗李熙突然病逝，本就对日本殖民统治心怀不满的朝鲜民众随即于3月1日大规模聚集于汉城塔洞公园，发表《独立宣言》，反日情绪随即波及全国，史称"三一"运动。

面对来势汹汹的朝鲜独立运动，日本政府虽抽调大批军警前往镇压，迅速平定了朝鲜本土的反日游行和起义行动。但面对流亡中朝俄三国边境地区的韩国独立军武装却始终鞭长莫及。据不完全统计，仅1920年，各股朝鲜反日部队在中朝边境便同日本军警交战1651次。珲春事件的爆发，让日本政府随即将矛头指向中、朝、俄三国。日本外务省在调查报告中宣称肇事者为"有多数韩、俄国激派党（指苏俄红军）、马贼及中国官兵服式之华人等集成大队"，并于10月5日派兵经朝鲜进入中国，占领珲春城及附近各县，对在华的20万朝鲜侨民及其学校、教会进行严格检查，大肆搜捕独立军成员。

在武力围剿的同时，日本加大压力，催促亲日的张作霖出兵会剿韩国独立军。日本也通过外交途径，逼迫直系政府同意日本出兵延吉剿灭韩国独立军。曹锟、吴佩孚等人则表示中国已经派出军队保护日侨，日本无须出兵。对日军未经许可，擅自进入中国，并进驻延边各县提出严重抗议。到1920年末，在中华民国政府一再交涉下，日本虽答应撤兵，却坚决不肯撤除非法设

◎ "三一"运动铜像。

置的日本警察署等机构。

从整体来看，无论制造珲春事件的武装人员出于何种目的，其行为都给日本进一步窃取中国延边地区主权提供了便利。与此同时，通过出兵珲春，日本政府也达到了敲打直系、奉系两大军阀集团的目的。无怪乎当时便有人评论说："此次事件，日本不但不恨胡匪，且当深向胡匪道谢者也。"但从长远来看，日本无视中国主权，进军延边并杀戮平民的消息，却激起了中国民众更为严重的反日情绪。全国学联、上海学生会、东三省学生会、杭州学生会等，连连通电，要求政府对日强硬交涉。北京学生团体组织游行，散发传单，并向府院请愿。南京、山东等地学生则组成学生团，四处演讲珲春惨案，并号召抵制日货。

面对中国民间的反日情绪，日本政府没有考虑如何化解，反而将问题全部归结于把持北京中枢的直系军阀。华盛顿会议结束后不久，终于腾出手来的日本政府，利用曹锟、吴佩孚驱逐亲日政客梁士诒所组内阁之际，怂恿张作霖率奉军入关，试图一举扫荡直系势力，夺取北京中枢的控制权。

单纯从兵力上看，1922年4月入关的奉系诸部所投入的4个步兵师、9个独立旅均齐装满员，装备有大量日式野战炮和轻、重机枪，可谓是中国大陆当时最接近日军战备水平的地面部队。直系方面吴佩孚麾下虽然集中了7个师、5个旅的部队，但大多并不满员，总兵力不足十万且装备较差。但双方交战的结果却令张作霖及其幕后老板日军大跌眼镜。短短半个月时间里，奉系军队在北京近郊全线崩溃，损失大量有生力量。如果不是英、美方面及时出面调停，张作霖"东北王"的位子都几乎不保。

这场被称为"第一次直奉战争"的较量，表面上占尽优势的奉军之所以一败涂地，除了被张作霖委以重任的西路总司令张景惠战意不坚，在被吴佩孚所部迂回切断后路之后随即临阵倒戈外，更重要的原因是自第一次世界大战以来，自拿破仑时代起流行一时的大兵团集中突击，火炮配合步兵密集冲锋的地面战模式已逐渐被高机动性的中、小编制步兵集群灵活机动的多线迂回、穿插作战模式所取代。当然这种新颖的战术在实施上仍需要空中侦察和完备的无线电通讯网络作为保障。而这一点恰恰是吴佩孚走在当时中国各地军阀之前的优势所在。1920年9月，吴佩孚升任鲁豫巡阅副使后便率领他的第三师开进军事重镇洛阳，招贤纳士，筹饷练兵，扩充实力，同时设立无线电台，修建飞机场，从英、美手中购买飞机，开洛阳航空之先河。

第一次直奉战争中，奉军的全盘部署在直系空军的战术侦察面前一览无余。在长辛店等地的交锋中，直系空军的英制"亨得利·佩奇"型运输机更直接参战，在奉

◎ 第一次直奉战争中直军装备了该型号的英军轰炸机。

军的阵地上肆无忌惮地到处轰炸。有趣的是，这批"亨得利·佩奇"型运输机本是皖系段祺瑞执政时期的遗产。1919年10月，皖系领袖徐树铮曾利用沙俄帝国崩溃之际，进入外蒙古境内，迫使当地的宗教人士和封建贵族取消自治，回归中国。为了保障外蒙古境内驻军的补给问题，段祺瑞政府向英国方面订购了6架"亨得利·佩奇"O/7型运输机，准备于1920年开辟北京直达外蒙古首府库伦的航线。但不等这一宏伟蓝图实现，段祺瑞政府便在直皖战争中落败。1921年，军心不稳的皖系外蒙古驻军也为沙俄白军流寇击败，中华民国对外蒙古的主权再度沦丧。而这批运输机为直系接收之后，随即被改装成了装载有机枪和投弹装置的轰炸机。

直系方面的空中优势和指挥流畅的无线电通讯系统，令张作霖印象深刻。随即奉军向西方各国订购战机。此举令长期以来都作为奉系主要军火来源的日本颇为尴尬。毕竟此时日本自身的航空工业也并不发达，无力向张作霖出售或提供战机。第一次直奉战争落幕的同时，日军也于1922年7月以"大正十一年军备整备"的名义开启了现代化改革方案。

此次改革在日军现有部队数量上并没有做太大的改动，解散了3个野战炮兵旅团的同时，又增设了2个野战重炮兵旅团。可谓退两步进一步。但是通过将日军原有步兵大队下属4个步兵中队的编制缩减为3个，此次改革仍裁减了将近6万现役陆军和1.3万匹战马。这些节省下来的军费被用于组建6个飞行大队和2个无线电通讯连队。

◎ 山梨半造。

如此悄然而大规模的裁减军队在明治维新之后的日本仍属首次。在陆军上下一片非议声中，身为陆军大臣的山梨半造承受的压力自然可想而知。于是在第二年3月份准备开展的"大正十二年军备整备"之中，山梨半造只能从日军的一些"第三产业"下手，仅砍掉了隶属于陆军的铁路材料厂、近卫师团和第4师团的军乐队以及仙台陆军幼年军事学院而已。但即便如此，此次改革仍被视为"第二次山梨裁军"。偏偏此时，迫于国际社会和军事上的双重压力，日本政府与苏俄政府扶持的远东共和国展开了从西伯利亚撤军的相关谈判。

耗资六亿日元，声势浩大的远征，竟然以寸土未得的局面收场，日本政府和国民心中的不甘自然可想而知。此时陆军方面又爆出了一系列贪污的丑闻，有好事者翻出陆军的相关账目，提出甲午战争中日军以"机密费"名义列支的费用为36.9万日元，日俄战争期间为320万，而这次的西伯利亚出兵，陆军居然用掉了机密费2400万。与此同时，已经安全回国的捷克斯洛伐克军团又提出追讨此前寄存在日军手中的19车皮的军火。无法交出这批军火的日军，只能抛出几个参谋级的替罪羊，让他们承认将这些军火暗中交给了沙俄的白军。但即便如此，日本国内仍认为陆军方面是暗中将其出售给了张作霖。

陆军内部一时间人人自危，来自民间舆论的非难以及高悬的裁军利剑，不由得令人无比怀念昔日长州藩主政时的美好岁月。恰在第二次山梨裁军正如火如荼地展开之际，一场突如其来的天灾，令陷入低谷的萨长同盟绝地反弹，重新掌握了政权。

关东大地震

1923年8月24日，日本第21任内阁首相加藤友三郎因肠癌恶化而在自己家中去世。首相之位由来自萨摩藩的职业外交官——外交大臣内田康哉暂行代理。此时日本正处于明治维新以来最为平和的时光。随着1922年5月和11月，日军相继从中国青岛和苏俄远东地区撤军，除了库页岛北部以外，日本在第一世界大战中向海外战场所投入的地面部队已悉数归国。随着《华盛顿条约》的签署，日本与英、美之间的海军军备竞争也暂时偃旗息鼓。如果没有什么意外，曾经在原敬遇刺时便暂代过首相一职的内田康哉，此次似乎有希望成功转正。但地狭民稠的岛国日本，似乎从来就欠缺安定的基因，在无法向外转移矛盾的情况之下，其内部的震荡便往往在所难免。

随着第一次世界大战结束而戛然而止的"大战景气"，令高速发展下的日本经济全线收缩，1918年的米骚动虽然以政府出面平抑米价而暂时平息，但造船、冶金、矿业的全面萧条所引发的裁工潮，却令工人运动迅速席卷日本各地。其中因矿毒污染而一度闹得沸沸扬扬的足尾铜矿，再度成为工人运动的策源地。1920年3月开始的足尾矿工罢工虽然很快便因工人领导人的妥协而宣告失败，但这一事件却在日本岛内引发了一系列连锁反应。1920年5月2日，日本国内15家民间政治团体借庆祝日本首个五一劳动节之际于东京上野公园集会，正式成立全国工会联盟。

正是在日本全国工会联盟的组织之下，1921年春夏之交日本国内爆发了以关西重工业为核心的大规模工人运动。但是面对财阀们开除工人领袖，出动驻守姬路县的陆军第10师团进驻厂区的压力之下，日本全国工会联盟最终选择了妥协和退让。至此日本国内以垄断劳动力筹码与资本家交涉的西方式工会组织的道路基本被堵死，在日本社会主义政党同样遭遇高压的情况下，日本产业工人的不满情绪逐渐向崇尚暴力和骚乱的无政府主义转化。

日本国内各种工人运动此起彼伏之际，日本农村又出现了大规模的租佃纠纷。由于明治维新成功后，日本政府没有彻底废除封建的土地所有制关系，仅保障了农民可以长期租种地主土地的"永佃权"。因此租佃纠纷在日本国内可以说是长期存在的。为了平抑米骚动而强行降低米价的做法，又令日本陷入了"谷贵则伤民，谷贱则伤农"的怪圈。日本纺织工业的不景气，更令日本农民的主要经济作物春茧价格暴跌。收入大幅度下滑的日本农民纷纷要求地主减轻地租，而同样在经济萧条中遭遇投资失败的日本地主阶级却也没有退路。于是一时间一度相安无事的日本农村也是烽烟四起。

应该说对于城市工人运动和农村的租佃纠纷，日本政府都给予了充分的重视。日本政府在工业领域通过减免税收来保障企业的利润率，以保障和促进就业；在农村则以发放低息贷款给佃农，使其向购买地主土地转变为自耕农的方式缓和矛盾；同时日本政府还鼓励工矿企业向中国大陆发展，鼓励农民以家庭为单位移居朝鲜半岛。但政府要通过减税和贷款的形势扶植国内工业、农业的发展，就必须牺牲财政收入，要从本就紧张的预算中挤出钱，唯一的出路就是裁军。面对中国国内日益高涨的反日情绪和朝鲜半岛的独立思潮，要顺利地输出国内矛盾又必须加强军备。在这样的情况下，内田康哉无心恋战，一心想将首相这个烫手的山芋让给萨摩藩海军元老山本权兵卫。

就在日本列岛徘徊于福利社会和军国主义的十字路口之际。一场突如其来的地震彻底改变了其政治走向。1923年9月1日上午11点时58分44秒，在相模湾西北部海面之下100米深的地底。长期以来缓慢向日本陆地下方移动的菲律宾海板块，终于在长久的压力积累之下，通过地震的形式施放出其所积聚的强大能量。以人类所制造的爆炸物计算，此次地震的威力相

◎ 关东大地震。

当于800万吨TNT炸药所蕴含的能量，相当于同时引爆了近800颗未来投放在广岛之上的原子弹。

地震发生之后，东京周边地区首当其冲。由于环相模湾地区遍布着诸多填海造田的人造陆地，因此地震袭来伊始，便出现了大面积的地表开裂、土地塌方和山体移动。逃难的人群为大地裂缝所吞噬，无数房屋和公用建筑在震撼中倾覆，巨大的山体裹挟着树木将村庄甚至是铁路上满载旅客的火车一同冲入海中。由于地震发生之时正值中午，无数正在使用煤炉做饭的日本家庭连同其所居住的木制房屋被付之一炬。火势迅速蔓延开来，在相模湾强劲的海风中最终形成了吞噬一切的火焰旋风，顷刻间便吞噬了聚集在东京陆军本部被服厂附近空地上避难的数万难民。

惨剧发生之后，日本政府迅速组建了以内田康哉为首的救灾委员会。但这个委员会首先要做的并不是安置灾民，而是如何维持首都地区的治安。东京警视厅总监赤池浓忧心忡忡地表示："这种情况下，不会没有煽动贫困到极点的群众制造事端的人。"正是基于这样的考虑，当天下午4

关东地震——大正时代黯然谢幕及日本裁军低潮

点,东京周边驻守的日军近卫师团、第1师团和第2师团按照预案开赴市区。根据曾经担任过朝鲜总督的内务大臣水野炼太郎的要求,震区的警戒工作主要放在监视居住在东京地区的朝鲜侨民身上。

日本政府长期以来虽然积极鼓吹所谓的"日(朝)鲜亲善",但对异族的不信任却早已自上而下地贯穿于整个日本社会。地震发生后的第二天,东京便出现了朝鲜人趁乱放火、投毒甚至使用炸弹的谣言。这些捕风捉影的消息最终演变成了朝鲜人在东京暴动,到处杀人抢劫。本身就沉浸于大灾之后的恐怖和不安之中的日本民众,此刻自然而然地将对政府的不满和对天灾的恐惧统统发泄在了朝鲜侨民的身上。各地以民间社团和在乡军人会为中心成立了所谓"自卫团",在警察和军队的默许之下,肆意猎杀朝鲜人。

执行戒严任务的日军不仅对自卫团以私刑处决理论上同为帝国公民的朝鲜人装聋作哑,更有意引导民众将矛头对准日本国内的社会主义信仰者和工人运动领袖。日军第1师团指挥官石光真臣便曾发出指示:"不法分子不一定只有朝鲜人,还有利用他们的日本人。"在如此明确的暗示之下,日军很快便开始在震区逮捕异见分子,其中中国旅日华工代表王希天与日本社会运动家大杉荣等人惨遭杀害。

随着地震灾情逐渐得到控制,日本政府才假惺惺地宣布解除戒严,并着手调查在地震期间自卫团屠杀朝鲜、中国侨民的事件。日本政府虽然逮捕了数百名暴徒,但很快便假借裕仁大婚而恩赦。至于杀害王希天方面,则干脆不承认其曾经为日本军方逮捕的事实,只是将其纳入地震中失踪人口的名单。直到20世纪70年代,王希天的死讯才得到证实:1923年9月9日,王希天在去京郊大岛町途中被日本当局逮捕,12日凌晨手持步枪的宪兵,将捆绑的王希天带出警察署。在押往军营的途中,他们用刺刀将王希天刺死,然后扔进了火堆。

关东大地震的发生是地球板块运动的必然,早在1906年和1915年日本东京帝国大学理学系地震专业的大森房吉教授和他的助手今村明恒副教授两次就东京是不是将会有大地震袭击进行了争论。今村副教授根据历史地震分析,提出东京存在发生大地震的危险性,并且强调要特别注意火灾的发生。只是作为日本地震学界泰斗的大森教授,以避免人心混乱为由,一直否定。在地震中出现的日军一度全盘接管城市,并怂恿民众迫害邻国侨民,何尝不是明治维新以来日本政治畸形发展的积累和爆发。在未来的岁月里,面对日益激化的国内矛盾和不可预测的国际风云变幻,这种将问题简单交给具有最强社会管控能力的军队,以邻国民众的生命为祭品,来安抚对未来充满绝望的日本列岛民众的做法将一而再,再而三的出现。不过并非所有的日本国民都甘愿遭受这样的愚弄,关东大地震发生四个月之后,一位名叫难波大助的青年便愤而将枪口对准了日本未来的灾星——时任摄政王的皇太子裕仁。

1923年12月27日,裕仁要去出席帝国议会开幕式。上午10时45分,当裕仁乘坐的汽车经过虎门公园时,一名青年从下跪的人群中突然跃起，用肩膀撞开警察组成的警戒线，向裕仁的座驾开了枪。子弹穿破玻璃，碎片从裕仁的右耳掠过，稍许渗出些血来，司机加快车速后才躲过射来的第二枪。行刺者一边高呼"革命万岁"，一边追赶汽车，随后被群众抓获交由宪兵处理。

行刺者难波大助时年23岁。他的父亲难波作之进是山口县的大地主、众议院议员、皇室中心主义者。难波大助自幼便反对父亲家长式的统治，并走上了无政府主义的道路。大地震后政府的高压政策使他充满了敌意，当他得知自己崇拜的社会主义者、无政府主义者大杉荣被杀害的消息后，决心暗杀裕仁为其报仇。

12月23日，难波从故乡山口县到达京都。当他在报纸上看到裕仁将于27日出席议会开幕式的报道后，决定利用这一机会进行刺杀行动。他连夜动身于27日8时20分到达东京火车站，随身还携带了一支与他的年龄不相称的拐杖。这并不是一支普通的拐杖，而是一支经过改装的拐杖枪，是他大名鼎鼎的同乡伊藤博文出访归来送给他父亲的礼物。在东京火车站附近的厕所里，难波在拐杖枪内装上了子弹，然后来到裕仁前往议会必经的虎门公园附近，接着便上演了上面所描述的一幕。此事被称作"难波事件"或"虎门事件"。

遭遇刺杀事件后的裕仁，仍按预定计划出席了议会开幕式。司法当局认为，无论如何按照难波的行径终归是要判处死刑的。可是，为了向外国和日本国民显示"日本并不存在真正反抗皇室的人"，大审院长横田秀雄等人对难波进行了各种劝诱其变节的活动。但在遭到难波的坚定拒绝后，当局还是以他的名义发表了悔过的声明，并宣布犯人是在病态的情况下行事的。当局的目的在于极力隐瞒犯人是为了自己的信念而行动的事实。

在此后长达一年的酷刑审讯中，难波拒绝承认有罪，并以作为一个社会主义的先驱者而感到自豪。第二年的11月15日，难波被判处死刑。行刺未果的难波大助被处死刑后，他那被迫辞去议员职务，返回故里终日闭门思过的父亲，甚至不愿去为自己的儿子收尸，只好由监狱出面将其草草安葬于监狱附近的公共墓地。经过这次刺杀事件后，裕仁一方面加强了自身的警卫工作，另一方面则不免将出身山口县的难波大助与萨长同盟联系起来。面对这位多疑的少主，关东大地震次日上台组阁的山本权兵卫不得不递交辞呈，结束了其短暂的第二任首相任期。

接替山本权兵卫的是高唱皇室中心主义的清浦圭吾。清浦圭吾虽然早年依附于山县有朋，但此时上台组阁却是"一颗忠心只向吾皇"。山本权兵卫组阁时的陆军大臣长州藩田中义一，海军大臣山本权兵卫的女婿财部彪被悉数清退，换上了农民出身的陆军中将宇垣一成和出身佐贺藩的海军中将村上格一。宇垣一成虽然出身不高，但两度留学德国，被公认为日军中的战术大师，自1916年起便长期盘踞参谋本部第一部长的高位，田中义一反倒位居其下。村上格一在第一世界大战中曾率第三舰队远征青岛，也算是日俄战争中日本海军中少数战功赫赫的名将。由这两位日本陆、海军中的名将护航,清浦圭吾自认自己在首相的宝座上可以踏踏实实地坐上一段时间。

清浦圭吾显然高看了自己在日本政坛的影响力,其赤裸裸的招揽公卿贵族、把持政府的做法更招致了在野党派的普遍诟病。面对来势汹汹的所谓"护宪运动",清浦圭吾自动自觉地扮演着裕仁的挡箭牌角色,但最终在大选中被民众无情地抛弃。1924年6月11日,清浦圭吾在为裕仁操办完与久迩良子的婚礼大典之后宣布辞职。在萨摩藩元老松方正义病故的情况下,作为明治九元老中硕果仅存的西园寺公望,随即请出了代表财阀利益的"三菱之婿"加藤高明上台组阁。

加藤高明当年曾因冒险向中国提出"二十一条"而遭到明治元老山县有朋等人的排挤。此时加藤高明以首相身份上台大有一雪前耻的架势。他继续留任宇垣一成为陆军大臣,并全力支持其裁减陆军。在海军方面反倒请回了山本权兵卫的女婿财部彪,显然有依赖萨摩藩而压制长州藩的架势。按照加藤高明所拟定的计划,准备从陆军下手先废除军部大臣武官制,即陆军大臣将不再由现役陆军将领担任,随后废除朝鲜和南满洲以外的全部宪兵部队,最后裁减6个师团。

并不隶属于萨长同盟的宇垣一成支持加藤高明内阁的裁军计划,但却深知大臣武官制和宪兵部队是陆军赖以生存的根基。因此他在同加藤高明虚与委蛇的同时,悄然在陆军中设置了军制调查会,独立开始草拟陆军裁军计划。当时日军总计拥有21个师团,裁军的剪刀先拿谁开刀自然大有讲究。被宇垣一成列入被裁减名单的是:驻守仙台县高田市的第13师团、驻守爱知县丰桥市的第15师团、驻守冈山县的第17师团以及驻守久留米市的第18师团。

综合来看这4个师团均组建于日俄战争结束前后,属于日军中的小字辈。且第13师团驻守的仙台地区已有第2师团,第15师团驻守的爱知县是第4师团编成地,第17师团的冈山县属于第10师团的管辖区,

◎ 宇垣一成。

◎ 冈村宁次。

第18师团驻守的久留米同时也是第12师团的龙兴之地。将这四个师团废止，也有利于理顺日军的师团管区。如果从这个角度去理解，倒也能解释缘何裁军会跳过第14、第16两个师团。

当然单纯从战绩来看，被裁减的4个师团均不乏功勋部队。其中第13师团便曾在日俄战争后期独立完成库页岛南部的占领任务，此后长期驻守于中国东北和朝鲜半岛。在此期间第13师团中有一位名叫冈村宁次的小队长由于表现突出而转入陆军士官学校。正是这次调动，令冈村宁次在担任清国学生队第4、第5、第6期教官的过程中结识了陈仪、阎锡山和孙传芳等未来的中国军政大佬。除此之外，1910年期间第13师团第19野战炮兵联队也曾接纳了一位未来赫赫有名的中国士官候补生，他的名字叫蒋中正。

引虎吞狼
中国军阀混战背后的日本推手

直奉再战

对于自己曾经服役过的师团即将为宇垣裁军的浪潮所吞没,蒋中正和冈村宁次是否也曾有所唏嘘,世人不得而知。因为1924年对于这两位未来的东亚陆军大佬而言,实在太过于忙碌了。1922年6月在广东组织第二次护法运动的孙文,因遭粤系军阀陈炯明的背叛,不得不再次登上"永丰舰"避祸于海上。正是在这次漂泊不定、前途未卜的旅途之中,孙文第一次真正认识了35岁的蒋中正。

蒋中正于1908年在赴日留学期间加入同盟会,辛亥革命期间蒋中正配合陈其美于上海、浙江等地发动起义。此后的二次革命、护国运动、护法运动,蒋中正更是无役不与,因此他虽然年轻却是如假包换的前辈元勋。但是他与孙文之间的交际却并不大,更谈不上进入国民党的核心决策圈。正是在"永丰舰"从广州北航上海的40多天时间里,孙文第一次真正意义上将蒋中正视为自己所能信任的革命同志以及能够委于重任的军事干才。

陈炯明在广东发动叛乱

◎ 留学日本时的蒋中正。

之时,忠于孙文的粤系武装正以"讨贼"之名大举发动北伐。讨贼军虽然回师反攻广州失败,但仍在福建革命群众的热烈响应之下,进入福州地区暂时休整。抵达上海之后的孙文,随即将蒋中正派往前线,出任东路讨贼军参谋长。在讨贼军参谋长的任上,蒋中正确实做出了一番成绩。1923年1月15日,在讨贼军会合滇、桂两系军阀收复广州的情况下,孙文从上海再度南下重建大元帅府,蒋中正也由此升任大本营参谋长,俨然已经成了孙文革命武装的二号人物。

自辛亥革命以来的四处碰壁,特别是此次陈炯明的叛离,令孙文决意建立一支真正能为其所用的革命武装。在英、美将对华外交重点放在把持北京的直系北洋政府,日本全力扶持奉系张作霖的情况下,联合苏俄便成为孙文此时唯一的选择。自十月革命以来便始终陷入外交孤立之中的苏俄政府,也将联合孙文的广东革命政府视为缓解远东压力的突破口。1921年7月,中国共产党成立,此时的力量虽然仍很微小,但却已显现出蓬勃的生机和无限的潜力。在这样的情况下，1923 年 8 月蒋中正奉命率领孙逸仙博士代表团访问苏联。而在 1924 年 1 月于广州召开的国民党第一次全国代表大会之上，孙文更明确提出了"联俄、联共、扶助农工"三大政治纲领。自此全面揭开了第一次国共合作的序幕。

1924 年 6 月 16 日，由蒋中正任校长的中华民国陆军军官学校正式于广州市长洲岛成立。这所未来以"黄埔军校"之名而轰动世界的军事院校，即将成为中国近代史上无数风云人物梦想开始的地方。就在蒋中正忙于按照苏联红军的模式创办军校的同时，一场围绕着上海控制权所引发的战争突然改变了整个华北地区各系军阀的力量对比。

1924 年 9 月 3 日，隶属于直系军阀的江苏督军齐燮元联合安徽、江西、湖南、福建四省驻军，兵分四路围攻由浙江督军卢永祥所控制的上海、浙江两地，史称"江浙战争"。直系军阀此次来势汹汹，一气投入了 7 个师、14 个混成旅，如此庞大的兵力当然不是齐燮元一人所能调动，其背后少不了主政北京的直系灵魂人物吴佩孚的全力支持。自直皖战争和第一次直奉战争以来，直系军阀虽然牢牢地掌握了北京中枢以及江苏、安徽等重要省份的军政大权，但从整个中国版图上来看，却不难发现此时直系正深陷于雄踞关外的张作霖麾下奉系大军与固守上海、浙江的皖系段祺瑞所部的南北夹击之中。要改变这样的不利态势，吴佩孚计划一方面强化长城防线抵御奉系可能的南下，另一方面则集中兵力先剪除皖系对其侧背的威胁。率师入闽、主政福建的孙传芳正是吴佩孚这一战略的排头兵。

孙传芳虽然成功驱逐了皖系在福建的代理人王永泉，却随即陷入了与同为直系闽北护军使周荫人的争斗之中。随着孙文麾下的讨贼军由于陈炯明的背叛而被迫退入福建，福建省的局势更趋复杂。长期以来，奉系、皖系与孙文所组建的广东革命政府之间始终在谋划联合对抗直系。1924 年 2 月 26 日，孙中山对上海《民国日报》的记者表示："北伐问题，势在必行。现在皖奉两方亦已商量妥当。只要东江（指陈炯明残部）肃清，决不停留，即行北伐。"眼前粤、奉、皖三派所组成的"反直三角同盟"即将联手出击，不甘坐以待毙的吴佩孚自然选择先发制人。

面对直系方面的全力围攻，深知浙沪一旦有失，则再无立足之地的皖系自然全力抵抗。就在江浙战争爆发的第二天，孙文也在广州大元帅府召开会议，宣布"援浙即以存粤"，决定誓师北伐。孙文计划首先进攻江西，待到攻克江西后，顺江而下占领安徽，以后与浙沪联军会师于南京，再沿津浦路北上，联合奉军直捣北京，推翻直系军阀的统治。但此时的广州革命政府外有盘踞东

◎ 孙传芳

江流域的陈炯明所部掣肘，内有商团武装寻衅鼓噪，因此北伐的宏愿此时仍只能停留在纸面之上。

广州革命政府被迫按兵不动，奉系的张作霖却不能坐视皖系的覆灭。9月15日，张作霖发表致曹锟电，形似最后通牒，声称："将由飞机以问足下之起居，枕戈以待最后之回答。"这番话当然不是虚言恫吓。自第一次直奉战争惨败以来，被迫退守关外的张作霖便全面厉兵秣马，准备卷土重来。此时的奉军已经拥有"飞虎"、"飞鹏"、"飞鹰"、"飞豹"四个航空队，各型战机五十余架，飞行员近百人。奉系空中势力的飙升，还仅仅是张学良、郭松龄、杨宇霆等奉系新锐将领所推行的全面军事改革的冰山一角。

第一次直奉战争奉军惨败之际，张学良与郭松龄率奉军2个混成旅且战且退，在山海关一线与直军数倍于己的追兵相抗衡，才最终保证了奉系主力安然退回东北内地。经此一役之后，张作霖对爱子张学良及郭松龄信任有加，成立东三省陆军整理处，由其二人主持对奉军全面整顿。有了自己父亲的全力支持，张学良随即放手大量引进新式军事人才，淘汰奉军内部的老弱残兵。经过一番整编之后，奉系常备陆军虽然缩减为3个师、27个混成旅和5个骑兵旅，仅余17万人，但兵员素质却有了极大的提升。

与此同时，张作霖还接受张学良的建议，将奉天军械厂改为东三省兵工厂。在沈阳市大东边门外，重新开辟修建了铸枪、铸炮、炮弹三厂，并于库房西侧修筑站台，铺设铁轨，火车可直通厂内。1923年，奉系聘请日本士官学校毕业的韩麟春任东三省兵工厂总办之后，又增建枪弹、炮弹二厂。工厂所有机器购自日本，并聘请日本技师担任设计指导。此外，奉系增建炼钢厂、机器厂、锅炉房、水塔、蒸气及水道等设备。至此东三省兵工厂每年能制造大炮150多门、炮弹20余万发、步枪6万余支、枪弹60余万发、机关枪1000挺以上，军工产能可谓独步全国。值得一提的是，此时的东三省兵工厂已经着手自行研制步枪，更在捷克毛瑟98/22式步枪和日本三八式步枪的基础之上，于1924年推出了被称为"韩麟春造"的辽十三年式步枪。

精兵强将加上源源不断的军火供应，构成了张作霖再度入关问鼎的物质基础。就在张作霖调侃曹锟为"近年为吴佩孚之傀儡"的同时，奉系前锋部队已在热河、山海关一线与直系军队全面交火。不过奉系虽然来势汹汹，但在主政直系军事的吴佩孚看来自己却是胜券在握，毕竟江浙战争自爆发以来，齐燮元所部江苏驻军虽然一度进攻受挫，但从福建方面突入浙江的孙传芳所部却势如破竹，至9月18日已逼迫卢永祥放弃浙江，退守上海。直系两线作战的局面至此基本已经结束。吴佩孚可以从各条战线抽调兵力，全力应对奉系的攻势。

孙传芳突然发力一举扭转江浙战局的背后，固然有其在福建省内的诸多不如意的因素。孙传芳出征之前曾发给官兵每人一本《入浙手册》，申明不再返回福建，全军唯有勇往直前，才能死中求活。每下一城，孙传芳便宣布："实行军民分治，浙军与中央军一视同仁，免除苛捐杂税。"俨然已将浙江视为自己的地盘。而另一方面据说此时身为日本上海驻华武官的冈村宁次也向孙传芳部提供了诸多情报支持。

自第一次世界大战以来，冈村宁次便长期在日军参谋本部从事参谋和情报工作。之前日、德两国围绕青岛展开剧烈攻防之时，冈村宁次便以编撰战史之名抵达战区，随后为日本驻华总武官青木宣纯招揽，在北京的"青木机关"一干就是4年多。在此期间，青木宣纯的一系列政治主张和观点自然不可避免地深植入冈村宁次的思想之中。在青木宣纯看来，自辛亥革命以来的中国政局动荡，是扶植代理人"使其势力日趋与东洋相合，成为我之附庸地"的绝佳时机。对于当时争夺北京政权的直系和皖系两派势力，青木宣纯似乎更倾向于直系，而对"心胸狭隘"的段祺瑞颇多微词。

青木宣纯这种态度是否影响到了江浙战争中的冈村宁次世人不得而知。但是站在当时冈村宁次的角度上，与自己有过师生之谊的孙传芳显然要比卢永祥更好打交道一些。10月初，直系江苏、福建两路大军全面围攻上海。10月13日，卢永祥见大势已去，无奈通电下野。皖系方面虽然推举徐树铮为总司令，欲图继续作战，但西方列强并不愿意有着切身利益的上海沦为战场，因此徐树铮尚未来得及拼死一搏，便被英国巡捕送上了出国"考察"的游轮。至此江浙战争以直系的全面获胜而告终。

直系虽然成功拔除了皖系在长江中下游最后的地盘，但却意外地丢失了北京中

◎ 时代周刊上的吴佩孚。

枢的控制权。10月11日，由古北口进驻滦平的直系第三路军总司令冯玉祥，与奉军秘密协议停战。至此吴佩孚在山海关一线顶住奉军猛扑，从热河、秦皇岛两翼迂回包抄对手的战略已然宣告破产。10月19日，在奉军前线攻势如潮，直系战线岌岌可危的情况下，冯玉祥在滦平召开高级军官会议，宣布班师回京。此时直系主力已经悉数投入前线，坐镇北京的曹锟无力抵挡冯玉祥的大举"逼宫"，被迫宣布下令停战并解除吴佩孚的职务，史称"北京政变"。

在奉系空军纷纷扬扬投下的"冯玉祥倒戈"的传单之中，直系在山海关一线陷入总崩溃之中。吴佩孚起初还试图集结数千精兵回救北京，但在奉军大批精锐骑兵围追堵截之下，吴佩孚只能放弃北京，选择退守天津，等待刚刚结束江浙战争的齐燮元、孙传芳所部北上支援。但此时的直系已经陷入墙倒众人推的窘境之中。山东督军郑士琦11月1日宣布中立，并出兵占

领沧州、马厂，炸毁津浦铁路韩庄附近铁道；同日，山西督军阎锡山亦出兵石家庄，切断京汉路之交通。齐燮元、孙传芳两人也忙着消化浙江、上海的地盘，更无心北上与兵强马壮的奉系交锋。走投无路的吴佩孚最终只能于11月3日晚从天津登舰南逃。

第二次直奉战争虽然以奉系的全面获胜而告终。但无论从战前"先南后北"的战略决断，还是直奉两军拉锯于山海关一线时的战术运用来看，吴佩孚都无愧于其"北洋儒将"之名。因此虽然最终兵溃于天津，但南下之后仍被视为直系诸省军阀的精神领袖。张作霖虽然名义上控制了北京，但却一时无法消弭冯玉祥的影响力，毕竟自北京政变以来冯玉祥所部便控制了北京周边要冲，而其将以溥仪为首的满清皇室赶出紫禁城的做法在当时更颇得人望。因此第二次直奉战争后的数月时间里，张作霖不得不遵从冯玉祥"奉军不得入关"的要求，将自己的军事力量部署于长城以外。

"中国通"们

1924年末的冯玉祥手握重兵，雄踞北京，可谓华北地区独立于直、皖、奉三大北洋军阀体系之外的第四股势力。但财政和外交上的短板，却令其无法长期独立于北洋军阀系统之外。这一点不难从北京政变的一些幕后故事中看出端倪。美国人薛立敦在其所著《中国军阀：冯玉祥的经历》一书中，根据日本人松宝孝良口述及回忆录等资料认为，北京政变是由在中国的日军和外交人员积极帮助、资助，甚至谋划的。日本东亚同文会编的《续对华回忆录》也记载了日本方面在策动冯玉祥"倒直"方面的相关动作。

1924年第二次直奉战争即将爆发时，日本退役军官寺西秀武曾到奉天劝张作霖联合段祺瑞打吴佩孚，并献计拉冯玉祥。尔后寺西秀武转赴天津与段祺瑞策划拉拢冯玉祥的具体措施。不久，段祺瑞给张作霖写信说，如出资100万元就能拉冯玉祥、胡景翼、孙岳等人倒戈。在日本军事顾问松井七夫的劝说下，张作霖拿出了这笔钱，经三井银行奉天支店长天野悌二之手，交到日本驻天津司令官吉岗显作，由吉岗交给段祺瑞，段祺瑞又派冯玉祥的日本军事顾问松室孝良少佐和王乃模、段祺澍三人接头，将相关款项转交冯玉祥。

但在内无稳固的后方根据地，外无列强支持的情况之下，冯玉祥所部在财政上捉襟见肘却是有目共睹的。冯玉祥本人与士兵一样，穿灰布军装，睡稻草地铺，每餐仅一菜一汤，数十年如一日。这固然有冯玉祥个人的品德因素，但何尝不是军费拮据的体现。而作为直系的外围，冯玉祥在曹锟任下也是受尽欺凌，其向曹锟申请军械，反遭遇各种刁难。冯玉祥曾上下打点白白花了10万大洋，结果申请军费又被克扣了三分之二。一方面是直系自上而下的百般苛难，一边却是张作霖送上的百万日元，冯玉祥临阵倒戈也就不难理解了。

除了"银弹攻势"之外，日本政府也通过安插在直系内部和冯玉祥身边的军事顾问，全面策动着北京政变的发生。华盛顿会议之后，日本在东亚陷于外交孤立之中。面对中国国内高涨的民族情绪和迭起的反日运动,日本外相币原喜重郎虽然提出所谓"对华方针四原则",大唱"不干涉中国内政;维护日本合理权益;对中国的现状抱同情和宽容的态度;两国共存共荣,实行经济合作"的高调,但日本军方通过遍布于中国大小军阀身边的军事顾问,密切留意局势的动向。

1924年9月,担任曹锟这位"中国大总统"军事顾问的是1912年日军大学毕业后便直接被参谋本部派往中国的土肥原贤二。如果说冈村宁次是日军第一代"中国通"青木宣纯的高徒的话,那么土肥原贤二便是日军第二代在华情报工作掌门人坂西利八郎的爱将。日俄战争期间青木宣纯调往满洲军司令部以后,所遗谍报工作即由坂西利八郎负责。

日俄战争结束后,坂西暂时奉调回国,随着辛亥革命的爆发,参谋本部立即派坂西重返北京,任公使馆武官,建立以"坂西公馆"为代号的特务机关。此后的数十年间坂西广泛结交了北洋各派系的军阀、政客,向他们渗透日本内阁的意图,干预中国政事。如在段祺瑞执政期间,日本寺内正毅内阁为控制段政权而签订的西原借款,就是坂西牵线促成的。北洋政府从袁世凯开始,经过黎元洪、冯国璋、徐世昌,又黎元洪二次上台,再到曹锟前后更迭七任总统,坂西或公开出任顾问,或躲在幕后谋划,始终为当权者所赏识而受到重用,故日本公众舆论戏称坂西利八郎为"七代兴亡的不倒翁"。

深得坂西利八郎器重的土肥原贤二在坂西公馆工作了12年之久,虽然没有尺寸战功,也逐渐升迁为中佐。而正是利用自己受聘于曹锟充当军事顾问的机会,土肥原将曹锟通过王兰亭、顾维钧等策划请求美国援助的情报传递回坂西公馆。日本政府对直系与英、美之间的往来向来敏感,接到土肥原的情报之后,立即敦促坂西利八郎动员各方力量打乱其计划。坂西利八郎随即找到同盟会元老黄郛,希望由其出面物色人选谋划"倒直"。

黄郛早年留学日本,先后入东京振武学校和日军测量局地形科,回国后曾在满清政府和辛亥革命后的南京临时政府担任过军职,但此时却只是曹锟政府的教育总长,手中没有军权,唯有出面劝说对直系颇有怨言的冯玉祥。当然黄郛此举并非单纯出于维护日本利益的考量,事实上孙文所领导的广州革命政府也迫切希望能够扳倒直系,夺取北京中枢的控制权。孙文在北京政变后便曾坦言:"在两三年前,便有几位同志说:我们以后革命,如果还专在各省进行,力量还是很小,必

◎ 冯玉祥　　◎ 币原喜重郎

要举行中央革命,力量才是很大。由于这个理由,那几位同志便到北京去进行。"他所提到的几位同志,除了黄郛之外,还有冯玉祥所部的二号人物胡景翼、三号人物孙岳。与之相比,日军通过曹锟政府安插在冯玉祥身边的军事顾问松室孝良只是起到了资金和情报传递的作用。

成功策动冯玉祥倒戈的消息传到日本国内,陆军方面一片欢腾。身为陆军大臣的宇垣一成在日记中比较暧昧地写道:"(第二次直奉战争期间)政治家、实业家、政党等也在活动,在决战之际背地里给予相当支持。"与之相比,此时正在陆军中大力扶植自身势力的上原勇作却恬不知耻地将北京政变据为己功,以至于日后其传记作者这样写道:"第二次直奉战争胜败变化,以常胜军自夸的吴佩孚一败涂地,张作霖得保全其地位,全在于元帅(上原勇作)的暗筹默算。"

与陆军方面相比,对于冯玉祥发动北京政变的消息,时任首相的加藤高明及其阁僚却显得有些后知后觉。在临时召开的内阁会议之上,此前还担心奉系可能战败,导致日本在满洲地区利益受损的农商务相高桥是清,甚至大喜道:"日本得救了,如果我们不得不全力援助张作霖的话,必将在外交上陷入困境。"高桥是清之所以如此激动,主要是因为日军对奉系能否战胜直系缺乏信心。而这一判断主要来自于曾在第一次直奉战争中出任张作霖军事顾问的本庄繁。

奉系聘请日本军事顾问,始于1916年。当时张作霖成功利用护国战争爆发,袁世凯倒台的机会,"请走"了段芝贵。此后他虽然成功地平息了日本发动的"第二次满蒙独立"的狂潮,却不得不继续留用段芝贵身边的两位日籍军事顾问——菊池武夫和町野武马。菊池武夫是贵族男爵菊池武臣的嫡子,出任奉系军事顾问无非镀金而已。1919年他继承了老爸爵位之后,便脱离奉系回国高升了。反倒是会津藩武士家庭出身的町野武马在张作霖身边一干就是9个年头。

町野武马之所以如此"任劳任怨",除了出身不高,回国之后升迁无门外,很大程度还在于张作霖所给予他的各种优厚待遇。据说张作霖每年必定请町野武马替其去日本"活动"一番,而为了与日本国内朝野各派联络感情,张作霖每次均以交际费的名义拨付给町野武马3万日元,且从不过问这笔钱的去向。面对出手如此阔绰的"老板",町野武马岂肯轻易放弃奉系军事顾问这个肥缺。不过菊池武夫走后留下的空缺,日军方面还是希望能尽快补上。起初参谋本部内定的人选是土肥原贤二。不过町野武马深恐这个"中国通"跑到奉系来抢了自己的风头,于是在奉系内部放风说土肥原处事跋扈。张作霖信以为真,随即要求日本方面撤换人选,日军方面只能替换了在关东军司令部工作的铃木美通中佐,不过铃木美通在奉系没干几个月便另有高就,接替他的是日后与奉系有着不解之缘的本庄繁。

出身兵库县的本庄繁没有菊池武夫那样的贵族出身,也没有町野武马的敛财手段,一心只想在战场上建功立业。1904年,他甚至放着好好的陆军大学校不念，中途退学跑去参加日俄战争。此后他也被委派为驻华武官，从事过一段时间的情报工作。但是随着日本出兵西伯利亚的消息传来，已经出任参谋本部"中国班"班长的本庄繁竟然跑去当了步兵第11联队的军事长官。这样一个"逢敌必战"的赳赳武夫，自然不屑待在张作霖身边交际应酬。第一次直奉战争爆发之后，本庄繁随即换上奉军的粗布军服跑到前线去了。可惜本庄繁的赤膊上阵换来的却是奉军一败涂地，灰头土脸地被日军方面撤换回国的他，自然不肯承认是自己无能。于是他便大肆宣扬奉系内部矛盾重重，根本就是扶不起的阿斗。

本庄繁的话在日军内部很有市场，因此第二次直奉战争爆发之初，日本方面对张作霖并不好看，甚至已经做好了一旦奉系兵败，便出动关东军隔绝交战双方以维护其在满洲地区特殊利益的准备。但关东军介入中国内战却有着巨大的政治和外交风险。因此日本军方才积极策动冯玉祥阵前倒戈，以期能够达到"上兵伐谋"的目的。

第二次直奉战争虽然以奉系的全面获胜而告终，却也同时宣告了日本和张作霖"蜜月"的终结。之所以出现这样的局面，固然是由于战胜直系之后，张作霖自感在中国大陆再无对手，不再需要仰人鼻息。早在第一直奉战争结束之后，张作霖便在竭力强化东北军工系统的同时，广开对外军购的渠道，向美国、法国甚至瑞士、比利时采购装甲车、山炮、飞艇等现代化武器装备。而在第二次直奉战争爆发前期，张作霖于1924年5月设立的东三省交通委员会，计划于南满铁路两侧修筑东、西两大铁路干线，俨然意欲打破日本长期控制东北铁路干线和垄断铁路运输的局面。

另一方面随着奉系的羽翼日丰，日本政府对其的态度也由全面支持转向遏制。早在1921年原敬组阁时期召开的第一次东方会议中，日本政府便明确提出："在张作霖整顿和发展东三省民政和战备的过程中，日本应给予张作霖以直接和间接的援助。但是，当张作霖为实现他在中央政界的野心而寻求援助之时，则以采取不予援助为宜。"在此后日本方面虽然更迭了多任政府，但不支持张作霖谋求全国霸权的政策却从未改变。因为在日本有识之士看来，一代枭雄张作霖一旦掌控中国政权，必将转而反对日本，而拥有奉系武装绝对控制权的张作霖很可能成为比袁世凯更为难缠的对手。

1924年11月张作霖携爱子张学良带少

◎ **本庄繁**

数卫队入京，入住位于西城区的顺承郡王府。与其同行的日本军事顾问町野武马便试探地奉劝张作霖早日返回奉天，不要过多过问关内的政治事务。结果张作霖反问町野："你今年多大年岁？"町野武马与张作霖同年，此时均为49岁。人到中年，不进则退的弦外之音，町野武马岂能听不出来？而对张作霖入京，心怀不满的除了日本方面之外，还有冯玉祥所部的岳维峻、邓宝珊等人。怀着"卧榻之侧岂容他人鼾睡"的心理，岳维峻、邓宝珊曾力劝冯玉祥先发制人，袭杀在京的张作霖父子。从当事人的回忆来看，岳、邓两人的倡议背后也有日本方面的推手。

当时岳、邓两人的直接领导胡景翼正率部于彰德与直系残部交战，因此岳、邓两人突然连夜赶到中南海居仁堂时，冯玉祥还以为两人是要谈支援胡景翼的事宜。结果二人却说："我们不去！那方面的事小。我们此时有更大的责任。"冯玉祥随即问："什么更大的事？"岳、邓两人回答说："处理张作霖父子是件大事！今天晚间我们就准备暴动，把他父子俩捉住枪决，日本人已替我们探听清楚，他们这回入京，带的兵不多。只要总司令允许，我们马上就去。"岳、邓两人口中的日本人指的应该是冯玉祥的日本军事顾问松室孝良。

应该说此时冯玉祥和张作霖之间的矛盾已经日益凸显，奉军以追击吴佩孚为名，以张宗昌、李景林所部占据天津，已经违背了此前冯、张两人"奉系不得入关"的约定。冯玉祥满怀希望地电请段祺瑞入京，代替黄郛担任中华民国临时执政，也未能

◎ 张学良

取得"联皖制奉"的目的。毕竟此时的皖系已经丢失了浙江、上海的最后地盘，彻底沦为"政治难民"，在冯玉祥和张作霖之间，自然不可避免地依附于势力更强的后者。但冯玉祥毕竟是一军之长，政治眼光绝非岳、邓两人可比，当此决断之际他仍保持着清新的头脑，他拒绝签署命令，并告诫岳、邓两人说："这件事无论如何不能实行。就算你们能把他俩捕获，京外奉军必然激起异动，演出混战之局，那时不等双方分出胜负，日本就会趁机进占东三省。日本人帮忙，决不会怀好意的。"

冯玉祥在关键时刻的隐而不发，固然是高瞻远瞩之下做出的理性决策。而张作霖敢于单刀赴会，也绝非没有准备。除了在京郊驻守的奉军数万大军之外，跟随张作霖父子入京的卫队虽然人数不多，但却均为百战精锐。日后号称张学良"四大保镖"的谭海、姜化南、刘多荃和何世礼四人只是奉系老帅、少帅两大卫队系统的冰山一角。岳、邓两人仅从部队人数上判断双方战力，双方真的交手未必能讨到便宜。

此时远在广州的孙文也发表《北上宣言》，提出对内要打倒军阀，对外要推倒军阀赖以生存的帝国主义，废除不平等条约等一系列主张，冯玉祥趁势邀请孙文来京共商国是，至此1925年的北京再度成为左右中国未来命运的焦点所在。

奉系南下

1924年11月21日，高调前往北京的孙文偕夫人宋庆龄抵达日本神户港。之所以选择取道日本，固然是因为此时中原各地仍处于战乱之中，火车不通，而由广州抵达上海之后，再乘船抵达天津反不如从日本中转来得快捷。但更为重要的是，孙文希望能够劝说日本在列强中带头废除对华不平等条约，以实现中华民族解放。同时已经与苏联结成同盟关系的孙文更希望进一步构建以中、日、苏三国联盟为基础的"东方同盟"，以对抗以美、英、法为首的西方列强对东亚乃至世界范围内后进国家的压制。

但事与愿违的是，孙文此次人生中的最后一趟日本之行却遭到了日本官方集体的冷遇。不仅加藤高明内阁拒绝他前往东京，就连与孙中山有过联系的政、财、军界实力人物也极力回避。无奈之下，孙文只能在神户当地进行了几次影响不大的演讲，在演讲中孙文用"王道"和"霸道"来概括东西方的国际观念。在孙文看来西方国家"只见物质文明，只有飞机炸弹，只有洋枪大炮，专是一种武力的文化……用我们中国的话说就是'行霸道'，所以欧洲的文化就是霸道的文化"。这种霸道文化是东方人向来轻视的，因为在东方"还有一种文化，好过霸道的文化，这种文化的本质，是仁义道德。用这种仁义道德的文化，是感化人，不是压迫人，是要人怀德，不是要人畏威。这种要人怀德的文化中国的古话就是'行王道'。所以亚洲的文化，就是王道的文化"。

可惜孙文的这番话此时早已不合日本政客的胃口。在明治维新后成长起来的一代日本人看来，西方的"霸道"才是弱肉强食的工业时代唯一可行的丛林法则。积贫积弱的中国既无能力更无资格谈论所谓的"王道"。当然对于逐渐从内战阴影走出，国力日益强盛的苏联，日本还是愿意结交的。就在孙文盘桓于神户之际，日本驻华公使芳泽谦吉正与苏联大使卡拉罕展开谈判，并于1925年1月，缔结日苏基本条约。日本以从北库页岛撤军换取了向来声明不承担沙俄政府任何政治责任的莫斯科方面对《朴次茅斯条约》的承认。苏联人还承认了日本在北库页岛的石油、煤炭开采权和在苏联远东地区的渔业权。至此以出兵西伯利亚为标志的日本对苏武装干涉，画上了一个句号。在此后相当长的一段时间里，日本与苏联之交的外交互动日益频繁。在其双方眼中，苦难深重的中国仍不过是一个可以肆意瓜分的战略缓冲带而已。

1924年12月，孙文两手空空地离开日本。对于自己一腔热忱和希望化为泡影的结果，他颇为失望地表示："彼国政治家眼光太近，且能说不能行，不似俄国之先行后说。日本的朝野，近对吾党，非常轻视，以为吾人未获得政权。"3个月之后，怀着对中国前途的忧虑，孙文因为肝癌病逝于北京。而就在其当初访日的同时，段祺瑞政府的两位代表却受到了日本首相、外相以及其他达官显宦的隆重接待。因为此时日本资本在华的利益迫切需要段祺瑞等军阀的维护。

第一次世界大战结束以来，日本在国际贸易中的支柱产业——纺织业遭到了西方资本的剧烈冲击。日本政府在国内积极推进纺纱企业引进新技术，推进织布、染色加工的垂直统合的转型升级同时，开始向具有丰富廉价劳动力的中国输出资本。在日本企业家看来，于中国境内经营纺织业，不仅能确保其在中国的棉纱市场的垄断地位，更有望获得更高的利润回报，以投资人造绢丝等新兴产业部门。因此 1920 年以后，日本在华纺织业的规模急剧扩大。1924 至 1925 年期间，日本在中国的纺锤数已达 100 万，已占当年中国境内纺锤总数的三分之一。

当时的纺织行业是一项需要大量技术工人的劳动密集型产业。日本在华纺织业的蓬勃发展，同时转移来了日本国内已逐步废除的"包身工"、"深夜劳动"等残酷剥削制度。高强度的劳作加上日籍管理者的粗暴，最终于 1925 年 2 月引发了上海日本纺织厂内的中国工人大罢工。面对上海地区 11 个日资纺织大厂高达 150 万日元的直接经济损失，日本政府当然不能坐视不管。代表财阀利益的首相加藤高明随即提出，驻上海总领事和武官等所属人员，负有保护日本侨民合法权益的职责，训令冈村宁次等人展开对上海工人运动的破坏。

但群情激奋的罢工浪潮，岂是冈村这样一个无兵无权的武官所能应付的。他只能向国内报告：上海罢工系受外界煽动而起，煽动者是共产党和社会主义青年团的成员，带有反帝和排日的色彩，不能视为单纯的劳资纠纷。在这样的情况之下，2月20日，与加藤高明同为三菱财阀女婿的外相币原喜重郎也顾不得他此前"对华不干涉"的外交宗旨了。他在贵族院宣布：上海罢工已逐渐变为暴动，侵害了日本的正当权利。在要求日本各厂不得单独妥协的同时，劝告中国政府制定取缔罢工的法令；不承认工会；对煽动罢工的不良分子应予肃清。但此时的段祺瑞政府所能控制的仅是东北、华北地区，对长江南岸的上海一度鞭长莫及。在这样的情况下，日本政府一边鼓动段祺瑞政府出兵南下，一边则通过冈村宁次积极向驻守浙江的孙传芳施压影响。

南下追击吴佩孚等直系军阀的问题，在第二次直奉战争结束后便已提上日程。但张作霖、冯玉祥两人均不愿意放弃直隶的地盘，

◎ 晚年的孙文。

始终处于相互推诿的状态。段祺瑞则一边以穷寇莫追、困兽难斗为由反对南下，一边积极拉拢直系的后起之秀孙传芳。江浙战争以来，孙传芳虽然鲸吞了浙江全省，但放眼全国孙传芳却深知自己要与群雄争衡，仍力有不逮。因此自吴佩孚兵败以来，孙传芳便改投门庭，主动向张作霖、段祺瑞甚至广州革命政府输诚，换取各方对其浙江地盘的承认。

段祺瑞、张作霖等人虽然也对于孙传芳频频示好，但浙江毕竟是皖系卢永祥的地盘，而奉系诸将入关之后也积极谋求裂土封疆。经过一番权衡之后，段祺瑞任命冯玉祥为西北边防督办，以陕西、绥远等地换取了冯玉祥所部放弃对直隶及北京周边地区的控制。随后奉系诸将之中，李景林升任直隶督军，张宗昌则主政山东。在完成了对津浦铁路北段的控制之后，张作霖随即以邢士廉、丁喜春所部2旅为先导，张宗昌主力为后援，以护送新任苏、皖宣抚使卢永祥南下就任为名开赴长江流域。

面对奉军的大举南下，江苏督军齐燮元退无可退，只能联合孙传芳全力抵抗。但就在江苏驻军与奉军大战于丹阳、无锡一线之际，孙传芳突然将协同齐燮元作战的部队撤走，直接导致齐燮元兵败如山倒，只能在上海通电下野，只身逃往日本。但此时的张作霖深知奉军战线已经拉得过长，

◎ 张宗昌

贸然进入上海不仅容易激化与孙传芳的矛盾，更可能直接卷入与英、美及日本在沪的利益纠葛。因此在击败齐燮元后，奉军名义上接管上海，但却与孙传芳签署和约，奉、孙两军均不在上海驻扎。

在奉系和孙传芳所部武装均不愿为日本所用的情况之下，沪上日本各纺织厂只能请上海总商会出面调停，以许诺不再打骂工人为条件请求中国工人全面复工。但日本纺织财阀在上海的退让并不代表其能够收敛贪婪和残暴的本性。吸取了上海方面的经验，1925年4月14日，青岛日本大康纱厂厂主开始派人查抄厂内工会组织，抓走了工会代表。4月19日，工会则向纱厂厂主提出包括承认工会为工人之正式代表、增加工资、取消押薪制、工伤工资照发、延长吃饭时间、不得打骂工人、保护女工及童工等21条要求。没有得到答复后，大康纱厂5000名工人举行罢工。

在青岛商会和日本领事馆的调停下，劳资双方虽然于5月签订复工协议，但复工之后日本厂主却一方面以种种借口拖延履行复工条件，一方面策划对工人进行报复。他们开除了51名罢工骨干分子，并向胶澳商埠当局施压要求取缔工会。上海方面日本各纱厂也将男工尽行开除，换为女工，再度引发22家工厂的大罢工。由上海各团体调停，以改良工人待遇，发还储金

为条件恢复工作，不料内外棉纱厂第八厂又开除工人数十名。工人不服，5月14日推举代表顾正红等8人向厂主交涉，在交涉中发生争执，日方突然开枪杀害顾正红，其余7人受伤。受伤工人向公共租界工部局请求援助，工部局不仅不予以公平处理，反而控以扰乱治安罪名，这一来群情更为愤激。

5月22日上海各团体开会追悼顾正红，上海各大学学生均往参加，路经公共租界时有四人被捕。5月25日，青岛方面大康、内外棉等几大纱厂工人再次举行罢工。自第一次世界大战结束以来，日本便视青岛为自身的势力范围，更自感不必在上海那般畏首畏尾。日本政府立即向段祺瑞政府发出照会，要求中国当局镇压罢工，同时把本国军舰开进胶州湾，准备随时登陆自行镇压。在日方的威压利诱下，山东督办张宗昌训令胶澳督办温树德，派遣军警，镇压罢工。5月28日夜，2000多名军警包围了日本纱厂。29日凌晨，军警冲入内外棉纱厂，要求工人退出工厂，遭到工人拒绝后，军警根据温树德的训示，向工人开枪，当场打死8名工人，打伤十多人。这就是举世震惊的"五二九"青岛惨案。

一天之后，上海学生联合会分派多队在租界内游行演讲。当天下午，一部分学生在南京路被捕，其余学生及群众共千余人，徒手随至捕房门口，要求释放被捕者，英国巡捕竟下令向群众开枪射击，当场打死学生4人，重伤30人。租界当局更调集军队，宣布戒严，任意枪击，上海的大学校竟遭封闭，是为"五卅惨案"。

五卅惨案发生之后，中华大地举国同愤。预感到事态将要扩大的冈村宁次遂建议总领事矢田部保吉与英国领事会商，筹划共同防范和镇压骚乱的策略。日本方面深知，在上海的外国投资者中数英国人最多，建议利用英同人最惧怕该地工人闹事的心理，让英国人出面打头阵，这样就会使群众的反日情绪转移到反英方面来。英国方面果然中计，6月11日汉口英租界爆发英国水兵射杀中国民众事件，6月13日九江冲突发生，6月23日沙基惨案发生，7月2日重庆惨案发生，7月31日南京惨案发生。其中最严重的冲突为广州发生的沙基惨案。

自五卅惨案、汉口惨案相继发生后，6月21日香港与广州沙面之华工同时总罢工，香港重要事业多呈停顿状态。香港及沙面的英国人且作军事准备，以图压制。6月23日广州各界7万余人在广州政府领导下为沪、汉死难烈士开追悼会，当场提出废除不平等条约为解决惨案之根本办法。会后举行大游行，工商各界在先，学生及黄埔军校学生随后，于下午3时行抵沙基对岸，当时英兵方严阵以待，遽向群众射击，同时停泊在白鹅滩的英兵舰也发炮助威，当场死伤军民二百余人，惨祸之烈，过于沪汉。而就在英国方面逐渐沦为中国民族情绪的标靶的同时，日本方面却以"单独解决上海罢工"为由，在谋求着尽早脱身。

7月16日，矢田总领事在冈村宁次等领馆官员的协助下，开始与中方交涉解决日厂工潮案。经过上海总商会会长虞洽卿的居间调解，8月12日双方达成协议：日厂将承认遵照北京政府颁布的工会条例而组织的工会；补发在罢工期间的工资，对善良职工由厂方酌予补助；日本人平时在工厂内不携带武器；不无故开除工人。据此协议，日本纱厂补助工人罢工损失10万元，对死伤者赔偿1万元，撤换日员2人。25日，日本纱厂宣告复工。日本以经济上的些许让步换得了政治上先行脱身。在6月23日沙基惨案后，华南等地则掀起大规模抵制英国的运动，禁止英货进口，于是，刚摆脱困境的日本便乘虚而入，着力夺取英国的传统市场。1925年下半年日货大量运销华南地区。结果，1925年度日本对华出口总额，非但没有受五卅反帝爱国运动的影响而跌落，反而较上一年增长了12%。

7月23日以青岛大康纱厂工人为首再度形成纱厂同盟大罢工。次日张宗昌率新任胶澳商埠局总办赵琪从济南赶来青岛。他们接受日本人和青岛买办商人的收买，于7月26日调集大批军警镇压工人罢工，封闭铁路工会和各纱厂工会，逮捕杀害了中共青岛负责人李慰农与胡信之等。在镇压工人运动和中国共产党人的活动中，一批共产党人、革命志士和工人学生骨干被捕，青岛国共两党组织遭到严重破坏，民众团体全部被取缔，民众的一切自由均被剥夺。中共青岛党组织的活动和工人运动转入了低潮。上海方面奉军邢士廉旅以戒严名义进入上海，封闭上海总工会和工商学联合会，通缉李立三、刘华等工人领袖。轰轰烈烈的五卅运动自此转入低潮。

五卅运动的爆发，是英、日等帝国主义列强加紧对华经济侵略的前提之下，日益觉醒的中国民众本能抗争的一种必然。在幕后操控段祺瑞政府的奉系军阀却屈从于日本的压力，沦为镇压中国劳工和进步群众的急先锋。因此在失尽民心的同时，也极大加剧了其与其他军阀系统之间以及奉系内部的矛盾。五卅运动刚刚结束，奉系势力便被孙传芳赶出上海，之后郭松龄反奉起义亦均绝非偶然。

截断巨流
日本干涉奉系内战的幕后博弈

五省联军

奉系向东南扩张，直接威胁浙江。孙传芳既感到恐惧，也看到奉军孤军深入，人地生疏，将领之间矛盾重重——冯玉祥和张作霖已势成水火，而吴佩孚又有重整旗鼓，东山再起之势。于是，孙传芳决定利用这一时机，与奉军一决雌雄。他派王金钰为代表住在奉天，迷惑张作霖。又派心腹杨文恺到福州联络曾将其赶出福建的周荫人。除了与之言归于好的同时，还请周荫人帮忙筹措军费。

在解除了后顾之忧后，孙传芳再派杨文恺到张家口会见冯玉祥，请冯玉祥在北方牵制奉军。冯玉祥还与孙传芳结拜为兄弟。此外，杨文恺再衔命前往岳阳，代表孙传芳敦请吴佩孚出任十四省讨贼联军总司令。与此同时，孙传芳还积极游说齐燮元的昔日部将——江苏军务帮办陈调元，约定里应外合，共同驱逐新任奉系江苏督军杨宇霆。

李景林主政直隶、张宗昌独霸山东的先例，令奉系诸将不无艳羡。作为以张学良为首的奉系少壮派干将，郭松龄、姜登选两人也积极谋求一片属于自己的地盘。在当时的奉系之中，姜登选、郭松龄、李景林、张宗昌以及创建东三省兵工厂的韩麟春并称五虎将。在张作霖眼中，这五人之中韩麟春有智谋，而不拘小节；李景林多才艺而好大话；张宗昌虽粗鲁放纵但用兵有方；姜登选豪爽轻财，和蔼可亲，能与士卒共甘苦，重义而轻利，四人均可以委以一省之重任；唯独郭松龄机敏狡诈而城府颇深，令张作霖不敢放心将其外放。在权衡再三之后，张作霖最终还是推翻了姜登选出任江苏督军、郭松龄出任安徽督军的成案，决定由深受自己信任的东三省巡阅使署总参议杨宇霆主政江苏，而姜登选则改任安徽。

对于这样的结果，不仅两手空空的郭松龄怀恨在心，连姜登选也颇有微词。他多次向部下表示："江南的情形是很复杂的，邻葛手腕不够灵活而气焰太高，应付不了江南的局面。"姜登选的这番话固然有一定的道理，但此时的江浙沪三地既笼罩在五卅惨案后的中外矛盾之下，又涌动着孙传芳等本土军阀反奉系的暗流。这样的局面之下，即便杨宇霆手腕灵活、礼贤下士，也未必能有所作为。自诩比杨宇霆更适合主政江苏的姜登选，日后在安徽同样一败涂地，便是最好的证明。

孙传芳利用江苏人民痛恨奉军这一有利条件，发动上海、南京等地的士绅、群众举行抗议奉军暴行的游行请愿，为进攻奉军制造舆论准备的同时，联络苏、皖、赣、闽几省的直系军阀，以"双十节"检阅为名，调集大军，于10月15日自称为"浙闽皖赣苏五省联军总司令"，分五路出兵进攻上海。奉系在上海仅有邢士廉一个旅的兵力，猝不及防的情况下只能全线后撤。就在杨宇霆在南京急忙部署反击之时，陈调元调遣部队控制南京城内外及江北浦口、乌衣一带。17日，陈调元在招待奉军将领的宴席之上突然发难，杨宇霆发觉不妙急速逃离南京，奉军其他将领则被陈调元拘捕。陈调元同时派人迅速占领电报局，宣布"响应浙军，会师宁镇，驱逐奉军"。奉军退至南京附近和江北之际，又分别被陈调元军缴械。10月20日孙传芳进抵南京城，21日陈调元与苏将领及孙传芳联名通电，拥吴佩孚讨奉，孙传芳随即渡江沿津浦路北进，南京城内治安完全交由陈调元负责。

上海、江苏相继易手之际，主政安徽的姜登选手中仅有一个旅，还在郭松龄参谋长彭振国的指挥之下。自认指挥不动的姜登选只能让这个旅先行北撤，自己留下来召集安徽的士绅，试图安抚人心。姜登选在安徽大唱"空城计"，虽然颇有大将风度，但在张作霖看来却无异于插标卖首。于是老帅随即命张宗昌派出装甲列车，将姜登选连夜架出蚌埠，才免于这位奉系的安徽督军成为孙传芳的阶下囚。

接回姜登选的同时，张作霖也在全面安排对孙传芳的反击，除了任命张宗昌为江苏善后督办之外，张作霖还遵从张宗昌的建议，任命安徽籍将领施从滨为安徽善后督办。施从滨属于北洋老将，他投军之时袁世凯还是吴长庆麾下的参议。好不容易赢得衣锦还乡的机会，施从滨岂能不奋死突击。部队从兖州、泰安防地出发之后，施从滨便乘坐装甲列车在前线督战。但此时的战争形态早已不是施从滨这样的老人所能适应的。

此时孙传芳的背后除了整个华东地区直系大小军阀的同仇敌忾之外，还有英、日等列强的支持。奉系入主江浙沪的局面显然并不符合日本的利益，而五卅运动之后英国也急于谋求在华东地区树立一个可用的代理人。在这样的情况之下，奉军再度于蚌埠前线遭遇大败，施从滨也沦为俘虏。当施从滨率军南下时，孙传芳连发三个电报要施同他合作，倒戈内应，但对方不予理睬。因此孙传芳俘虏施从滨后，即于当晚将其斩决，并弃尸旷野数日。这一残暴行为，也为他十年后被刺身亡埋下了祸根。

乘着屡战屡胜的声势，孙传芳所部一直打到徐州以北的山东边境，才停止追击。孙传芳在徐州子房山大摆庆功宴会。11月23日，孙传芳由徐州凯旋南京。25日，召开五省联军大会，正式宣布成立浙、闽、苏、皖、赣五省联军，自任总司令兼江苏总司令，任命周荫人为福建总司令，卢香亭为浙江总司令，陈调元为安徽总司令，邓如琢为江西总司令；又聘请日本人冈村宁次为高等军事顾问，社会名流蒋百里、章太炎为顾问。自此孙传芳统辖富庶的东南五省，成为吴佩孚以外别树一帜的直系巨头。此时的奉系内部却因冯玉祥的东进、郭松龄的兵变而无暇南顾。

因奉系强大的军事压力而退出直隶地区的冯玉祥所部，虽然获得了陕西、绥远等地的地盘安身，但这些地盘大多土地贫瘠，且缺乏对外港口。因此财政上的短板和缺乏外部势力支持等因素，一度制约着冯玉祥与张作霖逐鹿中原的野心。但这一局面在1925年中期有了突飞猛进的改善。通过与广州革命政府的靠拢，冯玉祥一方面摆脱了自己在北京政变后政治上孤立被动的地位。同时以国民党为跳板，冯玉祥与苏联建立了外交联系。地处西北内陆的冯玉祥所部要获得外部的武器来源，从地缘政治考虑，只能从与之相邻的苏联想办法。而且，从苏联进口军火不用付现款，这对财政上捉襟见肘的冯玉祥而言更是求之不得。

1925年3月21日，苏联政府通过了向冯玉祥的部队援助武器装备和派遣顾问团及教官的决议。自恃有了苏联支持的冯玉祥随即全面展开了驱逐奉系的军事准备。对奉系内部的派系纷争，冯玉祥也洞若观火。此时的奉系诸将之中，李景林虽然身为直隶督军，但保定等重镇却依旧为冯玉祥所部控制，双方由于防区的交割问题往来频繁。冯玉祥趁势利诱其起兵反奉，李景林虽然没有正面答复，但却暗中将奉系方面的军事情报抄送给冯玉祥，态度暧昧之余不乏两面下注的可能。李景林的这种态度也直接影响到了驻军直隶的奉系将领郭松龄。

郭松龄与李景林关系莫逆，两人与张学良结拜为异姓兄弟的举动，在奉系内部曾被称为"小桃园"。但李景林并非东北人士，其之所以能够主政直隶很大程度上是由于奉系入关之后，当地士绅要求"直人治直"的结果。张作霖对于这一要求虽然无奈应允，但心中却不免有李景林挟民望以自重的怀疑。而李景林与冯玉祥之间的暧昧关系，更令张作霖不得不暗中部署将其剪除的计划。这个计划的执行人正是张学良和郭松龄。

对于张氏父子对付李景林的种种图谋，郭松龄既感觉寒心，更不免有唇亡齿寒的恐惧。郭松龄虽然出生于东北，幼年从军，但早年却跟随部队转战于四川、广东等地，加入过同盟会，参加过护法运动，对孙文所提倡的民主、共和等政治理念深表赞同。对于各地军阀割据一方，向列强摇尾乞怜的姿态深恶痛绝。偏偏奉系在入关之后，在日本的威逼利诱之下在青岛、上海等地连续对工人运动举起屠刀，可谓让郭松龄非常痛恨。

1925年10月初，郭松龄作为奉军的代表去日本观操。日本参谋本部一位重要职员去拜访他，问他到日本是否还有代表张作

◎ 李景林

霖与日本签订密约的任务。郭松龄这才知道张作霖拟以落实二十一条为条件，商由日方供给奉军军火，进攻冯玉祥所部。此事激起郭松龄的强烈义愤，将此事告诉了当时同在日本观操的国民军代表韩复榘。郭松龄表示："国家殆危到今日这个地步，张作霖还为个人权力，出卖国家。他的这种干法，我无论如何是不能苟同的。我是国家的军人，不是某一个私人的走狗，张作霖若真打冯玉祥，我就打他。"并请韩复榘向冯玉祥转达自己的合作意向。

1925年10月24日，郭松龄应张作霖的电召回到奉天，随后被派到天津去部署进攻冯玉祥所部的事项。郭松龄到天津后，代表张学良组织第三方面军司令部。他紧紧抓住这一时机，安置亲信，与冯玉祥频繁联系，为武装反奉作准备。1925年11月13日，张学良在天津召集郭松龄、李景林等将领开会，传达向冯玉祥所部进攻的密令。郭松龄在会上公然抗命，痛陈不可再战。此时，张作霖也察觉出郭松龄有异心，遂发急电令郭调所部集中在滦州，回奉听候命令。郭松龄于是立即派人携带一份密约去包头与冯玉祥接洽，双方议定由冯玉祥据西北，直隶、热河归李景林，郭松龄管辖东三省，冯、李共同支持郭军反奉。

1925年11月19日晚，郭松龄在天津国民饭店秘密召集亲信旅长刘伟、范浦江、霁云、刘振东等人举行紧急会议，公开表示对张作霖、杨宇霆所作所为的不满。11月20日，郭松龄以军团长张学良的名义下令部队撤退到滦州。11月21日，郭松龄在滦州车站召开军事会议，约有百人参加，

郭松龄的夫人韩淑秀亦出席会议。郭松龄痛陈国内战争给人民带来的灾难，并说："在老帅面前专与我们作对的是杨宇霆……现在叫我们为他们收复地盘，为他们卖命我是不干的……我已拿定主意，此次绝不参加国内战争。"

郭松龄拟定好两个方案，一是移兵开垦，不参加国内战争；二是战争到底，武力统一，请大家选择签名，何去何从各从己愿。与会将领大多数表示赞同，大家相继在第一个方案反奉宣言书上签了字。唯有第五师师长赵恩臻、第七师师长高维岳、第十师师长齐恩铭、第十二师师长裴春生等30多人犹豫不决，有的人还表示了反对。郭松龄将这些人逮捕，押往天津李景林处关押起来。与此同时从安徽返回奉天的姜登选恰好抵达滦州，在拒绝与郭松龄合作后为其所枪杀。

1925年11月21日晚，郭松龄发出讨伐张作霖、杨宇霆的通电，提出三大主张：一是反对内战，主张和平；二是要求祸国媚日的张作霖下野，惩办主战罪魁杨宇霆；三是拥护张学良为首领，改革东三省。郭松龄将所部整编为5个军，1925年11月23日，七万大军浩浩荡荡向奉天进发，一场血战拉开帷幕。

决战辽西

对于郭松龄的反戈一击，张作霖并没有任何的思想准备。当11月22日郭松龄所部前锋一个团全面控制山海关火车站之时，张作霖还一度以为是东三省铁路护路军总司令张作相麾下的部队出了问题。直到张

作相从郭松龄麾下任团长的次子张廷枢那里得到情报后,张作霖才意识到问题的严重性。

郭松龄的突然造反让张作霖如闻惊雷。开始时,他还误以为张学良跟郭松龄一起反老子呢。弄清真相后,他一面指使杨宇霆辞职退隐大连,以去郭松龄起兵口实,一面派张学良直接与郭疏通。24日,张学良向其父洒泪叩头而别,急赴秦皇岛,企望劝说郭松龄罢兵言和。26日,张学良在秦皇岛通过日本顾问仪峨与在滦州的郭松龄身边的日本医生守田福松电话联系,要求与郭面谈,遭郭松龄婉拒。

27日,张学良给郭松龄写了一封亲笔信,守田福松到昌黎将此信转呈郭松龄。但信发出后,仍然没有回音。1925年11月27日,张学良第二次派仪峨与守田接触,希望郭松龄先行停止军事行动,有什么要求尽可以磋商。郭松龄这次有了回复,提出下列停战条件:一、山东归岳维峻;二、直隶归冯玉祥;三、热河归李景林;四、郭松龄回奉执政,统掌东北。至此,郭松龄反奉之目的已然明朗,他要独自掌控东三省,以实现其改造东三省之目的。张学良感到劝说郭的工作完全失败,不再对其抱有幻想。于是,他派飞机在郭军上空投撒传单,揭露郭松龄盗用自己名义倒戈反奉,谴责其忘恩负义。

1925年11月28日,郭松龄主力攻占山海关。随即将部队更名为"东北国民军",官兵一律佩带"不扰民、真爱民、誓死救国"的绿色标志。郭松龄不再盗用张学良的名义,以东北国民军总司令的名义发表通电,电告全国,随即率部队出关。张作霖也在11月30日正式发布讨伐令,命令张作相、张学良在连山一带迎战。

郭松龄改变部队番号之举,已明确了其与冯玉祥的联盟关系。但冯玉祥却以支援为名大举向李景林所部驻地发动袭击。陷入孤立境地的李景林只能发表讨冯宣言,选择与张宗昌联手对抗冯玉祥,并封闭了郭松龄军驻天津的办事处,逮捕办事人员,扣押郭军存放在天津仓库中的6万套冬衣和钱款,以军事威胁郭军后路。无奈之下,郭松龄只能留下一个军的兵力守备山海关,同时继续向冯玉祥求援。但此时的冯玉祥正忙于集结兵力围攻李景林,哪里还顾得上支援关外。

1925年12月2日,辽西遭遇一场百年不遇的大风雪。这场大雪使张作霖喜不自禁,他认为郭松龄军的冬装被李景林扣押,士兵在这样的天气下穿着秋装难以持久,只要奉军坚持住,便可使郭军不战自溃。但出乎意料的是,郭军却利用大风雪的掩护,从结冰的海上进行偷袭,迅速突破连山防线,并于5日清早夺取连山。接着,郭松龄马不停蹄,对锦州发动进攻。奉军只有一小部分进行抵抗,大部分一触即溃。12月7日黎明,郭军攻占锦州,此时的形势发展可谓对郭松龄非常有利。

1925年12月5日,锦州失守的消息传到奉天后,张作霖大失常态。有当事人回忆说张作霖"当即命令内眷收拾细软转移,府内上下手忙脚乱。10时检点就绪,即以电车27辆,往返输送(家私)于南满货栈。然后令副官购入汽油10余车及引火木柴等,布满楼房前后，派兵多名看守，一旦情况紧急，准备逃跑时付之一炬"。甚至有人描述张作霖当时"整天躺在小炕上抽大烟，他抽一会儿烟，又起来在屋里来回走动，口口声声骂小六子混蛋，骂一阵子又回到炕上去抽大烟"。这些坊间传闻看似真实，但却与张作霖一代枭雄的个性相差甚远。事实上张作霖在郭松龄起兵之初，的确有几分惶恐，但其随后做出的一系列部署却可谓老辣至极。

当时奉天城内最有战斗力的部队是郭松龄亲自训练的军士教导队。当时奉系上下纷纷传言军士教导队负责人王瑞华与郭松龄暗通款曲，即将在奉天发动兵变。张作霖听闻之后随即召见王瑞华，亲自提升其为旅长，全面负责将三个营的军士教导队扩编为旅。在王瑞华感激涕零之余，张作霖还命人妥善安置郭松龄所部官兵的家属。在收买人心的同时，张作霖还紧急召集了黑龙江督军吴俊生，由其调集昔日的结拜兄弟万福麟、汤玉麟等人，组成第六方面军。这些昔日与张作霖出生入死的老兄弟，可谓是奉系真正的"总预备队"。名义上辞职退隐的杨宇霆也在张作霖的授意下，在大连积极与日本关东军方面协商出兵助战的事宜。但此时的日本方面正在积极与郭松龄接触，并不急于在奉系内战之中表态。

1925年12月8日，关东军司令官白川义则才奉日本内阁之命对张、郭两军发出警告："帝国在该地有重大权利与利益。因此，在铁道附属地带，即我军守备区域内，因战斗或骚乱，对帝国利益带来伤害，或有危害之虞时……本司令官当然要执行必要之措施。"这一警告看似针对双方，其实对处于劣势的张作霖来说是有着很大的帮助的。

1925年12月10日，关东军参谋浦澄江中佐赴锦州东北国民军总司令部向郭松龄递交警告书，并恫吓说："我帝国完全准备好了应付阁下任何行动方案，顺便转告。"郭松龄答复："贵国在东三省之侨民生命财产，于本军范围内，当竭力保障其安全……惟对方反对本军和平主旨，恐不择手段。"

此时，大凌河铁桥及沟帮子铁路给水塔被奉军炸毁，不能通行火车，郭松龄被迫改变策略，以主力徒步向奉天进发。另派一旅袭取营口，抄东路侧击奉天。1925年12月13日，郭军前锋抵达沟帮子，右路军马忠诚旅抵达营口对岸。12月14日，郭松龄发表《痛告东三省父老书》，宣布张作霖的十大罪状，发布自己治奉的十大方针。

这时，日本人又向郭松龄递交第二次警告书。与此同时，关东军司令官白川义则秘密委派大石桥守备队长安河与郭松龄接触谈判，做最后的拉拢。安河提出："阁下如要进入奉天，必须承认张作霖与日本帝国所缔结的条约，维护日本帝国在满蒙的特殊权利和投资利益，也就是说，必须正视日本帝国在满蒙的优越地位和特殊权利。如果阁下能答应这些条件，则日本帝国就能立即予阁下以援助，至少亦当促使张作霖下野。"郭松龄答道："我班师回奉是中国的内政，希望贵国不要干涉。我

截断巨流——日本干涉奉系内战的幕后博弈

不懂得什么是日本帝国在满蒙的优越地位和特殊权利。"安河见拉拢不成就威胁道："阁下如不承认日本帝国的优势地位和特殊权利,帝国可要对阁下不便了。"郭松龄义愤填膺:"岂有此理!你们日本如果不讲道理硬要干涉中国内政,你们若把我拉到水里,我也要把你们拖进泥里!"

拉拢失败后,日本人开始对郭军的进攻进行干预。1925年12月14日晨,日本守备队奉白川司令官的命令对渡过辽河开往营口市区的马忠诚旅进行强硬阻挠,迟滞了郭松龄所部原定14日对奉军发起总攻的时间。15日,白川司令官将大石桥、辽阳、奉天、抚顺、铁岭、开原、长春等14个铁路沿线重要城镇划为禁止武装部队进入区域,禁止郭军通过。随后,又假借"护侨"、"换防"的名义,从日本国内和朝鲜紧急调入2个师团,分驻马三家、塔湾、皇姑屯一带,拱卫奉天,一旦奉军危急,便可出动。

日本人的干涉使张作霖有了喘息之机,他迅速将残余的部队进行整编,任命张学良为前线总指挥,并在巨流河东岸布防。张作霖此时在巨流河的兵力约有六、七万人,而且有优势的骑兵。张作霖的炮兵虽不及郭军,但使用的多数是由奉天兵工厂运来的新炮和日本重炮。而且,由日本人亲自指挥和操纵这些炮队,弹药也由日本人提供。

由于日军的干涉,郭军原计划南北夹击奉天不能实施,只得在巨流河一线正面与奉军作战。20日,郭军夺取辽河西岸军事重地新民,奉军无险可守,郭军进逼奉天。21日,郭松龄部队与张学良部隔着巨流河决战。张学良看着湍湍的巨流河,感慨万端:"这好像是命中注定,以前在讲武堂时,郭松龄与学良在此演习过,这里的地形,我们双方都很熟悉,就让老师跟学生在此比比高低吧!"

22日,受寒冷、缺粮、缺弹药困扰的郭松龄不待主力集中便发出总攻击命令。郭军对兴隆店奉军司令部形成包围之势,但最终因刘文清旅弹药供应不上转胜为败。接着,吴俊升率黑龙江骑兵杀到,炸毁了郭军在白旗堡的弹药库。郭军遭此严重打击,士气低落,士兵中流传:"吃张家,穿张家,跟着郭鬼子造反真是冤家。"

张学良乘势加紧策反工作,亲自给郭军军官打电话,讲明形势,表示既往不咎,致使郭军全线震动。早已离心的郭军参谋长邹作华通过日本驻新民领事分馆与张学良通了电话,表示不再为郭松龄作战。23日夜,郭松龄召开军事会议商议策略,将领们的态度很不统一。邹作华、高纪毅等将领极力主张停战议和,而霁云、刘伟、范浦江等人积极主战。在此情况下,郭松龄仍决定和奉军决一死战。24日拂晓,郭

◎ 巨流河前线。

War Story · 225

松龄亲立阵头督师。然而，令郭松龄没有料到的是，他的兵也是张学良的兵，张学良用飞机撒下的传单"老张家人不打老张家"极大地涣散了郭的军心，士兵开始纷纷投诚。给郭致命一击的是，邹作华突然将所部炮兵旅撤回，并停止前线子弹供应，郭军遂大溃。

◎ 郭松龄

们只要把正面工事做好，顶住郭军的进攻，再加上宣传攻势就一定可以取得胜利。"果不出所料，张学良有针对性的部署和攻心战术打败了老师郭松龄。邹作华见郭松龄已走，下令各军停止进攻，发急电给张作霖，报告郭出走情形。同时又给张学良打电话报告："茂宸已出走，

郭松龄见大势已去，于是在 1925 年 12 月 24 日晨偕夫人韩淑秀及幕僚数人以及 200 多名卫队出走。临行前，郭委托霁云军长收容余部，向沟帮子、锦州方向转移。在巨流河战役中，奉军在防守配备上，张学良与韩麟春曾有不同意见。韩麟春主张加强侧翼防御，以防郭松龄偷袭。张学良深知郭松龄其人，坚持认为："郭茂宸是个宁折不弯的人，他一定哪硬往哪打，我部下已放下武器。现在已控制一切，请军团长放心。"随后郭松龄夫妇在新民县一个农家的菜窖里被奉军逮捕，被押至辽中县老达房后，郭松龄与夫人韩淑秀被枪杀，张作霖命令曝尸三日方可收葬。至此，郭松龄反奉历经一个多月以失败而告终。郭松龄兵变的直接后果，是使奉军元气大伤，随着奉军内部的改革停顿和全面的没落，敲响了北洋时代的丧钟。

济南事变
北伐战争中的日本两次出兵山东

昭和银行危机

1926年1月28日，时任日本首相的加藤高明因患急性流感引发肺炎而去世，享年66岁。作为自明治维新以来首届脱离于萨长同盟和公卿势力之外，完全因财阀的助力而上台组阁的政府，加藤高明的任期虽然只有短短的两年，但其紧缩财政、实现普选、削弱贵族院等一系列内政举措却可谓影响深远。作为加藤高明的连襟，外务大臣币原喜重郎所推行的"协调外交"也令日本暂时摆脱了日本自日俄战争以来穷兵黩武的现状，为陆军大臣宇垣一成、海军大臣财部彪所推行的裁军开辟了良好的外部环境。

早在加藤高明卧病在床，无法处理政务之际，硕果仅存的"明治九元老"西园寺公望便计划援引昔日原敬遇刺后，由其重要阁僚高桥是清继任首相的成例，推举身为内务大臣的若槻礼次郎上台组阁。但此举却遭到了新任立宪政友会总裁田中义一的强烈反对。自山本权兵卫内阁因虎门事件倒台以来，表面上退出现役，淡出公众视线的田中义一，实则从来没有停止过重回台前的准备。在田中义一看来，做过两任陆军大臣的自己在萨长同盟执政时代，出任首相只是时间问题。不过既然加藤高明等在野党大唱"政党政治"，那么自己不妨参照新的游戏规则，先混个政党总裁再说。

而立宪政友会自伊藤博文草创以来，虽然一度长期把持政权，涌现出西园寺公望、原敬、高桥是清等多任首相。但自原敬遇刺以来，立宪政友会便逐渐式微，连实现普选、扶助经济等政治主张都逐渐被加藤高明所组建的宪政会抢去。眼见立宪政友会在财阀方面逐渐失去了市场，身为总裁的高桥是清不得不选择向萨长同盟靠拢。在这样的情况下，高桥是清和田中义一一拍即合，于1925年4月完成了立宪政友会总裁职务的交割。但是此时萨长同盟的势力已然是日薄西山，田中义一刚刚准备向首相之位发起冲击，日本民间便流传起了其花费300万日元买下立宪政友会总裁的谣言。

300万日本对于田中义一这样的退役陆军大将而言相当于500年的薪水。而即便田中义一真能拿出这样一笔巨款，也不会蠢到通过政治献金的模式公之于众。但这种贪污巨腐的故事从来便为普通民众津津乐道，作为始作俑者的执政党宪政会骨干中野正刚为了自圆其说，又将田中义一的政治献金与出兵西伯利亚联系在一起。中野正刚的逻辑是出兵西伯利亚时陆军方面不明不白地用掉了 2400 万日元，那么当时身为陆军大臣的田中义一必然中饱私囊，那么他所拿出的 300 万日元自然也来源于军费。

◎ 出任首相的田中义一。

从今天的角度来看，中野正刚的这种做法堪称画蛇添足。对于日本民众而言，只要相信田中义一政治献金的存在，便自然会对其资金的来源展开发散性的联想。中野正刚此时跳出来指明资金的来源，除了开罪本对政治攻讦作壁上观的陆军之外，可谓毫无助益。果然，在一片舆论哗然之中，陆军大臣宇垣一成挺身而出，捍卫陆军的威信。在 1926 年 3 月 6 日的预算总会答辩时他指天发誓说："陆军军纪严明，机密费的会计手续是有点小问题，但是说有人贪污则是荒唐无稽之谈。"有了陆军方面的背书，田中义一随即着手反击。3 月 11 日立宪政友会提出国会决议说："中野正刚议员在神圣的议院用荒唐的言辞挑动国民，紊乱军纪，废颓士气。实为模仿苏俄，企图离间军队和国民的非行，应该深刻反省。"至此，身为执政党的宪政会试图阻击田中义一的第一回合，至此以失败而告终。

正所谓"来而不往非礼也"，就在日本国内舆论仍在就田中义一是否贪墨军费用于政治献金而争执不休之际。日本民间突然出现刊印有一男一女相拥而坐的奇怪传单。这张照片在向来民风开放的日本算不上露骨，但由于男女主角的特殊身份而格外吸引人眼球。因为照片中的男人是旅日的朝鲜无政府主义活动家朴烈，而坐在他怀中的女子则是日本女作家金子文子。朴烈和金子文子常年以笔为枪，在日本国内鼓动无政府主义思潮，最终在关东大地震后被日本军方以涉嫌行刺裕仁的名义而逮捕。

1926 年 3 月 25 日，两人的案件最终宣判。朴烈、金子文子被以"大逆"的罪名判处死刑。但是两人的案件疑点颇多，加上日本国内的无政府主义团体积极为其请命，身为首相的若槻礼次郎有意将其改判无期以缓解民怨。立宪政友会抓住这一有利的契机，抛出两人的亲密照可谓用心良苦。毕竟在向来男权至上的日本，金子文子这样的才女竟然对一个朝鲜人投怀送抱，无异于自甘堕落。而朴烈这样的逆贼也能拥有爱情，更是罪不容诛。而在当事人已经身陷囹圄的情况下，民众自然将愤怒的矛头指向试图将其从轻发落的若槻礼次郎内阁。

在全力炒作朴烈、金子文子不雅照的同时，立宪政友会又爆出了若槻礼次郎内阁在大阪市搬迁松岛游廓中的贪腐问题。相对于出兵西伯利亚的巨额军费亏空而言，若槻礼次郎不过被指控贪墨了 40 万日元而已。但由于日本所谓的"游廓"实则是花街柳巷,因此若槻礼次郎此事不免有堂堂首相竟然连失足妇女的"皮肉钱"都不放过的联想,可谓是颜面扫地。

应该说田中义一领导之下的立宪政友会对若槻礼次郎内阁的攻击虽然有效但不免下作。若槻礼次郎最终选择辞职,除了受到了上述两桩丑闻的影响之外,更多还是缘于日本国内急转直下的经济形势和东亚大陆风起云涌的政治环境。自第一次世界大战结束以来,日本经济便始终处于慢性萧条之中,关东大地震更造成了巨额的财政亏空。

早在地震发生伊始,接掌政权的山本权兵卫内阁便提出了8.76亿日元的庞大复兴计划。但鉴于日本当时的财政状况,这笔预算最终被削减为1.07亿日元。灾后重建所需的巨大财政支援的漏洞,不得不通过商业形式自行筹措。具体的方式是由日本中央银行向灾区企业提供一种名为"震灾票据"的金融产品。通过相关受灾企业持震灾票据到银行贴现获得低息贷款,灾区银行再将买进的票据到日本银行进行再贴现的形式,日本政府虽然规避了议会审批的掣肘,但却无可避免地遭遇了市场的投机。

震灾票据本身没有发放的标准,企业可以将受灾损失进行申报,同样也可以将原本就由于经营不善所造成的不良债权充数。到1924年3月,日本中央银行已经向普通银行发放了4.36亿日元的震灾票据,大大超出政府关于发放贴现贷款的额度。一批被不良债权压得喘不过气来的企业逃脱了破产的命运,救灾贷款变成了救济贷款。但票据贴现是有回购期限的,尽管政府两次延长震灾票据结算期限,但直到1926年末,仍然残存约2亿日元的震灾票据未能结算。老百姓对企业和银行转嫁危机、金蝉脱壳,特别是政府用国库资金救助企业和银行的做法非常不满。

针对这一情况,1927年3月若槻礼次郎不得不向议会提出《震灾票据善后处理法案》与《震灾票据损失补偿公债法案》,希望能够将震灾票据按比例转化为政府公债。震灾票据虽然有中央银行背书,但毕竟是企业行为,一旦转化为公债则彻底成了政府的负担。因此这两项法案在议会刚一提出,便遭到了田中义一领导之下的立宪政友会议员的群起围攻。就在双方唇枪舌剑的反复交锋之下,主管经济的大藏大臣片冈直温脱口而出:"(再不通过法案)今天中午,渡边银行便将破产了。"

事实上被片冈直温宣告将破产的东京渡边银行此时仍在正常营业。之所以出现这样的误解,无非是当时正在积极向片冈直温求助的专务渡边六郎夸大了事态而已。当天渡边银行应结算的到期商业票据,还缺现金33.7万日元,如果在下午1时不能筹措足额现金,渡边银行将停止营业,清产抵债。日本中央银行已经采取了措施,

◎ 朴烈、金子文子的不雅照。

宽限其2个小时结算到期的商业票据，筹资还贷。渡边银行也很快就筹措到了所需资金，本不存在破产的危机。但片冈直温身为大藏大臣，口无遮拦的一句气话，随即成为东京渡边银行乃至整个日本银行业的催命符。

渡边银行预计到第二天将有储户挤兑的风潮，因此借机宣布停业。结果惶恐不安的民众随即跑去了其他中小银行。在这一出"城门失火殃及池鱼"的悲剧之下，八十四、中泽、左右田、村井、久喜、山城、桑船、浅沼等8家银行相继停业，并且引发琦玉、京都、岐阜各府县许多银行面临挤兑，宣布停业。规模相对较大的三井银行、横滨正金银行、藤本银行、川崎银行和安田银行，也都感到资金吃紧。由于1926年12月25日天皇嘉仁去世，已经做了5年摄政王的皇太子裕仁正式登基，改元为昭和，因此这场金融风暴被史学家称为"昭和银行危机"。

从当时整个日本来看，拥有震灾票据的银行从北海道到台湾共有50家。其中最大的拥有者是台湾银行，总计超过1亿日元，以下是朝鲜银行等。最大的债务者是神户的铃木商店，总计7000万日元以上。铃木商店在经营上一心想以压过三井、三菱的规模开展贸易业务，因此向化学和重工业投下了巨额资金。但是，它投下的资本并不是自己的钱，几乎全是借入的贷款。

因此在铃木商店投出了巨额资金后，1920年经济危机却突然发生，财政一下子出现亏空。铃木商店一直靠向台湾银行借贷支持经营，所以就将台湾银行也拖下了水。为了避免两方同时破产，台湾银行只好忍痛继续给铃木贷款，希望铃木经营情况好转后再补亏损。但是，铃木的生意一直恶化，向台湾银行的借贷有借无还。就在这个时候，发生了关东大地震。铃木商店和台湾银行就借地震，把庞大的借贷债据一下子变成了救灾票据，可以无限期延滞结算了。

3月下旬，就在议会审议《震灾票据处理法案》时，台湾银行理事川崎军治与安田银行总裁结城丰太郎等人一起吃饭。席间川崎告诉大家，台湾银行正陷入困境。结城大吃一惊，因为安田银行在台湾银行拥有高达8000万日元的债权。结城立即通知安田银行各支行，从次日起紧急回收台湾银行所欠债务。本来银行挤兑风潮已逐渐平息，但川崎的泄密使得台银的呆账问题暴露无遗。经营不善的铃木商店是台湾银行的大客户，在台湾银行的融资中占了很大比重，实际上台湾银行被铃木商店"绑架"了，而日本中央银行又被台湾银行"绑架"了。当日本中央银行最终拒绝对台湾银行追加融资，台湾银行又拒绝对铃木商店追加融资时，消息震动了整个日本社会。由此又出现了新的挤兑风潮。

为了阻止台湾银行破产，政府命令日本中央银行给予其特殊融资，但枢密院会议在审议时否定了政府的这个救急措施。无奈之下台湾银行宣布在日本的分店全部停业。受台湾银行的牵连，关东地区的近江银行也宣布停业。跟着在大阪、滋贺、冈山、广岛、福冈的6家银行宣布停业。随后，号称"宫内省金库"的第十五银行也宣布停业。至此昭和银行危机进入了高潮。

日本政府当然不希望这套银行危机的多米诺骨牌继续无休止地倒下去。在若槻礼次郎宣布内阁总辞职以换取立宪政友会方面对《震灾票据处理法案》等相关金融法案通过的同时，日本中央银行声明将全力放款。昭和银行危机虽然因日本政府出面救市，暂时挽救了包括台湾银行在内的许多银行的命运，避免了金融体系的彻底崩溃，但日本经济深层次的顽疾，如产业结构落后、轻工业产业过剩、过度依赖出口等问题却依旧存在，并即将在不久的将来再次爆发。对于军人出身的田中义一而言，搞经济从来都不是他的强项，在他的眼中解决日本危机的唯一出路，便是对外用兵。

"惟欲征服中国，必先征服满蒙。如欲征服世界，必先征服中国。倘中国完全可被我国征服，则其他如小中亚细亚及印度南洋等，异服之民族必畏我敬我而降于我，是世界知东亚为我国之东亚，永不敢向我侵犯。"这段很多国人都耳熟能详的词句，据说出自1927年7月25日田中义一呈给昭和天皇的秘密奏章，即所谓的《田中奏折》。但事实上很多年之后，真相才最终浮出水面，《田中奏折》实际上是由参谋本部铃木贞一少佐应外务省次官森恪写的一个关于对中国问题的备忘录。

铃木贞一当时人微言轻，撰文之时不免有诸多过激的言论，如"然欲以铁与血主义实保中国东三省，则第三国之阿美利加必受中国以夷制夷之煽动起来而制我，斯时也，我之对美角逐势不容辞"，"将来欲制中国，必以打击美国势力，为先决问题"，"中国为独立计，不得不与美一战"，"将来在北满地方必与赤俄冲突"。俨然已经将美、苏同时列为假想敌。这些话虽然看着气冲牛斗，但实质上并非是日本政府当时的态度。但对于田中义一而言，对币原喜重郎此前尊重英美在华利益，奉行"对华不干涉"的外交政策进行改变却势在必行。

1927年，田中义一担任首相不久，便指责前外相币原喜重郎"把中国的赤化看作别国的内事，与我无关，实属荒谬绝伦"。在"刷新外交"口号下，他竭力推行积极对华政策，亲自兼任外相，并主持召开了研究积极侵华政策的内阁会议——第二次东方会议。会议由田中义一亲自主持，由森格外务次官策划与组织召开，日本驻中国东北、北京、天津、上海、汉口、南京等地的使领馆要员与驻蒙特务机关首领，以及日本驻中国东北的关东军长官、南满铁路总裁等参加了会议。

这次历时11天的会议是日本对华关系史上一次至关重要的侵略决策会议。会议的中心议题是制定对华政策的根本方针。会议确定以将满蒙从中国分离出去为根本方针的国策。会议还公开发布了一份《对华政策纲领》，这份文件措辞含蓄隐晦，但其基本内容与精神实质则是分离满蒙和中国。必须要指出的一点是，分离满蒙和占领满蒙还是有区别的。田中义一主张利用张作霖来实现分离满蒙的政策，这就意味着日本要对国民党的北伐进行压制，从而直接导致了济南惨案的爆发。

济南惨案

北伐战争是中国人民反帝反封建斗争的一次辉煌胜利,但北伐军所到之处收回租界,解放民权的诸多做法却不可避免地引起了以英国为首的西方列强的干涉。1927年3月23日,北伐军兵临南京城下,孙传芳所部眼看守城无望,便准备渡江撤退。这时,南京城里的一些兵痞和流氓乘机进行抢劫。一时间南京城内和下关的外国领事馆、教堂、学校、商社、医院、外侨住宅均遭到侵犯和洗劫。当天下午3时,被围在下关一座小山上的美国领事戴维斯向停泊在长江上的英国和美国军舰发出援救的信号,英美军舰开始炮轰南京。江右军司令程潜一方面制止抢劫,一方面委托红十字会代表同英美军舰联络,请其停止炮击。英美军舰炮击持续约1小时后结束,抢劫风潮逐渐平息。但美、英、法、意、日等国并不就此罢休,相继增兵上海并调集军舰去南京江面进行威胁,企图阻止革命的发展。但与北伐军正面冲突并不符合西方列强和日本的利益,因此积极收买国民革命军军政领袖为其代理人的工作便悄然展开。

在1927年1月26至27日,蒋中正于庐山接见了日本海相财部彪派来的代表小室敬二郎,二人进行了长谈。蒋中正向他强调说:"我理解满洲和日本在政治、经济上的重大关系,日本人在日俄战争中流过血,有感情上的问题,我认为对满洲问题,必须特殊考虑。"又说,"我欣赏币原外相的演说,如果日本正确评价我们的主义和斗争,我愿意同日本握手。"1月下旬,蒋中正还会见了日本驻九江总领事江户千太郎,再次表示他非但不打算废除不平等条约,而且还要尽可能地尊重现有条件;保证承认外国借款,并如期偿还;外国人投资的企业将受到充分的保护。不久,蒋中正又接见了日本军部的代表永见增辉和松室孝良。蒋中正更明确地表示:"本总司令决心已下,誓与共产党不共戴天,愿意中日提携,共同防共。"

正是在这样的基调之下,4月11日,在英、美、日、法、意五国向国民革命军下达所谓最后通牒的情况下,蒋中正翌日于上海发动了著名的"四一二"反革命政变,解除工人纠察队的武装后,大肆逮捕和屠杀共产党人和国民党左派人士。"四一二"反革命政变发生后,武汉方面的汪精卫政府宣布与蒋中正决裂,两派北伐军从而各自为战。武汉方面以唐生智为总指挥,组成三个纵队进军河南,在漯河、临颍击败奉军主力,6月1日与冯玉祥部会师郑州。南京方面亦组成三路军,北伐陇海路,5月下旬克蚌埠,6月初占徐州,后与直鲁军相持于鲁南。但7月15日,武汉国民政府领袖汪精卫召开"分共"会议,公布《统一本党政策案》,正式与中国共产党决裂。8月1日,周恩来、贺龙、叶挺、刘伯承等发动南昌起义,自此第一次国共合作彻底破裂。

1927年12月3日至10日国民党中央执行委员会在上海召开国民党二届四中全会预备会,会议的最后一天蒋中正复职为北伐全军总司令。1928年1月4日,蒋中正到任,继续领导北伐。北伐军在占领河南之后,屡次致电冯玉祥、阎锡山及各将

济南事变——北伐战争中的日本两次出兵山东

领准备北伐。2月28日,中国国民党中央政治会议决议冯玉祥为第二集团军总司令,阎锡山为第三集团军总司令,并统归蒋中正指挥。

1928年4月7日,蒋中正在徐州誓师北伐。9日,各路北伐军发起全线总攻。第一集团军第一军团总指挥兼第一军军长刘峙,指挥王均的第三军、缪培南的第四军、顾祝同的第九军、杨胜治的第十军和贺耀组的第四十军由徐州北进,担任津浦路正面进攻。曹万顺的第十七军、陈焯的第二十六军、夏斗寅的第二十七军、金汉鼎的第三十一军和陈调元的第三十七军进攻临沂、沂水,直趋胶济线为右翼。第四军团总指挥方振武,率阮玄武的第三十四军、鲍刚的第四十一军、高桂滋的第四十七军和余念慈的独立骑兵师,沿鱼台、金乡进攻济宁为左翼。20日,方部攻占济宁。奉鲁军张宗昌残部退向泰安一带。21日,方部由济宁继续北进。28日晚,方部夺取万德、张夏之线,与津浦路正面的第一军团刘峙部会师。30日,各路军队对济南发起总攻。当天夜晚,张宗昌率残部弃城北逃。孙传芳在北京宣布下野,张、孙残部向国民革命军投降。但就在蒋中正所率北伐军节节胜利之际,1928年4月19日,田中义一内阁派遣第6师团5000人在青岛登陆,以"保护帝国臣民"为名控制青岛和胶济铁路沿线要地。

事实上早在1927年8月,日本便以"保护侨民"为由调遣驻守满洲的第十师团主力驻守青岛。不过此时张宗昌所部的直鲁联军在战场上仍占据优势,山东方面的局势相对平稳。因此日本方面的所谓"第一次出兵山东"在9月上旬便以日本方面全面撤军而告终。1928年4月日本在山东方面的局势再度恶化。眼见北伐军已逼近济南,张宗昌随即派参谋长金寿良到青岛请日本快发救兵。第六师团长福田彦助又得到日本首相田中义一要他抢占济南的训令,于是便于4月25日派先头部队向济南进发。

日军此时接到的命令仍是保护侨民,因此日军进驻济南之后,虽然占领了医院、报社等地,用沙袋筑起堡垒,但并未有直接参战的迹象。张宗昌见大事不妙,连夜逃离济南至烟台,后乘船经大连亡命日本去了。张宗昌退走逃亡,北伐军于5月1日占领济南,任命战地政务委员会外交处主任蔡公时兼任山东特派交涉员,负责与日本驻济南领署联系交涉。国民党当局接管济南后,多次声明保护外侨,要求日本政府从济南撤军。

5月2日上午,蒋中正率北伐军主力入城。在此过程中,日军并未对北伐军的行动有所影响。蒋中正遂派人请日本驻济南总领事来总司令部谈判,计划令日军撤除一切防御工事。当日夜里日军即撤销铁丝网、沙袋及警戒兵,同时,躲进日军警戒区的日侨见局势稳定也开始陆续回到原住处。不料5月3日,济南惨案爆发,持续数天。日方死亡的军人达230名,平民16人,中国方面死亡高达3000人以上,双方负伤者更多。中国外交人员蔡公时等17人也遭日军杀害。

还原事态发生的过程,大体上均以上午9时许,北伐军一名徒手士兵经过日军

War Story·233

警戒区时,被无故射杀开场。北伐军一部移往基督医院时,日军又突然开枪,与此同时又向国民北伐军第四十军第三师第七团的两个营发起攻击,北伐军损失惨重。北伐军九十二师、九十三师奋起还击,立即制止住日寇的嚣张气焰。日军指挥官福田彦助见事不好,派人会见蒋中正,并威胁说"如不停火,中日将全面开战"。蒋中正便派出10个参谋组成的传令班,分头到各部队传令,对日军停止还击。

不久,蒋中正派外交部长黄郛到侵华日军司令部交涉。黄郛到了设在正金银行的日军司令部,福田彦助避而不见,只派其参谋长黑田出面接见。黑田蛮横地提出,北伐军必须立即停火,一律退出日军警戒区。黄郛回来后便向蒋中正汇报,蒋中正为顾全大局,严令北伐军不许还击。但是日本侵略者却得寸进尺,一面以武力将商埠区的北伐军全部缴械,一面派部队占领设在济南路局的外交部长办公处。堂堂外交部长黄郛及其卫士亦被缴械,乖乖退出其办公处,迁往北伐军总部办公。

正当中日双方交涉时,恰有两个日本兵被流弹打死。日本侵略军这下找到了挑衅借口,大举向中国军队驻地进攻。日本侵略军更凶焰万丈,不论官兵,见人就杀,一时尸体遍街,血流成河,哀声动地,中国军队7000余人被迫缴械。

此时,蒋中正仍下令不准抵抗,只命战地政务委员会外交处主任蔡公时速去交涉,要求日军迅速撤退。蔡公时正要与日本方面交涉,但见交涉署已被日军包围,蔡公时只得拿起电话,要向日本驻济南领事西田畊一,询问因何发生冲突。西田畊一狡黠地回答:"不知何故互起误会,双方现应立即停战。"蔡公时再派人出去,但全被日本兵开枪打回。全署人员被围困一天,又饿又乏。当天晚间日军又冲入公署将蔡公时等悉数杀害,唯有勤务兵张汉儒死里逃生,作为现场见证人,写下了《蔡公时殉难始末记》。

1928年5月4日,蒋中正再命外交部长黄郛致电日本首相兼外务大臣田中义一,指出"似此暴行,不特蹂躏中国主权殆尽,且为人道所不容。今特再向贵政府提出严重抗议,请立即电令在济日兵,先行停止枪炮射击之暴行,立即撤退蹂躏公法、破坏条约之驻兵,一切问题当由正当手续解决"。但日本政府根本不把这个抗议照会放在眼里,不予置理,反而扩大济南事态,更疯狂地向中国公民开炮射击。蒋中正一味忍耐,连连派出罗家伦、赵世暄、崔士杰、王正廷与日本谈判,都被日本轰了回来。

见济南的事态不但平息不下来,相反有越来越紧急的势态,蒋正中唯有以改道北伐为名,将国民革命军主力撤出济南。城内仅留下李延年所指挥的第一军第二师第五团和邓殷藩所指挥的第四十二军第九十一师第二团。负责领导这两个团的则是第四十一军副军长兼济南卫戍副司令苏宗辙,他麾下的4000名热血男儿则要对抗近8倍于己的日军。当时有一个北伐军连长有意留在城垣配合李延年团死守济南,他的名字叫王耀武。

在北伐军绕道北上之后,日本军队便命令城内的中国两个团的守军缴械。在遭到严词拒绝之后，日军便悍然开始攻城。由于双方兵力的悬殊，中国守军主动将外城放弃，退守内垣。为了抵御日军的进攻，苏宗辙命令李延年团防守西城和南城，邓殷藩团防守东城和北城。日本方面借助千佛山麓的炮兵阵地和停靠北关车站的装甲列车，居高临下向城内猛烈轰击，许多炮弹落入大明湖内。随后的8日，日军航空兵又飞临内城上空实施轰炸，济南城内电报局首先被炸毁，卫戍司令部附近房舍、督军公署、省长公署及各城门门楼，均成轰炸目标。与此同时，汉奸、日谍也趁机作乱。

9日夜，日军将西城外电灯厂电机关闭，全城一片黑暗，日本以探照灯照明，对准目标，向内城猛烈攻击，李延年所部死亡枕藉。10日午，城西北隅城墙被日军攻占，第五团反攻数次均未能夺回，适邓殷藩的第二团敢死队赶到，协力才将阵地夺回。苦战三天后，10日夜11时，守军接北伐军总部电令，嘱乘夜色突围。苏宗辙乃率李、邓两团残部由新东门冲出，11日午后6时到达济南南部仲宫。经点验，第五团死伤600余人，第二团死伤300余人。讽刺的是17年后，在中国最终战胜日本之时，也是同为山东人的李延年和王耀武先后赴济南接受日军投降。

济南事件粉碎了国民党对日工作的全部希望，使国民党放弃了以日本为外交中心的取向，国民党人也开始学起袁世凯的策略，将中日事件大肆曝光。蒋中正指示南京政府"将事实宣告全世界"。国民党上海党部立即成立了一个专事针对日本的国际宣传部门。以反帝为标榜的南京政府直接诉诸帝国主义控制的国联。国民政府越来越注重借助成熟的国际体系牵制日本的步步进逼。

就这样，随着日本在明治、大正时代的步步进逼和侵略，以及日本因昭和初期经济危机引发的压力，日本在对华关系上越发走向排他性、独断性，越发试图在华盛顿体系之外解决问题，排除英美等世界各国力量单独处置中国事务。这也使日本逐渐从帝国主义列强的群像中走出来，在中国民众心目中日渐清晰地成为面目可憎的中国头号敌人。济南事件影响最深远的后果是开启了一个新的时代，从此中国民族主义抗御外侮的使命就压倒了其民族国家的建设。从济南事变开始，经历皇姑屯事件、九一八事变、一·二八事变、长城抗战直到七七事变，中日逐步从对抗走向全面战争。日本帝国主义更加血腥和更加疯狂的武装侵略即将展开，而中国人民伟大而卓绝的抗日救亡时代，也将就此拉开帷幕。

英法百年战争 1415—1453

英法两国争夺欧洲大陆霸主的入场券

近400张图片及战时手绘地图,全面展示了百年战争中英王亨利五世、圣女贞德等一批杰出人物的功业与光辉事迹,细致勾勒了法兰西王国新君主体系建立的关键走向与曲折过程!